奸诈，叫人愁

——中国“四典”批判

《书屋》编辑部◎编

湖南教育出版社

目录

第一辑　旧故重温依稀梦

第二辑　设案无鱼怨网破

第一辑

旧故重温依稀梦

关云长的品格与阿喀琉斯的性格

对一个人的人格的评价，从最外在的方面说，首先有两种不同的标准，一是按其"品格"，它属于道德的范畴；二是按其"性格"，这属于认识(真)的范畴。中西人格形象的差别，一眼看去便显示出：中国人更关注的是一个人的品格，西方人则更瞩目于人物的性格。

在中国，历史最悠久、最为人所称道、也最为普及的高尚品格，便是所谓"忠孝"，而其中，忠又是孝的放大。孝，除了最基本的父母与子女的关系外，还包含了兄弟、姐妹关系(兄弟不和也是对上不孝)，再广而言之，又有一般的长辈和晚辈关系、师生关系、朋友间称兄道弟和结拜兄弟的关系等等；放大到国家、民族，则是君臣关系、上下级关系和"父母官"与百姓的关系，即"忠"。血缘和辈份的原则与国家等级的原则常常会有不相一致的时候，在“忠孝不能两全”时，则往往是忠的原则占了上风，因为忠是“大孝”。

当然，最为理想的还是忠与孝成为一体的情况，这种理想人格的最典型的体现，便是《三国演义》中的“桃园结义”。

桃园结义的宗旨，一开始便体现了“忠孝合一”的理想人格结构。《三国演义》一开篇写刘、关、张三人于应榜投军时相遇，由忠君报国的志向而结为志同道合的兄弟。刘备本是汉室宗亲，恰好又最年长，于是成了关、张二人的兄长兼上司。三人的誓言是：

> 念刘备、关羽、张飞，虽然异姓，既结为兄弟，则同心协力，救困扶危，上报国家，下安黎庶。不求同年同月同日生，只愿同年同月同日死！（第一回）

由忠而孝，由孝而愈忠，《三国演义》中花了大量笔墨，在关羽身上集中体现了这种理想的人格典型，后人把关云长神化为“三界伏魔大帝、神威远震天尊、关圣帝君”，又称他为“盖天古佛”。人们之所以特别推崇他，显然主要不是因为他的武艺和神威（这方面他不如吕布），而是因为他的道德人品。

第二十五回写关云长与刘、张二人失散后身陷重围，欲以一死而保全忠义，曹操派关的旧友张辽来劝他投降，说他这样死法犯了三条罪名：

> 当初刘使君与兄结义之时，誓同生死；今使君方败，而兄即战死，倘使君复出，欲求兄相助，而不可复得，岂不负当年之盟誓乎？其罪一也。刘使君以家眷托付于兄，兄今战死，二夫人无所依赖，负却使君依托之重，

其罪二也。兄武艺超群，兼通经史，不思共使君匡扶汉室，徒欲赴汤蹈火，以成匹夫之勇，安得为义？其罪三也。

三条罪名，总括起来无非是不忠不孝。就这一顶大帽子，便使关云长一条血性汉子一下子软了下来，走上了一条"曲线救国"的道路，于是有"降汉不降曹"和"身在曹营心在汉"一说。关公曾自述："我与玄德，是朋友而兄弟、兄弟而主臣者也"，可见其言不虚。

不过，关公也有主次不分、颠倒迷误的时候。所谓"华容道义释曹操"，就因为念及当年受曹操的许多好处和礼遇，而放走了刘备的死对头，失去了彻底击破曹魏的绝好机会。按说。这一"不忠不孝"之举理应使关公蒙上一层耻辱的阴影。可是奇怪的是，他不仅没有因此而降低在人们心目中的评价，反而进一步获得了"义重如山"的美名。

中国的老百姓，实在是很会通融的。他们看人，总是看人的主观动机，而不管他客观上造成了什么样的结果，"好心办坏事"的人，很少因为事情办坏了而受到他人或自己良心的谴责。就关公来说，不论他如何行动，他主观上始终有一把尺子，要做到"来去明白"，光明磊落。因此，虽然他明知曹操待他无微不至本是想赚他为自己效力，居心险恶，却仍然认为曹操对自己有"恩"，"受人一饭，必以涌泉相报"，以至于在关键时刻开"后门"，干出了亲者痛、仇者快的蠢事。这种蠢事，由于它超越于功利之上，且唾弃一切欺心权变，具有道德人格上的前后一贯性，因此被推崇为一种美德，这就是"义"。

"义"是中国人在忠、孝之外的第三种美德，它常常可以把忠、孝作为自己的实际内容，但一般说来，它比日常生活中的忠、孝更超越、更抽象，在很多情况下都游离于忠、孝之外，有时甚至凌驾于具体的忠孝关系之上，所以有“大义灭亲”的说法，而老百姓反抗贪官污吏或皇帝，则称作“起义”、“聚义”。“义”这一美德发展到后来，便成为了“侠”，“义士”便成了“侠义之士”，他们的“行侠仗义”往往因为其超越的形式而不受法律乃至于不受传统道德礼法观念的束缚，是一批在社会秩序之外、绿林江湖之中独来独往的勇者。

所谓“侠义”的意思，无非是实行一些极简单的原则，如言而有信，知恩图报，抱打不平，锄强扶弱，劫富济贫等等，总之是要用个人的力量抹平社会上一切大欺小、强凌弱、以怨报德、口是心非、阴谋暗算等等“不平”行为，使之如同自己内心的那面镜子一样平整光滑。这些原则只重形式，不管内容，只讲动机，不顾后果，往往是在很偶然的情况下触发起来，并付之于极端的行动，常常是自我牺牲的壮烈行动。

由于侠义行为具有不管内容的特点，又具有不顾后果的极大能量，因此总是为只讲内容（政治目的）而不择形式（手段）的政治家、阴谋家所利用。桃园结“义”中，以刘备的野心和机心，未尝没有利用义气以达政治目的的意图。曹操更是玩弄道德沽名钓誉的能手，他多次对有真才干的被俘将士“亲释其缚”，待之以礼。关云长过五关斩六将，曹操特下三道急令不予追究，实际上就是利用关公的侠义心肠在放“人情债”，直到华容道上才得讨还，这是有远见的政治家。

不过，“义”这种行为尽管不讲内容，不讲“为谁服务”，因而可以超越政治斗争或国家法制之上而“笑傲江湖”，但它本身也有情感上的内容，这是与西方形式主义伦理学（如康德伦理学）不同的。这种情感内容不是外在的功利内容（政治等），它体现为人类某种原始的自然倾向，即孟子所说的“恻隐之心”或“不忍人之心”，或者说“仁”、“仁义”。

据说曹操在华容道上见关云长横刀立马，拦住去路，吓得亡魂丧胆。其部下程昱曰：“某素知云长傲上而不忍下，欺强而不凌弱，恩怨分明，信义素著。丞相旧日有恩于彼，今只亲自告之，可脱此难。”曹操从其说，果然引动了云长的“恻隐之心”：“云长见曹军惶惶，皆欲垂泪，一发心中不忍，于是把马头勒回”；待曹兵刚过，云长忽又“大喝一声，众军皆下马哭拜于地。云长愈加不忍”，最后“长叹一声，并皆放去”(第五十回)。

在罗贯中笔下，曹操本是一不仁不义、“宁教我负天下人，不教天下人负我”的奸雄，他只是借用仁、义来实现自己的个人野心。但在中国的仁人君子眼里，一个人不管内心如何想，只要做出了“仁义”的姿态，这种姿态也就对旁人有了道义上的约束力。仁义之士关注的是自己内心要对得起他人的“好意”举动，至于他人是否真的“好意”，是不必认真计较的，只要有这举动就行，否则倒显得自己太小气、不够坦荡了。这就是“从我做起”的主观主义原则。

这样一来，“仁” 虽然最初是建立在恻隐之心的内在主观性上的，但它决不意味着两个人心灵上的相通，而是着眼于外在行为和所谓“身体化”关系。曹阿瞒深知这一层，因此对待关羽，他又是嘘寒问暖(“送温暖”)，又是送战袍，送金银器皿、绫罗绸缎，送美女，送赤兔马，又是三日一小宴、五日一大宴的款待，尽管知道关羽并不在乎这些享受，甚至也完全清楚关羽已悟出“醉翁之意不在酒”，但却仍这样做去，并坚信这些“仁至义尽”的表示终会在关羽身上起作用。当然，最主要、最能示人以“仁义”的“身体化关系”，还是所谓“不杀之恩”。这一点，曹操曾屡试不爽，就连关公投降曹操时，一见面也口称“败兵之将，深荷不杀之恩”。

中国讲义气的人，对于那于已有“不杀之恩”或“救命之恩”的人是一定要图报答的，这种恩人常常也被叫作“重生父母”。实际上，从这种“身体化”的观点来看，他与自己的父母也的确有同样的地位，因为父母之所以可敬，也无非是因为他们给了自己一条生命、一个身体。因此仁义与忠孝虽然看起来有些不同，甚至有时还相冲突，其实都出自于同一个道理：谁给了我身体，我就该报答谁，谁关心我的身体，我就该感谢谁，否则就是不忠、不孝、不仁、不义。

至于追问自己救命恩人的动机，甚至因这动机的卑鄙而推卸报恩的义务或“恩将仇报”，在一般讲道德的中国人看来就是“混帐”。这正如人们不能埋怨自己的父母为什么要生下自己来，哪怕自己的出生只是一次淫乱犯罪的后果，也必须无条件地接受“毕竟是自己的父母”这个事实，是同一个道理。

于是，关云长以其忠、孝、仁、义，以及与他特殊的个人气质和武艺紧密结合的“勇”（这是其忠孝仁义如此光辉地得到体现的一个条件），而成为了中国人心目中堪与孔老夫子“文圣公”并肩而立的“武圣公”。孔夫子主要以道德说教而成为了“圣人”，但在个人实践行为上，他倒并没有太多值得人们仿效的地方；关公则主要以他的实践人格使世世代代的中国人出自内心地景仰和崇拜。在老百姓那里，他的形象要比孔子的形象更高大、更亲切，更引起一种移情和模仿的冲动。

现在让我们来看一个在西方文学作品中可以与关公的形象相媲美的人物，这就是荷马史诗《伊利亚特》中的希腊英雄阿喀琉斯（又译阿基里斯），大致上说，荷马史诗在西方文化中的影响和地位，与《三国演义》

在中国民间的影响和地位差不多,西方的阿喀琉斯也与中国的关云长一样,都是家喻户晓的人物。

阿喀琉斯是西方最著名的古代英雄。当然,若论英勇无敌,功勋卓著,希腊神话中的大力士赫拉克勒斯的名声还在阿喀琉斯之上,但赫拉克勒斯是没有缺点的,他更接近于神,死后也成为了神和天上的星宿。阿喀琉斯却是一个活生生的人。他虽然刀枪不入,在脚后跟上却有一处致命的弱点;他性格暴躁,容易冲动,这些都和关云长的骄傲轻敌一样,赋予了人物以更加个性化和人化的特色。阿喀琉斯死后不是成为高高在上的神,而是无可奈何地成为黑暗地府的冥王,他曾向到阴间来访的俄底修斯诉苦,说他宁可在人间当一个帮工,也不愿在阴间为王。同样,关羽被东吴所杀,死后魂游空中,大叫"还我头来!"他们都不是某种抽象概念的象征,而是属于我们这个生活世界之中的。

在荷马史诗中,阿喀琉斯是人间的国王珀琉斯和海中神女忒提斯的儿子。据说忒提斯生下阿喀琉斯后,倒提一只脚把他浸入冥河(一说把他放在天火里锻烧),使他周身刀箭不入,唯有脚后跟由于没有浸到河水,而成为他唯一致命之处。他从小受到良好的教育,练就了一身超群绝伦的武艺;他力大无穷,而且行动敏捷,人称"捷足的阿喀琉斯";他身材匀称,金发貌美,但与号称"美髯公"的关云长不同,他的美是年轻俊美,充满对异性的吸引力。

值得注意的是,出身高贵的阿喀琉斯参加特洛依远征,和出身微贱的关公辅佐刘备纵横沙场,具有完全不同的思想境界。首先,特洛依战争并没有刘、关、张所进行的战争那样崇高的道义上的旗帜(破贼安民、救困扶危、匡扶社稷等等),其起因,仅仅是由于特洛依王子帕里斯诱拐了斯巴达王后海伦，引起了全希腊曾向海伦求过婚的人的愤慨，因为他们曾发誓要保护那被选作海伦丈夫的人。无数的英雄为一位美人而牺牲生命，并把夺回她视为自己城邦和国家荣誉攸关的大事，哪怕这位美人并不属于自己——这在中国古代是从未有过的事。在中国，更多的倒是用美人去和较野蛮的邻邦换取和平，如王昭君和文成公主，中国古代的英雄都是不近女色的，"英雄难过美人关"，就是一个严厉的告诫，说明美人是一个"关"，在美人面前屈服比在敌人面前屈服还更可耻，不配当"英雄"，所以关公必须终身不娶。

当然。就阿喀琉斯本人来说。他并不是为了海伦王后而参战的，但他也不是出于道德义务上的理由。对于这次远征，不论从情感上还是道义上说，阿喀琉斯都并不是非参加不可的。这完全是他的一次自由抉择。据说希腊预言家卡尔卡斯曾宣示：特洛依城注定要被阿耳戈斯人（希腊人）毁灭，但如果没有阿喀琉斯参加，那座城就不能征服，而阿喀琉斯如果出征，也必将在这次战争中死去。阿喀琉斯的母亲听到这个预言。便将他男扮女装，让他同国王吕科墨得斯的女儿们混在一起，但后来被俄底修斯识破。于是阿喀琉斯在庸碌的长生和荣耀的短命之间选择了后者。

从这里我们可以看出，阿喀琉斯在决定自己一生的最重要的事情上，他的选择和考虑的出发点并不是任何一种道德规范和对旁人、对国家的义务，而是如何能为自己争得最大的幸福。正因为如此，他的一些行为用中国人的美德来衡量是很不足取的，并不表现出什么高尚的品格。他参加远征，一开始就由于和统帅可伽门农为一个美丽的女俘发生了争执，于是一气之下便发誓不再出战（真是"英雄难过美人关"！）。直到特洛依人大败希腊军队，一直攻到希腊营地之内并放火烧船，他仍然置大局于不顾，在自己船上饮酒弹琴，并准备独自启程回国。阿伽门农派人来讲和，请他出战，也被他拒绝。很难设想，这么一个“气量狭小”的人物，会为任何一个主子所颐指气使，甘愿充当马前卒，不论是以“顾全大局”或“大丈夫能屈能伸”的名义，还是以“忠孝仁义”的名义。当然，他也并不是真的对那个女俘多么感兴趣，主要还是觉得夺去他的东西伤了他的自尊心，侮辱了他的人格。

但希腊人似乎并没有对阿喀琉斯的“小气”、“自私”进行道德谴责，也没有一个张辽出来对他“晓以大义”。劝他出战的那些人，都只是以私人交情和阿伽门农丰厚的赠品来打动他。当看到没有结果时，埃阿斯站起来说：

> “俄底修斯，让我们回去。这冷心肠的人不懂得友爱。友情不能使他感动，他是无法和解的人。”

说阿喀琉斯不懂友爱，这当然只是气话，为的是把他激怒。这恰好说明，大家都明白只有对朋友的友情才有可能使阿喀琉斯那颗愤怒的心改变主意。事实果然如此。当阿喀琉斯得知他最亲密的朋友帕特洛克罗斯被特洛依人杀死了时，他终于暴怒了：

> 阿喀琉斯听到这里，眼前突然发黑。他用两手抓起地上的泥土撒在自己头上、脸上和紧身服上。然后他扑在地上；直直地躺着，撕扯自己的头发。……阿喀琉斯这么悲痛地大声号哭，以致在深海中坐在白发老父身旁的他的母亲也听到他的声音，并默默啜泣。

但阿喀琉斯与帕特洛克罗斯的友情，与刘、关、张那种“志同道合”的友谊是完全不同的，它不含有什么既定的道义原则，只是由于两人从小一起长大，一起受教育，私人感情很好而已。他们也没有盟过“同年同月同日死”的誓言，没有任何东西使这种友情受到束缚，而是完全自发的、自由的，纯粹是两个青年人之间自然而然的情感。

情感的这种纯粹自然性、自发性，是阿喀琉斯处理人与人之间关系的基本特点，它体现的不是阿喀琉斯的“品格”，而是他的“性格”。我们看到，他为了给帕特洛克罗斯报仇，在盛怒之下他不仅敢于和强大的河神展开人神之间的决斗，面对失败和死亡毫无惧色，同时对敌人也没有任何同情心。请看他在战场上对待特洛依国王孱弱的小王子吕卡翁的态度：

……他还没有动手，吕卡翁已爬到岸上，一只手抱着他的双膝，一只手抚摩着他的枪。

“请怜悯我、阿喀琉斯！”他哭了起来。“……请不要杀死我罢！我是拉俄托厄所生而不是赫克托耳的母亲赫卡柏所生的孩子。而杀死你的朋友的人乃是赫克托耳。”

阿喀琉斯皱着眉头，仍然用严厉的声音说道：“你这蠢才！别提及赎金。在帕特洛克罗斯没有死以前，我愿意饶恕你，但现在一切人都得死，连你也在内！不要这样可怜地瞧着我。比你更体面得多的帕特洛克罗斯不是也被杀了么？而我自己，看看我如何地高大而坚强，但我知道有一天，无论在白天或夜里，我也会在我的敌人的手里丧命。”吕卡翁听到他这么说，就松开手中的枪，摊开两手，让他用利剑砍断他的脖子；阿喀琉斯倒拖着尸体，将它投到水里去，并嘲笑地叫着："现在让我们看看你们常常致祭的河流会不会救活你的生命！"

这种残忍的行为，简直丧失了起码的恻隐之心或不忍人之心，比起关云长面对阴险狡诈的曹阿瞒也可以大发慈悲、以仁义为重，真是天壤之别。

不过，阿喀琉斯也有自己特殊的"恻隐之心"，他只是从来没有把这种心肠当作自己不变的"本心"、"本性"，用来束缚自己的自由行动而已。相反，他的这种心情只是在某种场合下自然而然产生的情感。例如，在他杀死他的仇敌、特洛依主将赫克托耳之前，他曾拒绝了赫克托耳关于两人之中的胜者将交还对方的尸体的提议，发誓不肯有多少赎金，也要将赫克托耳的尸体喂野狗。赫克托耳死后，老父带着礼物来阿喀琉斯的营地，哀求他允许赎回赫克托耳的尸体：

"珀琉斯的儿子哟，请敬畏神祇，并想起你年老的父亲，可怜我吧！我比你的父亲更可怜，因为我遭受了人所难堪的痛苦，现在且吻着曾经杀死我许多儿子的血污的手！"他这么说，并激起阿喀琉斯对于老父的怀念和忧心。他温和地松开这老人抚抱着他的双膝的两手；这时普里阿摩斯又俯伏在他的脚下，为赫克托耳哀泣着，阿喀琉斯也为他的老父和他的朋友下泪。整个屋子充满了悲恸。

于是阿喀琉斯扶起老人，讲了一段富有哲学意味的话：

“来,请坐下,让我们将悲痛平息,虽然它啃啮着我们的灵魂。这是神祇们为人类所规定的命运,而他们却优游自在。……现在俄林波斯圣山的神祇们使战争和毁灭降临到了你的城池。咬牙忍着你的不幸不要再悲哀吧,因为悲哀的岁月并不能使你的光荣的儿子活回来。”

阿喀琉斯答应了老人的请求,并且停止攻城十一天,以便老国王有时间以全礼安葬他的儿子。

公开而真诚地劝自己的敌人坚强地忍受他的不幸和悲哀,这是一种多么奇特的思想境界啊!但与关公义释曹操不同,这不是对一个“有恩”于己的敌人的怜悯,而是对自己以及自己所属的整个人类的怜悯。阿喀琉斯在现实的流血战争中任情使性,毫无顾忌地伸展自己的意志,但在心情稍微平静之后,他往往能上升到形而上的境界,来反观自己和自己扮演的角色,能以神的眼光来对自己和全人类的不幸加以悲悯。但正因为这种悲悯并非一种先验的道德规范(仁、义等),而是完全取决于他当时的心情,因此它不是使阿喀琉斯的个性被抽象化、模式化,而是使之更加丰富和立体化了。

总之,阿喀琉斯的个性是极其丰富的、多方面的。他既是自私的,又是慷慨大度的,既是残忍、暴烈的,又是悲天悯人、富有同情心的,既是冲动的、形而下的,又是善于沉思的、形而上的。这一切,全都取决于他那自发的、偶然的心境和情感。他几乎没有表现出什么固定不变的、让人学习和崇拜的“品格”,但他的永恒的魅力却在于“性格”上的真实与生动。

从这方面比较一下,关公的形象便显出某种性格上的抽象性,是更适合于概念化、“脸谱化”的。人们喜爱关公，除了外表上的美（红脸、长髯、丹凤眼、卧蚕眉）和英勇无敌外，更多地是对他所体现的仁义道德的敬重。在现实生活中，人们渴望有关公式的人物来扶危救困，行侠仗义。至于关公的内心世界，特别是他的复杂的思想感情，人们倒是不太关心。尽管他的思想感情理应是《三国演义》中最复杂、最值得大书特书的，但在书中却恰好总是以白描手法一笔带过。因为人们宁可相信，他的内心世界就是像那些抽象的道德概念所规定的那么简单，且越简单，越令人肃然起敬。关公即使在最动情的时候，也没有阿喀琉斯那种大段的充满同情和悲悯的道白。如刘备驰书责备他违背誓言投降曹操时，他也只是大哭曰：“某非不欲寻兄，奈不知所在也，安肯图富贵而背旧盟乎？”一句大白话，无非表明关公决不会背信弃义而已。

相反，阿喀琉斯的形象则是重彩浓墨、精雕细刻，往往超出抽象概念而刻画出看来似乎与本题无关的细节。诗人荷马对这些细节如此感兴趣，几乎可说是沉溺于其中津津乐道。他写竞技赛车，写饮宴，写山羊背和肥嫩的小猪腿的烧烤过程，写营帐里垫席的颜色、衾被的柔软。光是写阿喀琉斯的盾牌就花了整整一页篇幅：上面描绘着大地、海洋、日月星辰；一座城池在举行婚礼，还有一座城池正在进行攻防战；有和平的田野，耕者与耕牛，起伏的麦浪和葡萄园；有伴着音乐的跳舞者，蜿蜒的河流，以及牧牛和猎狮的场面……而这一切，最终都是为了突现出人物的完整性格，烘托出与性格相适合的强烈气氛的。

关公和阿喀琉斯的形象之所以会有这样明显的区别，正说明中国人和古代希腊人对于“人”的概念是完全不同的。如果作家把人心看作客观世界的镜子，那么他在描绘一个人物形象时，必然会把这个人的内心世界看作不动、不变或“以不变应万变”的，也必然对各种细节尽量加以简化、抽象化、白描化，以免模糊了镜子本身的单纯明彻；反之，如果外部世界是人心的镜子，那就可以放手对各种各样色彩丰富的外部细节加以有声有色、细致入微的描写，并坚信这些描绘最终都是对人心的描绘，且只有尽可能生动而毫不遗漏地表现出这些细节，人心才会完整地呈现出其多方面、多层次的立体形象。

这就是为什么关公的形象可以用“忠、义、仁、勇”几个抽象的道德概念概括无余，他的童年，他的教育，他的内心世界，都是你不熟悉而且也不必知道的；阿喀琉斯的形象却是一言难尽，你只觉得他在你眼前活跃，就像你日常交往的朋友一样推心置腹，一颦一怒都得到你的意会和理解。尽管他一半是“神的儿子”，又是王子，他却比曾经“逃难江湖”的关云长更接近凡人、更真实、更具有鲜明的“性格”。

（邓晓芒 文，原载《书屋》1995 年第 2 期）

人生荒原迷津渡

——秦可卿生死谜

王昆仑先生成书于四十年代的《红楼梦人物论》，多精采独到之见，今日犹鲜能过者。说及秦可卿，直言为曹雪芹“败笔”。有道理。就“纯文学”角度言，缺乏构成性格发展史的情节，很少画龙点睛式的细节，相当“概念化”，甚至不如一晃即过的醉金刚倪二、金寡妇、秦显的女人等那般鲜明生动，过目难忘。连根本未出场的多浑虫、马贩子王快腿之流，仅凭一个诨名，也能点出性格特色，给人留下深刻印象。曹雪芹语言天才惊人，为何独独于“金陵十二钗”之一秦可卿如此重要角色，丹青艺荒，空濛一片？此即一谜。曹雪芹赋予这个“概念化”人物的艺术使命，却异常巨大。摘其要者而言之：秦氏“乳名兼美”。所谓“兼美”，书中明言，“其鲜艳妩媚有似乎宝钗，风流袅娜则又如黛玉”；来头之大，担子之重，无能与俦。临终托梦凤姐，预警贾府终将“树倒猢狲散”，又详陈善后方案。小小年纪仿佛翻过多少跟头，世事洞明，察机兆先，岂可小觑了她？《红楼梦曲子》十二支，她串演《好事终》重头大戏，接下去是《飞鸟各投林》了。一部大书，无非夕阳余晖下，“飞鸟各投林”'的乱飞聒噪、凄凉哀鸣而已，可以说，《红楼梦》真正的“故事”，从《好事终》开始。前人在“神游太虚”一回中有批，“从此放笔谈情，一部书实始于此“(见《三家评本》)，诚哉！是言。仅此数事，即令这个“概念化”人物，宛如巨大投影，虽面目不清，却几乎笼网全书。又如一灰色幽灵，飘忽不定，出没于东西两府深宅大院，颦兮笑兮，以其清冷眼神，审视大观园里里外外林木泉石间悲欢离合、笑语歌哭，至于那深更半夜云板四响通报可卿死讯的丧音，直至今日，仍似有余音绕梁，打开任何版本，细心听去，犹在耳萦心，伴你走进那个如梦如幻的真实世界。一个“概念化”人物而魅力如此，恐怕中外说部，绝无仅有。所以，无妨把秦可卿几乎没有故事的故事，视做曹雪芹人生——艺术哲学大纲。解读秦可卿，也许是解读“石兄”灵奥之窍。入手处，当然先要梳理秦可卿生死谜。调查研究，重在书中内证；咬文嚼字，蛛丝马迹，求而索之，不知能否窥其仿佛。

秦可卿出场已是贵族少妇、宁府少奶奶，辈数排到了重孙媳。单祧独支，宁府内当家法定接辈人，以后，便无以为继了。曲名《好事终》，实事求是。曹雪芹笔底烟云，写荣府尚有一番悲悲切切鲜花着锦、气息奄奄富贵风流。写宁府便是纯粹云板连响、神三鬼四凶丧之音。漫读红楼，宁府大事给人留下深刻印象者，确乎也只有两次喜气洋洋的丧葬盛典：秦可卿死封龙禁尉，死金丹独艳理亲丧是也。想来，理所当然：末代子孙，不肖种种，宁府众爷们，除了把丧事办得风光体面外，还有啥安邦定国、光宗耀祖高招不成？宁府，宁府，命名本义，也可解为先死娘、后死爹，泣血稽颡的丧葬之府。《汉书。哀帝纪》“予宁三年”颜师古注：“宁，谓处家持丧服。”披麻带孝，好好在家呆着是谓“宁”也，故而宁府便可称为丧葬专业户大院。现今殡仪馆、火葬场、公墓、陵园，均归其类，此等去处，平时冷冷清清，只死了人才人来人往、吹吹打打、真哭假哭、兴旺发达。设名取义，曹翁深意存焉。荣府也不例外：惑乱之府也，花天酒地，醉生梦死一团糟之府也。《韩非子·内储下·六微》篇云：“乃遗之屈产之乘，垂棘之璧，女乐六，以荣其意而乱其政。”按现下流行古籍乱译成例，就是送去名马、美玉、影视剧歌舞模六栖明星一类“糖衣炮弹”，搞得国内府中上上下下富贵冲昏头脑，一塌糊涂。方块汉字意蕴多方，大笔挥洒，妙不可言。宁国、荣国，表面文章冠冕堂皇，由表及里，去伪存真，实葬送国脉、败坏国政、藏垢纳污、内囊烂透的老窝。这就是曹雪芹为秦可卿串演《好事终》提供的大红地毯、辉煌舞台。注意到这一背景材料，秦可卿生也是谜、死也是谜、娶也是谜、嫁也是谜，便不足为奇。试想，皇亲国戚，元勋世家，古往今来，有谁家不是庭院深深，侯门似海、笼罩在重重神秘氛围中？摆到光天化日下的堂堂正正气象，都是足以光宗耀祖、门楣生辉、经过精心挑选的大块文章。那些见不得人、摆不上桌的种种一切，都属严禁扩散的“机密”、“绝密”，被重重帷幕遮掩得严严实实，特别是涉及伦常变故、床第悲喜，更属“核心机密”。荣、宁两府，此类大大小小“机密”，不胜枚举。举其大要，就宁府而言，贾敬炼丹、尤氏来历、惜春移居荣府原因，一概讳莫如深。荣府更复杂。贾母、贾赦、贾政母子、昆仲之间的恩恩怨怨，贾赦贾琏父子及邢氏凤姐婆媳和贾政；王氏与贾琏凤姐之间绕来绕去的特殊格局，皆局外人无法理解，局内人难启口说清，统统是谜。“黑幕小说”以揭穿谜之老底为能事，曹雪芹当然不会堕入此等恶道。他的叙事对象是皇亲国戚、元勋世家，叙事风格自当能传达出叙事对象的特定风格，才有所谓“历史真实”的美学品格。换句话说就是：文体范式与历史（生活）本体范式应当同步、一致（“小说学”称之为“呈现”），如此方天衣无缝，造化自然，真善美浑然而一，此等艺术真境，非巨匠大师莫办。曹雪芹写来，举重若轻。《红楼梦》留给人们那么多的不可解之谜，是因为贵族之家事实上确有那么多，甚至更多的不可解之谜。揭穿“老底”，曝光无遗，虽足以耸人视听，换几响廉价采声。但是，如此荒货废品大拍卖、哪里还有什么百年老店的贵族气息？市井恶棍撒野、放赖、鹑衣泼妇捉对儿撕打相骂而已。叙事文学的情节悬念、细节真实，只要是个正儿八经的作家，总能露几手。社会、历史、生活、心灵的氛围营造，即所谓神韵、诗意、则只有极少数巨匠大笔，才山有山势，水有水情，人具仙风，鬼挟鬼气。关于此点，应当有很多话说。离题渐远，只好暂且不说。

上述贾府几个大“谜”，全是羚羊挂角，了无迹痕，无从解起。曹雪芹守口如瓶，滴水不漏，使人读来自自然然，感到本应如此，是谜而不觉其为谜。秦可卿的生生死死，却有意无意，留下不少漏洞。有的仿佛示意：此地无银三百两，妙不可言没法说。就解读而言，有漏洞比没漏洞略胜一筹，可从“洞口”略窥“画梁春尽落香尘”情状，审视辨析尘屑余香。能否稍近机杼，难言之矣。

大谜第一，就是佳人身世姓名俱不可考。所谓姓“秦”，所谓“可儿”，所谓“兼美”，所谓“可卿”，均属与她本无干系的人之臆造符号。按书中提示，营缮郎秦业先生，下无子息，从养生堂抱养了一男一女。偏偏男孩夭亡，女孩活得挺好，便取名可儿。男死女活，是否与不重生男重生女的天下父母心有关，难说。可知者是：这女孩渐次长大，终于“形容袅娜、性格风流”起来了。身体发肤，受之父母，形容袅娜，乃双亲遗传基因，骨血点化，想来这女孩幼小便是个美人胚子。性格风流，多半属后天培育。人之初，性本善，性相近，习相远，素丝墨染，所讲正是此理。小小美人胚子怎忍弃之养生堂？定有多少辛酸难言之隐，留下一片空白，引发后人遐想，存几分有成份论不唯成份论的道德宽容。养生堂里苦水泡出的美人胚子，根正却苗不红，竟然风流成性、风流一世，落个“画梁春尽落香尘”下场，就不能不考察她成于斯长于斯的家庭教育、生态环境了。“情天情海幻情身，情既相逢必主淫”，形而上，太抽象。“孽海情天”，渐落实处，接近形而下了。抱养这美人胚子的秦业先生，因“情”造“孽”先生也，即专门制造“性格风流”的大行家。只要略略考察他亲生儿子秦鍾短促一生诸般形状，便知龙生龙、凤生凤、老鼠生儿钻地洞之所言不虚。秦鍾，“情种”，孽海情天之“种”，继承了乃父家风；表字“鲸卿”两字，更十分不堪，真亏雪芹先生想得出，当然可解为掣鲸占鳌、望子成龙的良好祝愿。但既是从“鍾”演化出来，表而字之，便不能不想到撞“钟”的鲸形木杵，即名“鲸卿”阿弥陀佛！这才是此一特制专用工具的古意本名。试观秦鍾小儿在贾府大院、家塾学堂及参加姐姐葬礼时的“得趣馒头庵”那般颠狂、那般肆无忌惮地“大撞其钟”，以“鲸形木杵”概括之、形象化，着实令人忍俊不禁。由此可知培养出双“卿”姐弟的秦业老郎家庭教育、传统门风是何等模式。秦可卿的“性格风流”，便找到了阶级根源、家庭根源。

营缮郎，大体相当今之司、局级首长，算个“起码高干”，可以挺胸腆肚，冒充京师要员。但在贾府门前，则比石狮子还矮半截，不经通禀，甭想跨过那道高门坎儿，竟能把一养生堂出来的养女变成贵胄少妇，与百年大族的贾府结成儿女亲家,秦老先生定有奇谋高招。曹雪芹发挥汉字优势,常有不写之写,咬文嚼字,始能品其韵味。秦业,程高本或作“秦邦业”,语码的“联想轴”,可以联到阳翟大贾“奇货可居”那句名训造出一个辉煌秦帝国的经邦大业故事。美人胚子在秦府调教长大,当然是大大的“奇货”。曹雪芹分配秦业担任“营缮郎”一职,善于蝇蝇苟苟、经之营之的“情郎”老光棍是也。至于他如何钻山打洞,联姻贾府,书中倒是明明白白交代了一句:“因素与贾家有些瓜葛,故结了亲。”什么瓜葛?沿葛顺藤而摸瓜,诸君肃静!摸到了荣府二老爷贾政先生的脑瓜。政老自然不是傻瓜,只是聪明用到别的方面去了,虽好读书,却科第不利。赖父祖余荫,蒙圣恩额外赏了个主事之职,在部学习。初入仕途,大约相当县、处级实习生吧。“额外主事”,爱管非份之事也。那部,正是秦营缮郎所在的工部。业、政两位是否上下级关系、或干脆由“营缮郎”对“额外主事”传帮带,不敢冒言,“瓜葛”,肯定无疑。秦可卿生之谜、嫁之谜,大体如是——大体而已。

门第不当联姻,主动权当然在高门大户。可卿婚娶之谜,要到宁府内找因由。除荣府二老爷“额外主事”撮合之功,还有宁府二老爷开不问门第、娶绝色佳人当儿媳的一代家风之故。两位二老爷,贾政、贾敬,合而观之:“假正经”,什么稀奇古怪、堂而皇之的事都会干得出。贾敬“一心想做神仙”、把官让给儿子贾珍袭了,娶个漂亮儿媳尤氏。这尤氏,也是家世姓名俱不可考。有位尤老娘,并非亲生母,带来两伉妹妹尤二姐、尤三姐,也说不出到底是啥关系。“箕裘颓堕皆从敬”,曹雪芹一贯不露声色,却于《好事终》内写出这等毫无诗意的大白话,不得不言也,把秦可卿之谜与贾敬上挂下联也。而可卿之丧,由公爹贾珍主持;贾敬之丧,则是儿媳尤氏主持，所谓“死金丹独艳理亲丧”，两桩盛事，乾坤颠倒；金丹、独艳，韵味无穷，这就是宁府家风，这就是可卿婚娶之谜的背景写真。到了贾蓉口中，更绘影传声，发挥得淋漓尽致。贾蓉可卿小俩口，风情月貌书中却几乎不见一笔写其亲昵形景。而在论辈数是他婶娘的王熙凤跟前，贾蓉宛然“莲花六郎”再世。可卿死了，他似乎并无丧妻之痛，反不如他老子贾珍那般哭得泪人儿似的，如丧考妣。乃祖贾敬殡天，他倒趁机到论辈数是他姨妈的尤二姐、尤三姐那里鬼混，口沫横飞，畅谈贾府家风。在抱着丫头们大亲其嘴后，又笑嘻嘻大嚼其舌头：“从古至今，连汉朝和唐朝，人还说脏唐臭汉，何况咱们这宗人家。谁家没风流事，别讨我说出来。连那边大老爷这么利害，琏叔还和那小姨娘不干净呢。凤姑娘那样刚强，瑞叔还想她的账。哪一件瞒了我！”瞒不了这位蓉哥儿的，当然还有乃祖贾敬为他讨个绝色佳人尤氏当后娘，乃父贾珍又为他讨个绝色佳人秦氏做老婆，尤、秦两位，均属门第不当联姻。敬、珍父子相承，均不予计较，只图各有漂漂亮亮儿媳，晨昏定省，膝下承欢。宁府家风如是，可卿婚娶之谜，也就不解自解。

秦业老郎调教得性格风流的秦氏，进入宁府，成了蓉儿媳妇，自然如鱼得水。既有婆婆尤氏的不言之教，又有夫君蓉哥那位凤婶不时过府辅导，秦氏风流袅娜之术，尤云殢雨之功，当然勃然大进，张扬极致。这在曹雪芹为其闺房赶制定做的成套假古董中，可饱览无遗；从飞燕掌舞金盘、则天试装宝镜到西施纱衾、红娘鸳枕、堪称集数千年香艳肉感之大成。此即是这位宁府少奶奶生存大气候、小环境，在这样的气候、环境中，窃玉偷香、桑间濮上式的提心吊胆、纯属杞人忧天，庸人自扰，太真贵妃式的金钱洗儿，则天圣后式的莲花六郎，方是此等贵族之家恪守古风、祖传绝学的悠久“文明”。所以秦可卿带领她的宝叔叔“神游太虚境”时，众奶母便心照不宣，知情知趣地“款款散去”；小丫环们按可卿吩咐，各司其职，“在廊檐下看着猫儿狗儿打架”。而秦氏是如此地脸不变色心不跳，从从容容，潇潇洒洒，轻车熟路，仪态万方。

我们也许已开始接近可卿死之谜——这么一位温柔风流富贵乡中的斫轮老手秦可卿，还非得偷偷摸摸去什么天香楼不成？去了又如何？就没带几个专司猫儿狗儿打架的小丫头？被不知轻重的丫头宝珠撞见又如何？难道会造成宁府少奶奶一根绳子吊死的严重后果？此类偷鸡摸狗、爬灰偷汉羞愧自缢者，诚然有之。其地，断然不在赫赫扬扬百年老店宁国府；其人，很难想像竟是死后还要封什么“尉”的秦可卿。然则，“脂砚斋”朱墨灿然，硬是批了“淫丧天香楼”字样。《红楼梦》一字不苟，的确写了“一座高楼，上有一美人悬梁自尽”。多少年来，人们习惯于把不知其为男为女，或老或少的“脂砚斋”之批和曹雪芹披阅十载、增删五次的《石头记》，混而为一，因此也就对什么“更衣”、“遗簪”、“淫丧天香楼”之“原本”深信不疑。于是顺着这条线索，解读可卿死之谜。越解，越疑窦丛生，不得其解。其实，尽可以撇开那位自做多情、一个劲儿对号入座冒充“梦”中角色的“脂砚斋”，只把这个相当“概念化”的人物，做为几乎笼罩全书的巨大投影、无处不在的灰色幽灵看待，“画梁春尽”的“好事终”、“落香尘”的香尘纷纷，就不止是一个秦可卿的命运，而是逃不出“孽海情天”、丧身于“迷津渡”中男男女女的命运。谜，也就可以不解而解。欲知其详，尚待后论。

（**朱　健** 文，原载《书屋》1995 年第 1 期）

「窝里斗」大观

《红楼梦》这部书，真有点“说不尽道不完”。

说不尽道不完的原因，又有一多半因为各人的“看法”(看书的方法)不同。所以，经学家见《易》，道学家见“淫”，才子见“缠绵”，革命家见“排满”……鄙人大概一生吃亏较多，便不幸而看见了“窝里斗”。

“窝里斗”，文雅的说法叫“内讧”，说起来也是颇有些历史渊源的。比如《春秋左传》，大概要算咱们中国第一部史书吧，一开篇，还没有说上两句话，便是“郑伯克段于鄢”。郑伯即郑庄公，郑武公之子。段即共叔段，庄公的同父同母兄弟。段仗着老娘偏心疼爱他，便不把当国君的哥哥放在眼里，反倒闹独立，搞分裂，想取而代之，最后被庄公一鼓荡平。《春秋左传》拿这件事作开台锣鼓，无论是有意抑或无意，都是富有戏剧性的。因为一部中国史，除数得清的几次抵抗异族外敌的入侵外，差不多就是中国人“窝里斗”的内部斗争史。东周的“问鼎”，楚汉的“逐鹿”，三国的“征战”，魏晋的“逼官”，晚唐的“割据”，五代的“易主”，宋太祖的“陈桥兵变”，明成祖的“南下清君”，还有雍王爷的“屠兄残弟”，还有……子篡父，臣弑君，兄弟相残，朋友反目，不亦乐乎。与此相反，从公元前1595年赫梯灭古巴比伦，公元前十二世纪多利安人南下灭迈锡尼姑，到公元十一至十三世纪十字军东征，再到后来的殖民战争，一部西方史，则可以说是“对外征服史”。难怪有人说西方文化的象征物是十字架，张牙舞爪搞侵略；中国文化的象征物是太极图，阴阳二极“窝里斗”。

国如此，家亦然。一部《红楼》，亦无妨看作贾氏家族“窝里斗”的“内部斗争史”。又是“毒设相思局”，又是“抄捡大观园”，又是“愚妾争闲气”，又是“刁奴蓄险心”，主子和主子斗，奴才与奴才争，装神弄鬼，以假乱真，落井下石，借刀杀人，兵书上的种种计谋，在这里都有“用武之地”。主子们固然作威作福，握有生杀予夺之权，奴才们也未必就是“省油的灯”。第五十五回平儿便对那些仆妇们说：“你们素日那眼里没人、心术利害，我这几年难道还不知道！二奶奶要是略差一点儿的，早叫你们这些奶奶们治倒了。饶这么着，得一点空儿，还要难她一难？好几次没落了你们的口声。众人都说她厉害，你们都怕她，唯我知道她心里也就不算不怕你们的”，倒也至少有一半是实话。同样，主流派（王夫人、王熙凤等）固然风光占尽、飞扬跋扈，非主流派（邢夫人、赵姨娘等）也不甘下风，时时都在窥测方向，制造事端，以求一逞。总之，主仆、嫡庶、父子、兄弟、姑嫂、妯娌之间，充满猜忌、欺诈、仇恨、争夺、陷害，甚至残杀。大观园温柔富贵乡里、真是步步风险，蔚为“窝里斗”之大观。

大观园里“窝里斗”的手法，说起来也都是祖宗家传，不但古已有之，而且今亦有之，简直无从细说。不过，总其大端，最为“经典”的，大约有以下几条：

一曰“拉帮结派”，俗称“抱团儿”。大至朝廷，小至家族、各色人等，都会因身份、地位、年龄、资历、出身、籍贯、气质、性格等等各种因素，形成不同派系，结成各类团伙。因为“一个篱笆三个桩，一个好汉三个帮”，个人的力量很有限，只有结成团伙才能与人奋斗，也才能在斗争中确保自身安全。所以大多数中国人，差不多都有“团伙意识”，不是站在这一边，便是站在那一边，并自觉地维护自己团伙的利益。就连大观园里的丫环们，到各位主子房里当差，原本是“上头”分派的，但一去，就自觉地把自己和主子、和同房的丫环们看作一伙，休戚相关，荣辱与共。比如贾环是大观园里最没有面子和地位的一个，但彩云却偏偏要处处维护他，甚至不惜以身试法。事实上，团伙的地位、面子，往往也就是个人的地位、面子。比如晴雯，是宝玉的丫环，面子就比较大。晴雯想换口味，要吃篱子杆儿，打发小丫头春燕去说，“司务长”柳家的便忙着问“肉炒鸡炒”？春燕说荤的不好，柳家的便忙着说自己“发昏”，赶着洗手炒了，“狗颠屁股儿”似的，亲自捧了去。等到司棋要吃一碗蒸鸡蛋，也打发了小丫头莲花去说，柳家的便不但不做，而且还说了“两车子话”。司棋听说，便带了一群小丫头，到厨房里大打出手。司棋一声令下，小丫头子们便“七手八脚抢上去，一顿乱翻乱掷”，把她们的“团伙意识”，表现得淋漓尽致。这一场纠纷，后来又引出许多事端，柳家的那个“司务长”职位，差一点破另一仆妇团伙的秦显家的夺去，而司棋则因抄捡大观园一案，查出表弟情书，被撵出大观园，这是后话。

二曰“飞短流长”，俗称“倒闲话”。“抱团儿”是“窝里斗”的先决条件，“倒闲话”则是窝里斗的主要手段。这种斗争，虽然谈不上是推翻一个阶级、夺取一个政权，但同样也要先造舆论，然后才好实施打击的。然而，它又毕竟只是“窝里斗”，表面上的“安定团结”，还得加以维护，因此不能公开鼓噪，只能背后嘀咕，则“舆论”也就变成了“闲话”。闲话也者，闲言碎语之谓也，无非是些猫零狗碎、鸡毛蒜皮，上不得台面，杀伤力却不小。比如尤二姐，其实便是为闲话所杀。王熙凤先是“私下里”把闲话倒给尤二姐听，说是“妹妹的名声很不好听，连老太太、太太们都知道了，说妹妹在家做女孩儿就不干净，又和姐夫来往太密”。然后不知使了什么法子，果真传得满世界的都知道，“除了平儿，众丫头媳妇无不言三语四，指桑说槐，暗相讥讽。”“弄得这尤二姐要死不能，要生不得”，最后只好走上绝路。“周公恐惧流言日”，连权重位高如周公，尚且害怕流言蜚语，更何况是孤立无援的弱女子？又更何况，“倒闲话”往往又是和“打小报告”、“挑拨是非”联系在一起的。比如一个极不起眼的粗使丫头四儿，只因宝玉对她好，众人怕“夺了地位”，竟把一句玩笑话当作大罪名，打了“小报告”到王夫人处，便被断送了前程。贾环的一句“闲话”(实则诬告)，更是害得宝玉差点被贾政活活打死。一句话的力量，竟大至于此，难怪大家都说“人言可畏”，信然！信然！

三曰“吹毛求疵”，俗称“找岔子”；四曰“无事生非”，俗称“造乱子”，这两条，往往是联系在一起的。因为“窝里斗”的动机，无非一是为了夺权，二是为了报复，这就非得找到对方的毛病，或制造事端，方才有机可趁。如果一个家族、一个单位、一个群体，大家都相安无事，那就想斗也斗不起来。发生争斗之日，一般都是有点什么事情的时候：或是领导班子换届，或是某某位置有缺，或是谁谁谁又出了点什么“问题”之类。但凡这时，各色人等便会纷纷跳出来表演，上演一出出闹剧。比如，丫头五儿涉嫌盗窃，连同她的母亲柳家的（即前述不给司棋蒸鸡蛋者）一并在押，大观园里立马便像开了锅似的，沸沸扬扬起来。“和他母女不和的那些人，巴不得一时就撵他出门去。生恐次日有变，大家先起了个清早，都悄悄的来买转平儿，送了些东西，一面又奉承她办事简断，一面又讲述她（五儿）母亲素日许多不好处”。同时，大约也买通了仆妇头目林之孝家的，竟果真夺了柳家的那“司务长”之权，派园里南角子上夜的婆子秦显家的去接任。秦显家的一上台，就风风火火，大搞治理整顿，在厨房里满世界地“乱着收家伙、米粮、煤炭等物，又查出许多亏空来”，诸如“粳米短了两担，长用米又多支了一个月的，炭也欠着额数”之类。此外，便是巴结上司（给林之孝和账房送礼）和收买人心（备几样菜蔬请几位同事的人），当然用的都是公款，总之，一副“窝里斗”的“里手”架式。可惜，只风光了一顿早饭功夫，柳家的又“复辟”了，秦显家的只得重回园里南角子去上夜，还要折变了家当去“赔补亏空”，正所谓“偷鸡不着蚀把米”，真真的“一枕黄粱再现”。

由此可见，热衷于“窝里斗”者，大约无非两类角色。一类是野心勃勃、老想着整倒别人，好让自己上台来“逞能”或“过官瘾”；一类是心怀不满、唯恐天下不乱，巴不得别人出事，以便伺机报复，或发泄怨气。这两类人有时又是同一类，这类人物，多半是奴才，或准奴才，或主子身分奴才心理，如邢夫人、赵姨娘、王善保家的之流。这王善保家的，是邢夫人的陪房和心腹耳目，“常时调唆的邢夫人生事”。邢夫人在园子里拾到的“春意儿”（一只绣着色情图案的香囊），便是打发这家伙送到王夫人那里去的。

邢夫人此举，自然是要找王夫人的岔子(也果真把王夫人“气了个死”)，而王善保家的则还要火上浇油，借刀杀人。先是“报复”，趁机编派了其他女孩子们的一大堆不是，说跟姑娘的丫头们“一个个倒像受了诰封似的”，害得与此事毫无关系的晴雯无端地挨了王夫人一顿好骂；继而又“逞能”，出馊主意，撺掇着王夫人要抄捡大观园，还说“这些事小，只交与奴才”，“要查这个是极容易的：等到晚上园门关了的时节，内外不通风，我们(张狂得自己的身分都忘了)竟给他们(视其他“阶级姐妹”如寇仇)个冷不防，带着人到各处丫头们房里搜寻”，真是心狠手辣，比主子还要凶残。可惜恶有恶报，抄来查去，竟是自己的侄女或外孙女儿(此一节书中甚有漏洞)司棋藏有情书。这一下轮到别人看她的笑话了，先是凤姐儿带头起哄，接着是周瑞家的也笑着凑趣儿。王善保家的无处煞气，只好打着自己的脸骂道：“老不死的娼妇，怎么造下孽了？说嘴打嘴，现世现报！”这可真是“搬起石头砸了自己的脚”。

分析一下王善保家的之流，对于我们认识此类角色，是甚有益处的。首先，这类宝贝，大多人格卑下，品质粗俗，心理阴暗，男如太监，女似姨娘，所以往往遭人鄙薄。遭人鄙薄的原因，倒不在他们的“地位”。邢夫人是大老爷贾赦的正室，说起来比王夫人还“高半级”；赵姨娘好歹也是“半个主子”，且有子嗣，王善保家的也算有头脸的大奴才。然而他们虽有此地位，却并不能获得他人由衷的尊重。这正如时下某些此类人物，虽然也能混上个副高职称、副处职位什么的，自以为不可一世，老子天下第一，别人却偏偏打心眼里瞧不起他们，从骨子里鄙视他们。因为他们往往都把官位职务看得比命还重，并以为那就是一个人价值之所在。一旦有了个什么头衔，或被委了个什么差使，便立马张狂起来，拿着鸡毛当令箭，生怕别人不知道自己的“官威”(比如王善保家的便口口声声“原是奉太大的命来搜察”)。可惜,他们越是“摆谱”,别人就越不“卖账”。王善保家的杀气腾腾开进大观园,原以为可以“新官上任三把火”,好好风光一场的,却没想到处处碰壁。先是被晴雯指着脸痛斥了一番,接着又被探春脆生生地赏了一耳光,最后是自己把“屎盆子”扣到了自己头上。“正钦差”凤姐处处看她的笑话,众人“也有趁愿的,也有心中感动报应不爽的”,其不得人心,竟一至于此。

其实,这类人物的自作自受,还不完全在于“心内没成算”,而在于太爱惹是非、出风头,利令智昏,所以每每做出匪夷所思的蠢事来。结果是,越做蠢事,别人就越看不起;别人越看不起,他们就越做蠢事,恶性循环。比如王善保家的,就因为“素日进园去,那些丫环们不大趋奉她,她心里不自在,要寻他们的故事又寻不着”,好容易听说园子里出了点事,便立马兴奋起来,“以为得了把柄”。及至又被委了差使,便更是得意忘形,张狂得把所有的人都不放在眼里。又是查封“赃物”,又是“喝令关门”,还竟然翻到了探春身上。其实,前面她在晴雯那里碰了一个硬钉子,又被凤姐敲了一记软钉子后,就该把尾巴夹起来的。但此类人物的又一特点,是永远也拎不清自己的斤两,摆不正自己的位置,还以为别人都没胆量,只有她是英雄,竟“趁势作脸”,“越从向前”,动手动脚起来。其所恃者,无非一则自己“乃邢夫人陪房,连王夫人尚另眼相待”;二则此行乃王夫人特简,有“副钦差”身分;三则认为探春乃“庶出”,“敢怎么着”。可见他们衡定一个人价值、人格的标准,从来就是错误的,以错误的判断指导错误的行动,其结果可想而知。试看那王善保家的,初进大观园时,何等地张狂;乃至弄巧成拙,玩火自焚,又是何等地狼狈。此实足可为一切狗仗人势的恶奴们鉴。

抄捡大观园,是一出典型的“窝里斗”好戏,其中诸位角色(如凤姐、晴雯、探春等)都有出色表演,又尤以王善保家的表演最为充分,其特点是丑角充当主角,闹剧冒充正剧,所以尤具戏剧性和观赏性。比如王善保家的明明是要整治那些瞧不起她的人,向王夫人请命时却说得冠冕堂皇,道是“不是奴才多话,论理这事该早严紧些的”,一副忧国忧民、以天下为己任的“公家”派头。但话锋一转,斗争的矛头就指出与此事毫无关联的晴雯身上去了。这也是此类人物的又一特点:明明是挟私报复,偏要说是整顿纲纪,所以他们不但对他人是祸害,对单位和群体也是祸害。正如探春所说:“‘百足之虫,死而不僵’,必须先从家里自杀自灭起来,才能一败涂地呢!”当然,热衷于“窝里斗”的,倘若尽是王善保家的之流,倒也无足可畏。但虽无足可畏,却也着实让人恶心。因此,即便是不想让自己恶心,诸位也还是稍为留神一下自己身边为好。

(**易中天** 文,原载《书屋》1995 年第 1 期)

符号——生命的虚妄与辉煌

——《三国演义》的文化意蕴

拈起这个题目，连我自己都不免有点愕然。这似乎纯属偶然，又似乎是一个定数。说其偶然，是因为古典文学本非我的专业研究方向，只由于观看电视连续剧《三国演义》，引发我对原著重读，重读中居然心血来潮，有兴有感；说其是一个定数，是因为少年时代，我曾是一个古典小说迷，那时读《三国演义》，竟读得如醉如痴，还曾到处搜罗有关三国人物的图本，描红似的画过许多人物图像——仿佛那是一个征兆，宿命似的预告着我与《三国演义》的今日之缘。

这恰似印证了现代混沌学所说的那个“马蹄”结构：原来确定的两点最终离得很近。尽管在我，这两点之间，已旋出了近四十个年头，然而这两点又有着极大的差异。当年的痴迷，纯出于对三国英雄人物智谋武勇的神往；而这次的兴趣，则更多地源于对《三国演义》文化意蕴的理智的审视：

这是怎样的灿烂的中国传统文化！

这是怎样的一个符号化的生命世界！

——我突然想起德国文化人类学学者恩斯特·卡西尔在他的《人论》中提出的人是"符号的动物"（因为所有的文化形式都是符号）[1]这一著名的命题。人创造了文化，同时，又将自身包裹在自身创造的文化形式——符号之网中。

人不再生活在一个单纯的物理宇宙中，而是生活在一个符号宇宙之中。语言、神话、艺术和宗教则是这个符号宇宙的各部分，……人不再能直接地面对实在，他不可能仿佛是面对面地直观实在了。人的符号活动能力进展多少，物理实在似乎也就相应地退却多少。在某种意义上说，人是在不断地与自身打交道而不是在应付事物本身。他是如此地使自己被包围在语言的形式、艺术的想象、神话的符号以及宗教的仪式之中，以致除非凭借这些人为媒介物的中介，他就不可能看见或认识任何东西。[2]

《三国演义》中的人物，正是这样一群在烂熟了的中国传统文化之网中活动与挣扎的生灵！

滥觞于本世纪初叶的"五四"新文化运动，正是中华民族试图撕裂与挣脱这一传统文化之网的悲壮而伟大的尝试。"五四"新文化运动的先驱者——陈独秀、胡适、李大钊、鲁迅们揭竿而起，奋力揭露与抨击中国传统文化造成的中国社会"十全停滞"的弊端。从"打倒孔家店"、"推翻这吃人的筵宴”到“与传统文化彻底决裂”，几乎粘合了几代人的努力。然而面对这个文化之网结构的超稳定性，就连鲁迅这样的文化革命的激进论者，对这场变革的最终前景，似乎也并不乐观。“绝望之为虚妄，正与希望相同。”[3]鲁迅的这一极富哲理性的名言，是对这场文化革命最终结果不可知性作出的判断。所谓绝望，是指与传统文化的彻底决裂之不可能；所谓希望，是指通过文化变革，培养出民族的新的生机。而这两者同归于虚妄——一种难以预测的浑沌。其中，同时潜伏着绝望——死灭和希望的苏生的绝然相反的命数的可能。

尽管鲁迅看到了与传统文化决裂之不可能，并对此感到绝望。但他并没有走向消极，因为他同时也感到了虚妄中的希望。恰如《过客》中的那位过客，听从着前面那个声音的召唤，虽不知道前面等待他的是什么，仍不肯稍事歇息地向前走去，其行为模式透出“谋事在人，成事在天”，“知其不可而为之”的悲壮——即使鲁迅自己的思想—理论模式，也依然没有脱出传统的符号之网。

但那时，鲁迅仍然是一位激进的文化革命论者。他所谓的希望，仍是寄托于同传统文化的彻底决裂上的。至于申明自己对“国民性”的批判，其国民所指，“并非中国人的全体”，明确指出，“我们自古以来，就有埋头苦干的人，有拼命硬干的人，有为民请命的人，有舍身求法的人，……虽是等于为帝王将相作家谱的所谓‘正义’，也往往掩不住他们的光耀，这就是中国的脊梁”[4]。——希望不仅在于向传统文化告别，同时又蕴含了传统文化自身，那已是鲁迅思想后来的发展了。

但在如何对待传统文化问题上，鲁迅思想的这一后来发展，在事实上并没有成为现代中国文化思想的主流。“五四”激进的文化变革论与某种被绝对化的"阶级论"的合流，终于将人们引向一个思想—理论的误区：中国传统文化=封建统治阶级的文化，其结果，必然导致在《三国演义》研究中的尴尬：一方面，《三国演义》为传统文化立言的用心是如此良苦，其中烙下的传统文化—符号的印记是如此鲜明而深刻，几乎找不出任何向传统文化背叛的新质文化因素。依此而论，《三国演义》只能是一堆封建糟粕；另一方面，自《三国演义》问世以来的数百年间，其故事在民间不胫而走，几乎是妇孺皆知，其文化内涵的"人民性"似乎已是一个不证自明的客观存在。依此而论，《三国演义》必然内蕴着不容否定的思想—文化价值。《三国演义》数百年间的接受效应不是削弱而是强化了这种研究的尴尬，它不独受到人民群众的普遍喜爱，也同时为统治阶级所激赏。在明、清两代推行文化专制主义情势下，《三国演义》不仅逃脱了如《红楼梦》《水浒》所遭受的被列为禁书的厄运，而且在清代统治者人主中原后不久，即将其译成满文，成为与《四书》《五经》并列的教科书；其中的主要人物之一的关羽，更是被尊崇为"神"，自宋代始即享庙祀，到明、清时，已是"庙貌盈天下"，其谥号更是到了吓人的地步。明万历年间，已是"三界伏魔大帝、神威远镇天尊、关圣帝君"，到清顺治时，又被加封为"忠义神武关圣大帝"，嗣后，又在此前加封"灵佑仁勇威显护国保民精诚绥靖翊冀玄德"[5]。

《三国演义》同时为统治阶级与人民大众所认可这种接受效应，是一种独特的文学现象。

究其原因，除开《三国演义》的文学形式因素，无非存在着两种可能：

其一，《三国演义》内蕴着两种根本对立的文化—符号系统：统治阶级的文化—符号系统与人民大众的文化—符号系统。在其接受过程中，统治阶级与人民大众备取所需，在相当长的时间里，《三国演义》的研究便是沿着这一逻辑思路进行的。无论是从《三国演义》的成书过程以论证士大夫传统与民间传统并存，还是对《三国演义》在符号正义过程中（对诸如仁、义、忠、勇、智的义理阐释）表现出来的向人民大众愿望倾斜的辨析，便是明证。然而，《三国演义》里并不存在两种根本对立的文化—符号系统。倘若真有两种根本对立的文化—符号系统，而又同时获得统治阶级与人民大众的普遍喜爱与激赏，实在是匪夷所思的。

其二，在实际的历史运行中，根本不存在统治阶级文化与人民大众文化这两种文化的二元对立。统治阶级与人民大众具有文化—符号系统的高度同一性，其间没有矛盾亦无冲突。《三国演义》内蕴的，正是这种高度同一的文化意蕴，其同时获得人民大众与统治阶级的普遍接受与激赏，恰恰是理所当然。

然而，历史证明，这种可能性是不存在的。尽管在中国封建社会中，人民大众不可能拥有自己的文化—符号话语的系统，但对同一符号话语的语义理解，不可能与统治阶级完全同一，甚至于出现根本性的对立，至少在其侧重点的选择上，与统治阶级各取所需。即如《三国演义》对黄巾起义的描写，张角兄弟将起义看作是顺天意、得民心、替天行道之举，小说则将其定位为乱民贼子，就在于起义者对“替天行道”的释义，已溢出了传统文化符号的语义界域。如果认可这种释义，就必然导致对传统文化所规范的政治—伦理秩序根本性的颠覆。《水浒》之所以在明、清两代被列为禁书，其要害就在于此。

既然上述的两种可能均不能成立，便只能于这两种可能之外，寻找解释这种接受效应的第三条逻辑路径。

《三国演义》如此地用心于中国传统文化——从关系国家兴亡与个人生死成败的天命观,涉及国家政权道义基础的正统观,到调谐人际关系的伦理规范,几乎涉及中国传统文化的整个符号系统,那么,其意图究竟何在?毛宗岗在其《读三国志法》中,将魏、蜀、吴三国的正统、僭伪之辨列于诸法之首。其实,这种正、伪之辨渗透于全部文化符号的辨识之中。《三国演义》苦心经营的,是对传统文化—符号的正义,一种浸透了作者沉痛感慨的对传统文化—符号的拨乱反正。这所拨之乱,就是对传统文化—符号的背叛与篡逆。它既指公开颠覆传统文化—符号所规范的社会政治—伦理程序的黄巾起义式的以下犯上之"乱",更是指统治阶级内部假传统文化—符号之名,行反传统文化—符号之实,"打着红旗反红旗",一种对传统文化—符号更隐蔽、更险恶的颠覆。在《三国演义》中,前者仅是全书的"引子",后者则贯串了全书的始终;而《三国演义》所欲确立之正,便是与传统文化—符号的经典义理完全吻合的典范化的人格与行为模式。倘若说,在特定的历史条件下,一个民族、一个国家居主流与支配地位的文化—符号系统,是各种不同社会成员之间达成的一部社会契约,那么,与之并肩而行的,便是基于不同社会成员自身的利害打算而出现的对契约的背离与篡改,《三国演义》展示的,正是这样一种景观。因此,《三国演义》对传统文化—符号的正义与拨乱反正——对违反契约者的鞭挞,对严守契约者的褒奖,其目的就在于将社会全体成员的行为引导到遵守契约的轨道上来,这在实质上便是对不同社会成员利益的调适。

纠正犯规现象,严格游戏规则,不能不受到游戏双方的认同与欢迎。

统治阶级是传统文化—符号这部契约的主要受益者。君权神授、三纲五常等等，保证着这些“牧民者”的社会支配地位。然而在这里，同样是权力与义务并存。这契约对居上位者行为的规范，不可谓不严厉，仁政爱民就是他们必须承担的责任与义务，倘若反其道而行，暴其政而虐其民，便要遭天谴，受到武王伐纣式的报应，落得身毁国灭的下场。对这种规范，即使为居上位者心所不欲，这契约也没有给他们提供任何可以分开拒斥的口实；而其中明智者则深知为长治久安、传祚万世计，只能接受这种规范，并身体力行之，从今天看来，这契约于人民大众，无疑是欠公平的。然而，在当时历史条件下，它又是合理的，体现出一种不可超越的历史规定性。在历史提供文化—符号变革的契机，一种新的文化—符号系统诞生之前，原有契约的全方位、不折不扣的实施，恰恰是广大民众最高的社会愿望。对“好皇帝”与“清官”的渴求，较之于被逼上梁山，恰恰是广大民众更常见、更普遍的文化心态。倘若说，《三国演义》表现的是官魂，是统治阶级不同政治利益集团间的权力之争，那么，《水浒》表现的便是民魂，是以农民为主体的起义军对官府的暴力反抗。然而，十分显然，《水浒》中的英雄好汉是被逼上梁山的，是以反契约对抗反契约，以犯规对抗犯规。此外，他们的全部行为模式，依然没有脱出传统文化—符号之网，其规范人际关系的原则与人格符号，依旧是忠，是义。——李逵砍倒忠义堂前的杏黄旗，免不了“以下犯上”的责难与处罚；其于梁山建立的政权，亦不过封建政权模式的复印，一个封建王朝的影子内阁而已。即使他们最终夺得了天下，也只是意味着一个新的封建王朝的诞生。——这已不是一个属于理论推断范畴的可然律，而是一个现实的必然律，中国历史已不止一次地提供着实例，从刘邦到朱元璋，概无例外。

官魂也罢，民魂也罢，皆不过是中国传统文化—符号之魂。

当我终于明白了《三国演义》为传统文化—符号正义——在传统的范围内调适不同社会阶级利益的一片苦心的时候，心里便滋生出一种警觉。它与“五四”以来中国新文学形成的反差竟是如此强烈，一面是下层人民——各色各样被压迫被奴役的小人物作为主角，演绎着自身的人生哀乐的世界，一面是帝王将相们叱咤风云、相互印证其文治武功的世界；一面是在传统文化—符号之网里，人性备受压抑、摧残的世界，一面却是生命与传统文化—符号高度契合，展示出一派辉煌的世界；一面是渴求个性解放、呼唤自然生命的世界，一面是力图将生命纳入传统文化—符号的正轨，以求人格与生命价值实现的世界。长期浸淫于现代文学所形成的“五四”情结，导致我在理性范围内，对《三国演义》文化意蕴的拒斥。

然而，抗拒的结果却是失败。《三国演义》似乎拥有一种挡不住的诱惑，这诱惑不是来自小说的形式因素——尽管毛宗岗在《读三国志法》中将其吹得天花乱坠。即便确如其言，那也不过是中国长篇小说艺术的初始形态，与时至今日世界范围内显示的小说叙事手段相比，已掩不住其简陋与粗糙之态了。这诱惑，恰恰来自经小说正义的传统文化—符号内蕴的魅力。

这究竟是什么原因？难道是民族文化的历史积淀所形成的集体无意识在我身上的反映，是常见于中国知识分子的向传统文化的回归？抑或经《三国演义》正义的传统文化—符号，与“五四”以来所否定的传统文化—符号不是同一个实体？——前者是其本文，本义，而后者则是被封建统治者读异乃至弄下流了的东西？对于前一种可能，既然是一种无意识反映，我无法自明；而后一种可能，却开启了破解我心头困惑的逻辑思路。

《三国演义》展示的人生世界与价值体系,是一种被理想化的传统文化—符号世界。它隐去或回避了传统文化—符号在其实践过程中产生的社会弊害，极力张扬着传统文化—符号内蕴的某种合理性与美学价值，尽管这被张扬的符号系统的某些部分,如君权世袭等,其合理性与美学价值已为现代政治一文化常识所否定。在这个被理想化的文化—符号世界里,符号是人格化的符号,人格是符号化的人格。惟其人格是符号化的人格,它暴露出符号—生命的虚妄(人的实在已悄然隐退,离开符号,生命已无光无热);惟其符号是人格化的符号,它又闪耀出符号—生命的辉煌(符号已凝聚了生命的全部力量)。

也许,正是这符号—生命的辉煌,赋于《三国演义》以强烈的震撼力。

对一种文化形式—符号系统的根本性背叛,必然以一种新的文化形式—符号系统为旗帜。“五四”对中国传统文化—符号系统的叛逆,是高扬着西方以人本主义为核心的文化形式—符号系统的旗帜,并经由其两个系统彼优此劣的文化价值判断与选择的。这种形式判断与选择,既基于对中国传统文化形式—符号本身的弊害——个性与人权遭压抑、扼杀所产生的人的悲剧的认识,更基于对中华民族落后、积弱现代处境的悲剧体验,正是中国传统文化形式—符号系统,铸就了中华民族的现代悲剧命运。——这一直线性的因果论,成为现代中国人普遍接受的思想逻辑。然而,此后以至延续至今的世界格局的历史演变,开始动摇着这一线性因果论。外在于一个民族的文化形式—符号系统为简单植入,不一定是救世良药，而这个民族的传统文化形式—符号系统中的合理部分,未必不能推动这个民族再现辉煌。何况,就文化形式—符号系统与人的关系而言,西方以人本主义为核心的文化系统,本身也是一种将人与实在隔离开来的符号之网,其所显现的,是另一种符号—生命的虚妄与辉煌。

当我们如此谈论符号—生命的虚妄与辉煌时,勿庸讳言,是以一种先验的生命本体与实在为旗帜的。然而,这生命的本体与实在究竟是什么?却又是一个难以索解之谜。——唯其是先验的,所以是无从描述的。卡西尔在其《人论》中猜想的那个不借助于任何文化形式——符号,而能直接面对实在的"人",已遥远得只能瞧见一团模糊的影子。或许,我们只能掉转头来,从人类现有的文化形式—符号中去寻觅其踪迹。——中西文化形式—符号系统中各自保留着这人的遗传因子?确实,我们从中西文化中,都读出了各自的文化形式—符号源于生命的本体与实在的声明。西方所谓的天赋人权,中国的君权神授、三纲五常源于宇宙秩序的本体规定性,莫不如此。然而,究竟中西文化中的哪些因素,是与人的本体与实在相吻合的,似乎又是一个众说纷纭,难以实证的问题,又何况"道可道,非常道"?

人的本体与实在,只能是一个浑沌,一个虚妄。

因为,欲得生命本体、实在的重现,人类得先逃出文化形式—符号之网:经由人类自身,最终消灭了一切的文化形式—符号。然而那结果,则是老子与卢梭所谓的重返自然与复归野蛮。可是,就是老子与卢梭的"自然人",也远不是一个物理(实在)概念,只是一个符号概念,即卢梭自己承认的"假设的和有条件的推理"[6]。

尽管如此,重返自然实在是一个令人心醉目眩的境界。然而,这境界距离现代人类却是那般遥远。在人类重返自然的日子到来之前,人类依然不得不借助于特定的文化形式—符号,以规范自己的生存——行为模式。既然中国传统的文化形式—符号曾带给我们能夸耀于世的历史的辉煌,同时也带给民族过多的痛苦,我们尽可以在对其解构的基础上,重新建构与创造。

至于能否最终完成民族文化形式—符号系统的重构,这重构的文化形式—符号系统将带给我们什么样的命运,似乎只能重复鲁迅援引斐多菲的那句名言:

——绝望之为虚妄,正与希望相同!

谋事在人,成事在天,——这天,是一个民族将会遭遇却难以逆料的历史机缘或劫数,是那个为今天的人类尚无法完全破译的宇宙之谜!

注释:

〔1〕〔2〕卡西尔:《人论》,上海译文出版社 1988 年版,第 33~34 页。

〔3〕鲁迅:《野草·希望》,鲁迅全集第三卷,人民文学出版社 1981 年版。

〔4〕鲁迅:《且介亭杂文·中国人失掉了自信力了吗》,《鲁迅全集》第六卷.人民文学出版社 1981 年版。

〔5〕蒋瑞藻:《小说考证·拾遗》引《缺名笔记》。

〔6〕卢梭:《论人类不平等的起源和基础》,转引恩斯特·卡西尔《人论》,上海译文出版社 1985 年版。

(**凌　宇** 文,原载《书屋》1996 年第 1 期)

秦可卿的房间摆设

"人其室而知其人",在这方面的铺染描写中,曹雪芹可谓横空出世的千古高手。

《红楼梦》第五回,秦氏听了笑道:"这里还不好,可往哪里去呢?不然往我屋里去吧。"宝玉点头微笑,说着大家来至秦氏房里。刚到房门,便有一股细细的甜香袭人而来。宝玉觉得眼饧骨软,连说"好香"。进屋向壁上看时,有唐伯虎画的《海棠春睡图》,两边有宋进学士秦太虚写的一副对联:"嫩寒锁梦因春冷,芳气袭人是酒香"。

桌案上面设着武则天当年镜室里安的宝镜,一边摆着赵飞燕跳舞的金盘,盘里盛着安禄山掷伤太真乳的木瓜。上面设着寿昌公主在含章殿下睡卧的榻,榻上挂的是同昌公主做的联珠帐。宝玉含笑连说:"这里好。"秦氏笑道:"我这屋子大约神仙也可以住得了。"说着亲自展开了西施浣过的纱衾，移了红娘抱过的鸳枕。于是众奶妈服侍宝玉卧好，款款散了……

从秦可卿奢靡温情的房间摆设中，明眼人一眼就可看出，屋主人一定是个温柔和平、长相美丽的贵族少妇。在金陵十二钗里，秦可卿的名字被赫然列在正册当中，她是宁国府贾蓉的老婆，贾母身边最最得意的重孙媳妇。后来贾宝玉神游太虚幻境，在梦里恍恍惚惚，依着警幻仙姑所嘱之言，未免有儿女之事，便觉柔情缱绻，软语温存，与可卿难分难解，因而两人携手出去游玩。紧接下来是第六回，彼时宝玉迷迷惑惑，若有所失，众人忙端上桂圆汤，呷了两口，遂起身整衣，袭人伸手与他系裤带时，不觉伸手至大腿处，只觉冰凉一片粘湿，吓得忙退出手来，问是怎么了？宝玉涨红了脸，袭人忙趁众奶娘不在时，另取一件中衣来与宝玉换上，宝玉素喜袭人柔媚娇俏，便告诉她警幻所授云雨之情，羞得袭人掩面伏身而笑，接着宝玉又强袭人同领警幻所训云雨之事。

可见，曹雪芹非但从秦可卿的房间摆设，侧面烘托了秦可卿的温馨少妇形象，并且还进而把宝玉梦里和秦可卿缱绻遗精，以及醒后和袭人初试云雨之情，也安排在如此环境氛围里完成，绝非出于偶然。当年，曹先生写《红楼梦》，在悼红轩里喝粥赊酒，不辞穷愁潦倒，披阅十载，增删五次，真是“字字看来皆是血，十年辛苦不寻常”。写秦可卿卧房的温奢，写贾宝玉的情事，正是为后来写荣府宁府忽喇喇似大厦倾，写富贵荣华犹如过眼烟云作必要的铺垫，以见富贵不长，事更可伤，真是应了一句：“都云作者痴，谁解其中味。”

从武则天镜室里安的宝镜等一连串摆设看，要是认真一下作个考据，那就不得了了，你一定会以为曹雪芹在这里尽是胡诌。朱鹤龄《重订李义山诗集笺注》卷中《镜槛》诗解题说：“高宗时，武后作镜殿，为白昼秘戏之须。镜槛当是镜殿中栏槛耳。”事实是，秦可卿房中宝镜一定有，但未必就是武则天镜殿中的旧物，雪芹先生这里给安上武则天的用意大致在于一是显示秦氏的奢华，以见她在贾府中的地位；二是武则天的宝镜和“白昼秘戏”有关联，为下步宝玉和可卿梦中作爱，和袭人白天云雨，作了事前的暗示，真个是看上去“满纸荒唐言”，而荒唐之中，实有至味存焉。再如赵飞燕舞过的金盘，宋朝乐史《杨太真外传》引用《汉成帝内传》的话说：“汉成帝获飞燕，身轻欲不胜风。恐其飘翥，帝为造水晶盘，令官人掌之而歌舞。又制七宝避风台，间以诸香，安于上，恐其四肢不禁。”杜牧诗所谓“楚腰纤细掌中轻”，用的就是赵飞燕善为掌中盘舞的典故。如若人们用考据的眼光去看《红楼梦》，那就一定有人指出，曹雪芹怎么啦，怎在书里把水晶盘变成了金盘呢？要是果真如此，岂非索然无味了吗？读《红楼梦》，最要紧的是扣住“谁解其中味”的导读，那么一切的一切，即使如安禄山掷伤过杨贵妃乳房的木瓜那样子虚乌有的东西，也会嚼出无穷的滋味，倾折于曹大师的笔无虚发，字字是血。其他如西施浣过的纱衾、红娘抱过的鸳枕，也大可作如此观，这样看书就看出味道来了。

确实，安禄山和杨贵妃有私，并且还粗暴无礼地抓伤杨贵妃的乳峰凹处，这有文献可供稽查，但木瓜伤乳之事，却是曹雪芹的可爱发明，虚构得妙。这里，我们不妨再看看寿昌公主卧榻和同昌公主的联珠帐是怎么回事。《太平御览》第三十卷“时序部”引了段《杂五行书》的话，“（南朝）宋武帝女寿阳公主人日（正月初七）卧于含章殿檐下，梅花落于公主额上，成五出花，拂之不去。皇后留之，看得几时，经三日，洗之乃落。宫女奇其异，竟效之，今梅花妆是也。”又有唐朝苏鹗《杜阳杂编》记述：“咸通九年，同昌公主出降，宅于广化里，锡钱五百万贯，更罄内库珍宝，以实其宅……堂中设连珠之帐，却寒之帘，犀簟牙席。龙凤绣连珠帐，续真珠以成也。”可见曹雪芹的博洽，以及随手拈来，五彩成文的艺术造诣。

至于秦观字太虚写的对联，以及对联中的句子，也属可爱的虚设，因为北宋之时，到底有没有人创作过书法联，至今也还说不上来，有待于进一步的考证，加之秦观《淮海集》中，也并没出现过“嫩寒锁梦因春冷，芳气袭人是酒香”的句子。倒是唐伯虎的《海棠春睡图》，或许还有着一定的可信度，《六如居士全集》第三卷载有《题海棠美人诗》，由此作为一个画家，在他笔底出现这样的一幅画，看来就不无可能了。然而说来说去，问题的关键并非在于对联和画，以及木瓜、宝镜、金盘、卧榻、联珠帐的有还是没有，真还是假，而是在于以此渲染制造一个温馨奢华，撩人情思的环境氛围，是为小说的人物描写以及情节的展开，作必要的铺垫。

曹雪芹的这种生花妙笔，在整部《红楼梦》里，竟被他运用得如此驾轻就熟，自然匀贴，丝毫不见斧凿的痕迹。比如书中第四十回写探春的房间布置，探春素喜阔朗，这三间屋子并不曾隔断，当中放着一张花梨大理石大案，案上磊着各种名人法帖，并数十方宝砚，各色笔筒、笔海内插的笔如树林一般。那一边设着一个斗大的汝窑茶囊，插着满满的一囊水晶球儿的白菊。西墙上挂着一幅米襄阳《烟雨图》，左右挂着一副对联，乃是颜鲁公墨迹：“烟霞闲骨格，泉石野生涯”。案上设着大鼎，左边紫檀架上放着一个大观窑的大盘，盘内盛着几十个玲珑大佛手，右边洋漆盘上悬着一个白玉比目罄，旁边挂着小锤。在大观园里，探春虽然是贾政和赵姨娘所生，但在诸姐妹中，却数她最能干、最聪明、最美丽、最要强、最有个性。在三十七回里，她首先发起结社吟诗，在其他各回里，她又或痛快，或爽朗，一次还以一个大家族代理人的身份，在抄检大观园中让她火了一回。

对于这样一个干练豁达女性，当凤姐儿等来到她房里时，眼里看到的比起秦可卿来，自然就大不一样。虽然在事实上，探春房里不可能挂有颜鲁公的对联，因为对联这种文艺形式，在颜真卿生长的唐朝，压根儿就还没出现，然而这并不妨碍曹雪芹笔底的艺术真实，反而更见形象突出。和秦可卿的房间两两对照下来，一边儿是唐伯虎艳丽的《海棠春睡图》，一边儿是米南宫淡雅的《烟雨图》；一边儿是秦少游秀美的书法对联，联上写着情语，一边儿是颜真卿雄浑的大笔联语，联上写着逸语；一边儿是武则天镜殿里供秘戏用的宝镜，一边儿是千年古雅大鼎，一边儿是安禄山掷伤过杨贵妃丰乳的木瓜，一边儿是大汝窑囊里满满泼泼的白菊花；一边儿是赵飞燕跳舞的全盘，一边是清静白玉比目磬……

这样一来，你还会把阅读的眼光，斤斤计较于颜真卿对联的是真是假，掷乳木瓜的是虚是实中去吗？妙手拈来，佳思迭出，随类赋彩，涉笔成趣，曹雪芹真是妙绝千古的大手笔！心香一瓣，我为曹雪芹歌，我为曹雪芹哭！

（**洪丕谟** 文，原载《书屋》1996 年第 2 期）

「我师何太痴耶？」

——曹雪芹的「时间差」

曹雪芹之被视为"时间观念极差"的马大哈，由来已久。集大成者，当属五十年代初《红楼梦抉误》一文（见《红楼梦研究参考资料选辑》第四辑，人民文学出版社 1976 年版），抉出之误计达一百一十九项。钩稽剔择，很见功夫，决非闹着玩的。其中明显属年、月、日、时及人物年龄之"时间差"者，达五十三项。白纸黑字，无案可翻，曹翁有知，只能认账。有意思的是这么多"时间差"及其他"差"，皆在前八十回。后四十回，一"差"未差。不知是没费功夫去抉，还是抉而不差，反正一"差"也没有。故这些"时间差"，都只能记在曹雪芹著《石头记》名下。现通行说法是曹书高续，合称《红楼梦》，那么说"曹雪芹时间差"，高鹗便可以"时间不差"者身分出场，两相比对，大可商榷一番。顺便说一句：自王蒙先生在《读书》撰“商榷”一文后，此词颇为流行，王文引正《辞源》，则属流水藻思，未加细检。盖《辞源》只收“商榷”。“商権”见于《辞海》，现两者通用无歧义。但较起真来，仍有细微差别。赘言及之，以免到《辞源》中查“商権”越查越糊涂也。

这里要商榷即要商量的是：以高氏“不差”之笔，续修曹氏“极差”之书，为何不把那么多明摆着的“差”来个“拨差反正”呢？理顺年月，标定年龄，于曹氏原书并不致伤筋动骨，且大可成人之美，高先生（以及程传元、戚蓼生众先生）举手之劳，何乐而不为？今之视昔，空口无凭，只好瞎诂：高氏修饰原书，修成后书，首鼠两端，必有难处。其一，高氏大概不会以曹氏“时间差”为然。诗文之道，向来讲求无一字无来历，无一事无出处。虽然没哪位诗仙文圣达到这般天地，但也万万不可冬行夏令，小大由之，乱侃一气。本世纪五十年代文艺批评行话有绝妙好辞曰：“生活是这样的吗？”发明专利，难查归属，但已足令华夏才人秀女杜口结舌而不复言。时下文风丕变，欣欣然重开尊口，仍是舌尖不忘拴个秤砣，期期艾艾，斯为上上。上溯二百余年，高兰墅氏，当以不走曹氏之道为妥，于笔墨可自行做主处，时间也就大体不“差”了。其二，曹书大气磅礴，端的思接千古、神游八极而有余。巨人面前，甘当小学生，这点精神，高鹗还是有的。否则后四十回就不可能与前八十回一起被读者接受、承认而流传下来。推测高氏当年对曹书也是心仪而景从，所以才诚惶诚恐，续修而成之。前稿仰之弥高，决不敢推倒重来，另起炉灶。故对曹书中一差再差、差个没完没了的“时间差”，岂能掉以轻心，随便当成“时间观念极差”一改了之。大概曾反复琢磨：或有玄言妙道存乎“差’中欤？吃不透，拿不准，百思不得其解，只好以不解之解解之，存其原貌，文责自负。设若高氏也一朝笔在手，拿鸡毛当令箭，天下文章，任意砍伐，后人便不见曹书真面目矣。仅此一端，便可知高氏文品不恶，不像有些才子爬到巨人肩上白吃白喝什么“红楼宴”、“曹雪芹家酒”。

高氏续修后四十回，除依据所能见到的曹书断简残篇，大约也甚得力于种种朱墨斑斓的“脂批”。“脂批”也批到了“时间差”。比如，十七回开首交代秦钟后事，转入大观园题对额，接榫处凭空冒出一句：“又不知历几何时。”典型的“时间观念极差”。“脂批”甚有眼力，朱笔夹批“惯用此等章法”；又行内墨批“年表如此写也妙”。一句话，两行批，郑重言之。“惯用”云，自是照应开卷第一回“又不知过了几世几劫”、“元朝代年纪可考”诸语。我猜想，“脂批”意在提醒阅者看官，读《石头记》，心目中就要时时存放着那块“石头”，以此心此目去读“年表”，方得领悟“此等章法”妙处。年表，当然应时间观念准确无差，劫、幻，却只能是某种主体精神体验，硬说多少年为一劫，实在勉强得很，“不知历几何时”，道出的正是这种体验，而“年表如此写也妙”，指的恰恰是“时间观念极差”的马大哈精神之妙。我曾妄言：“脂批”最讨厌处是其常冒充书中角色，“玉兄”、“阿凤”之类叫得令人肉麻。当忘记“角色”，仅做为一普通阅者看官时，其艺术细胞便活跃起来了，时有精微独到之见。“时间差”感觉之良好，便非多少红学专家所能及。

其实，曹雪匠似乎预知他的时间观念马大哈精神，会招来正统学者专家的非议，细心读者的不解。所以开卷便着实辩难一番。那位空空道人对“石头”所记，不感兴趣，声言“我纵抄去，恐世人不爱看呢？”头条理由，便是指摘“元朝代年纪可考”。可知“空空”并不真“空”，实乃“生活是这样的吗？”一派先驱代表。曹雪匠笔下便生发出一段老王卖瓜式的对牛弹琴：

石头笑答道："我师何太痴耶？若云无朝代可考，今我竟借汉唐年纪添缀，又有何难？但我想，历来野史，皆蹈一辙，莫若我这不借此道者，反倒新奇别致，不过只取共事体情理罢了，又何必拘拘于朝代年纪哉！"

说得轻松，认真一想，有点吓人：国之瑰宝文学大师曹雪匠竟是位"时间虚无主义者"（也是位"空间虚无主义者"，不赘）！有此一条，足以把他打入老牌"唯心主义"阵营而有余。因为，其说也，大大违背了半个多世纪来镌刻在我脑海中的哲学原理：时间（和空间）是运动着的物质的存在形式，是不依赖于人们的意识而存在的客观实际存在。这原理，我并没闹懂，却坚信不移，故而面对曹雪芹"时空观"的挑战，实无法赞一词。别无他径，只好说他是在谈文学创作、谈写小说而不是编哲学讲义。就小说谈小说，曹雪芹这番话酷似写给高鹗续修时看的，也是写给后世累累"时间差"的抉误者、考索者、纠偏者看的。当然也可供"文祸"论者参看："假借汉唐"，足以远祸，又有何难！非不能也，是不为也。故可知在曹雪匠看来，稗官野史、小说家言，首要之务是"取其事体情理"（按：可读做事、体、情、理），着意"新奇别致"，乃有言曰：

至若离合悲欢，兴衰际遇，则又追踪蹑迹，不敢稍加穿凿，徒为供人之目而反失其真传者。

总而言之，"朝代年纪"即时间观念可以不必"拘拘"，就是说可以淡化、模糊化、朦胧化甚至“差化”；事、体、情、理却“穿凿”不得，牵强附会不得，生编硬造不得，胡搅蛮缠不得。一言蔽之：时间无妨“差”，“真传”不可丢。信不信由你，这就是曹氏创作论的一个子目。或者说，这就是他“时间观念极差”的辩词，“差”到颠峰状态时的妙悟：宇宙无根，生命无涯，本自“无朝代年纪可考”；乾坤沉浮，阴阳翕合，谁为之定时设间？只要能参悟得些事之本、体之分、情之妙、理之谛，便近乎“真传”，何必硬造出年月时日等等“时间观念”来自拘手脚？墨呈五彩，白孕七色，尺幅千里，瞬息万年。艺事机括，往往需要“走出时间”也“走出空间”，方能营造出“新奇别致”天地或曰“幻境”，在此天此地此境，悲歌号哭，任其在我；兴衰际遇，俱呈本相——美的营造，诗的提炼，只能于精神大自由中得之。

说到提炼，真是开卷有益，恰恰读到舒禾先生的大作《觉有情》(1992年第六期《读书》)，此文副目是“书窗里的黎园风景”。书窗黎园，梦里红楼，不知有何相通。舒先生竟把“北京歌剧”大师梅兰芳和《红楼梦》在一个字句中联到了一起，不是“黛玉葬花”，也非“红楼二尤”，而是抬出“诗意”二字为粘合剂，做一统观，肌脉纹理，入丝入扣。此等文字，非我所能，只能照抄。谈及梅氏艺术真髓是：

富有人情和启发感觉的表现，在写意地呈现“诗意的存在”。至于许多的细节或者技巧，均应视为提炼诗意(包括更准确、鲜明而含蓄、富有魅力)的要求，如中国有价值的烹饪之道一样，要求着“尽其物性”、“尽其合性”。由唐诗、宋词、元曲、明传奇、山水花鸟画、以至《红楼梦》下来，到梅兰芳的艺，也正是在传统中守护、挥洒着“诗意”的存在吧。

传统、守护、挥洒、提炼、诗意的存在——真是言谈微中，妙谛诠释，得其要旨，把中国的“艺”讲活了。且强做解人，略略敷演其旨吧。难得之处是把红楼一梦纳之传统、系之民族文化做整体而又非泛泛的观照，这就省却了多少中西文化、文艺观念碰撞中可能发生的误解。用西方小说学模式，套中国古典讲史、传奇、评话以至小说，削足适履与削头就帽，皆往往导致聋子对话。一方山水养一方人，一民族宛然一有机体。女娲氏调水和泥，抟土造人，这水性、土性便生成着人性、民性、族性，而文化、艺术，便是精神的流动血脉、交通呼吸。一个民族尽管也是众生殊相，光怪陆离，各呈妍媸，然不论其鸣多达百家、其放众至百花，总是有风信虫媒，传粄授粉，因因相承，息息相通。正是在这样的意义上，有儒、道、释三教同源之说，言之成理（贾宝玉归哪一教？出个什么家？诸如此类，均可议论），诗、书、画、乐、舞、戏，更是同根连理。做如是观，通而融之，会而悟之，多少谜便似谜而非谜，能找出不必定于一尊、却也算一得之解了。即如这时间（还有空间）观念的马大哈精神，又其仅一位曹雪芹、半部《石头记》所独有哉！诗、书、画、乐、舞、戏中，比比皆是。抉其差误，足以令之无地自容。仅以稗官野史、小说家言而论，《三国》《水浒》均被奉为“现实主义”，“朝代”倒是清楚，“年纪”便大是问题。人物行事，声言仪貌，有多少汉魏赵宋遗风，难言之矣，推而演之，成“三国”、“水浒”戏曲。高台教化，草台班子，程式化加随意化，舍规弃矩，自成方圆。出将入相，才子佳人，一步千里，转脸百年，时、空观念，春梦无痕。梨园行当，自有解释：假了不成戏，真了不成艺——斯言大矣。真假有无之间，似与非似之间，形神之问，象意之间，不是讲的与曹雪芹“真传”之谛，如出一口吗？如果定必事事子丑寅卯，举手投足皆不忘“对表”，这正应了曹翁反诘：“我师何太痴耶？”二百年后有《管锥编》更直言以告："不能说梦者，也不足以言诗。"反之亦然：不能与言诗者，又焉可与说梦？故而，无妨推论：小说人物，舞台形象，笔底龙蛇，水墨丹青，都是从"生活是这样的吗？"那个"生活"中，包括那个"时间"、那个"空间"中走出来、粉墨登场的角色——载体——符号。观赏者并不怎么关心本来年轻几岁的孔明先生长须飘飘、年长的公谨都督反倒是个硬派奶油小生。人们要观要赏的只是"既生瑜、何生亮"这个"事体"之情之理是否尽其"真传"，鲜活生动，扣人心弦。舒禾先生引徐文长言："随缘设法，自有大地众生；作戏逢场，原属人生本色。"透彻通达，妙极！都道作者痴，其实，我师何太痴！时间差了，空间也差了，又有何妨？重要的，也属最为难得的是：作家、艺术家在创作颠峰状态那种精力弥漫、高度自信、全局在胸、全神贯注而又伴随着轻松自如、潇洒自由、完全自主的愉悦心态。正如打出漂亮"时间差"的运动员一样，无论是拼命一搏的超前，后发制人的滞后，引而不发的随机取巧，均能运用之妙，存乎一心。当此际会，才完全把握了那些平日空空荡荡、看不见也抓不着的"时间"之类的鬼精灵，玩于股掌、纸笔之间，神清心会，脱手而出，便兔起鹘落，雷驰电走，无中生有，弄假成真。机括所系，就在那股可遇而难求的自主性、自由性；出神入化至于物我两忘的随意性、写意性——酣畅淋漓、痴迷醉狂以至于疯。这时却要捉住作家手腕要他"看表"，败兴之至！

虽然百多年前太平闲人张新之评点《红楼梦》，已一赞再赞"何必求朝代、年纪"之妙，然而关于曹雪芹"时间差"的故事，大概是永远结束不了的。还会有这样那样抉误、纠偏、考过的好文章源源不断，因为，他传达的"事体情理"太大、太玄、太深，因之也就"太真"了。比真还真。所以，人们只要走进这个"世界"，每每不知不觉便忘记了"时间"和"空间"（似乎还没有人因其“差”而废红不读过）；走出这个“世界”之后，才有人又惦记起了“时间”。一片好心，满腹经纶，寻章摘句，校差纠误。究其实，不过是自个儿和自个儿闹别扭，是“梦”外之“我”和“梦”中之“我”过不去：两块“表”相隔多少光年，怎么能“对”得分秒不差？所以，“我师何太痴焉？”

也许较之时间之差与不差更值得议论的是：时间差了，或者说时间的失序、无序，是否造成了“事、体、情、理”的失序、无序？是否损坏了“尽其真传”的追求？这大概要说很多很多的话，只怕也难以说清。

（朱　健　文，原载《书屋》1996 年第 4 期）

一种心理讹诈术

对于有悖于常情常理、超乎理解力的东西，人们往往采取排斥、拒绝的态度。物反常即为妖。反常的东西，有时会被认为意味着灾祸，春花秋开，秋花春发，都会被视作“花妖”，是一种预示着恶运的“异兆”。

然而，对于反常的东西，人们有时又会表现出截然相反的态度。正因为不合常情常理，正因为人类惯常的理解力无法把握，便不由得有无限的敬畏、崇拜，跪倒在这反常的东西面前，把自身的命运都交由其主宰。在这种时候，便是物反常即为神、为圣、为仙了。

而这两种态度，深究起来，却又是相通的。排斥拒绝也好，敬畏崇拜也好，恐怕都源于内心深处的恐惧。面对反常的东西，面对自身无法理解的现象，人类会感到自身的软弱。妖也好，神也好，都比人类强大，冥冥中都掌握着人类的祸福。面对反常的东西，究其实，人们有时是几种心理交织在一起的，既极力想排斥、拒绝，又禁不住有敬畏、崇拜，或者，干脆是怀着敬畏、崇拜的心情去排斥和拒绝。

高鹗续写的《红楼梦》第九十四回，题为“宴海棠贾母赏花妖，失宝玉通灵知奇祸”。其中写到，怡红院中的几棵海棠，本已死了好几年，却突然在冬十一月里开起花来。本应在三月间开的花，发于十一月间，已属反常，何况还是死而复生呢。贾府中一干人，面对这种怪异，心里其实都有些发毛，认定这“必非好兆”，“草木知运，不时而发，必是妖孽”，因恐惧而都对此采取排斥、拒绝的态度。独有贾母，先是故作镇静，说这花儿虽应在三月里开，但“如今虽是十一月，因节气迟，还算十月，应着小阳春的天气，因为和暖，开花也是有的”。为了将反常变为正常，贾母硬将冬日说成春季，故作镇静还不够平息内心深处的恐惧，于是贾母又故作欣喜。当贾赦认为是“花妖作怪”，主张砍去时，贾母呵斥道：“谁在这里混说，人家有喜事好处，什么怪不怪的。若有好事，你们享去；若是不好，我一个人当去。你们不许混说。”接着，便“高兴”地命人传话给厨房，快快准备酒席，大家品酒赏花，这实在是强为欢笑。每个人心中都有不祥之感，面上却要做出即将有喜事临门状；每个人内心都对这反常之花排斥、拒绝，视其为花怪花妖，面上却要做出赏叹、膜拜状，仿佛面对的真是花神花仙。“赏”完了，凤姐还叫平儿私下里传话，说是“花儿开的怪”，要挂块红绸子，才会“应在喜事上”，且此后不必再提此事。可见凤姐是怀着怎样一种心绪在“赏”这花了。面对这反常之花，表现得最镇静最欣喜的是贾母，这正说明贾母心中最不安最恐惧。贾母的言行，都不过是自欺，或者说是一种祈求，一种祷告。

正因为面对反常之事，人们会心生恐惧，并由这恐惧而生出敬畏、崇拜，所以便有人故作反常之态，来对他人进行心理讹诈，以期在精神上征服众人，让众人都拜倒在脚下，视其为神，为圣，为仙。

《聊斋志异》中，有一则《金世成》：

金世成，长山人。素不检。忽出家作头陀。类颠，啖不洁以为美。犬羊遗秽于前，辄伏啖之。自号为佛。愚民妇异其所为，执弟子礼者以万千计。金诃使食矢，无敢违者。创殿阁，所费不资，人咸乐输之。邑令南公恶其怪，执而笞之，使修圣庙。门人竞相告曰："佛遭难！"争募救之。宫殿旬月而成，其金钱之集，尤捷于酷吏之追呼也。

以啖不洁为美，狗屎羊粪都趁臭味最浓时吃下，这真怪得令人惊骇。也唯其如此，他在"愚民妇"眼中才有一种威慑力，一种吸引力， 种不可思议的精神魅力。他们拜倒在他面前，也跟着他食屎啖粪。这金某人，不像是发疯，他的怪是刻意所为。而之所以如此，无非是满足成神成圣的欲望，是为了在心理上控制万千"愚民妇"，享受对万千人颐指气使的快慰。俗云："吃得苦中苦，方为人上人"，这金某人，则是"吃得臭中臭，便为人上人"了。天下头陀多矣，要让万千人如此崇拜，谈何容易，食屎啖粪，金某人走了一条"终南捷径"。这金某人虽"素不检"，但对"愚民妇"的心理却是做过一番研究的，他这一招成功了。当然，换一个角度看，代价也不可谓不"惨重"，但人有时为满足领袖欲、权力欲，是多大的代价都肯付出的。武侠小说中，有时写到一个男人为了练成一种超常的武功，从而成为武林霸主，不惜挥剑自宫。而中国古代，有些人之所以入宫做太监，也正是为了有一天能成为人上之人。这样一想，便觉得这金某人的行为，也并非怎样不可理解。当然，也有不信邪的。邑令南公便不以其为神为圣，而径目之为怪为妖，敢于“执而笞之”，并令其修“圣庙”。这邑令是孔子之徒，心中别有圣贤，所以对金某的行为有免疫力。

《聊斋志异》中的这则故事，令人联想到安徒生童话《皇帝的新衣》。这则童话中的那两个骗子，采取的也是一种心理讹诈术。他们声称自己织出的布，十分“奇异”，那就是不称职者和愚蠢的人，都看不见它。于是，上至皇帝和满朝文武，下至万千“愚民妇”，都被他们从心理上控制住了。独有那个孩子，敢于说出自己目中所见，就因为孩子心中没有大人们的那种自我怀疑和种种顾忌。骗子的心理讹诈术，在孩子的童真面前，终于失效。

《聊斋志异》中的这则故事，还让人联想到文艺创作中的某种现象。人类的文学艺术史，便是一部不断创新的历史。一定意义上，没有创新，便没有艺术。同时，艺术上的创新，也是对欣赏者、批评者艺术趣味和审美能力的一种考验。然而，当“艺术贵在创新”成为一种普遍的信念时，也必然会有人刻意以新奇怪异来对欣赏者和批评者进行心理讹诈。如果你否定他的新奇怪异，你便是艺术观念陈旧，审美能力低下，便是“不懂”。反之，只有观念解放，感觉敏锐，真“懂”艺术的人，才能欣赏他的新奇怪异——这手法与《皇帝的新衣》中那两个骗子毫无二致。而一些人为了显示自己有高超的鉴赏力，为了显示自己真“懂”艺术，便对这新奇怪异惊叹不已，赞美不已。据说，毕加索便私下里承认，自己后期的作品，全是为“哗众取宠”而制造的“垃圾”。他以变幻莫测和新奇怪异，不断地对同时代人进行心理讹诈，“他们越不懂就越仰慕我……我一个人的时候，从不敢以艺术家自居”。毕加索是否真曾蓄意欺世，尚待考查。但在艺术创作中，故作新奇怪异对同时代人进行心理讹诈的现象是肯定有的。正因为有此类现象的存在，所以在艺术欣赏和批评中，有时需要的，只是一点“童真”而已。

或许有人以为，《聊斋志异》中的那则故事，不过是“聊斋先生”的道听途说，世间未必会有此种事；或者，即便有，那也只能发生在三百年前，在科技发达、文化普及的今日，则决不会有此类事出现。如果这样想，那也许就错了。就在1997年5月10日的一份晚报上，载有这样一篇报道，说某地有一条长约二十米，宽约十五米，深约三米的沟塘。当地群众长期在这沟塘里洗粪桶、便桶，到了夏天又是水牛生息之地，随着温度上升，沟塘里沉积的杂草污泥发酵而翻泡。附近两名陈姓老年妇女觉得奇怪，随口说了一句可能是“仙水”，过路人听而信之，迅速传开。几天时间，先后有数千人到该沟塘取水饮服或擦身，“以水治病”。由于污水变质发臭，服用者腹疼腹泻，病情明显加重，有的还住进了医院。

对“聊斋先生”讲述的那件事，我本来也有些将信将疑。然而，读了这则报道，我觉得那种事是完全可能发生的。据我所知，这地方并非蛮荒偏远之地，倒算是文化昌明之乡，此种“愚昧”之事照样发生。我想，只要人生中存在种种偶然性，不确定性，只要人还不能完全掌握自己的命运，此类“愚昧”现象便不会绝迹，而利用大众的这种“愚昧”进行心理讹诈者，也就始终会有。

（**王彬彬** 文，原载《书屋》1997年第6期）

第二辑

设案无鱼怨网破

再读《水浒传》

有些书，可以常读常新，百读不厌，《水浒传》就是。这是一坛酒，从明代至今天，浇着天下人的块垒，难怪金圣叹这样说："天下之乐，第一莫若读书；读书之乐，第一莫若读《水浒》。"轻轻地、轻轻地翻开，便有电掣雷鸣，瞠目震耳。

太平与官贵

《楔子》里写洪太尉误走三十六天罡、七十二地煞"妖魔"之际，正是"天下太平，四方无事之时"。岂知这个"太平"，已是天下纷乱的开头，太平里正孵着北宋的灭亡。

这个"乱"字是怎样从"太平"里孵出的？只因官的一个"贵"字，《水浒传》开头就把这官的"贵"谱活活画出。受朝廷重托去请张天师祈禳瘟疫的洪太尉，才走了“三二里多路”便“脚酸腿软”，起了怨言：“我是朝廷贵官，在京师时，重茵而卧，列鼎而食，尚兀自倦怠，何曾……受这般苦！”官贵必民贱。官何以显贵？官骄显贵，官尊显贵，官富显贵，官侈显贵，官霸显贵。当官的骄尊富侈霸，做民的岂能不水深火热，当牛作马？官愈贵民愈贱，物极必反，泰极否来，载舟的水就要覆舟了，升平的歌舞也就成了葬礼的序曲。和洪太尉同朝的大臣范仲淹的那句名言，颠倒一改，似可作专制体制下官吏的真实写照了：“先天下之乐而乐，后天下之忧而忧。”

延安府老种经略处

《水浒传》第一回开头便点出两个人物：高俅与王进。一个是街痞，一个是好汉，泾渭分明，水火不容，不想乾坤总是颠倒，街痞做了殿帅府太尉的大官，好汉却几成刀下之鬼。

如果不是有个延安府的老种经略相公，水泊梁山的英雄群里，起码要多一个王进。王进也着实了得，十八般武艺样样精通，和林冲一样同为八十万禁军的教头，且有勇有谋，忠孝兼备，可谓国家栋梁。谁知撞在小人做了高官的高俅的手里，真是“说你不行就不行行也不行”。就是在被辱被打，性命难保，走投无路的情急之下，英雄王进和寡母商议道：“只有延安老种经略相公镇守边庭……那里是用人的去处，足可安身立命。”

这个老种经略相公不知是何等样人，整部《水浒》从未露面。第二回中拳打镇关西的鲁达，不也曾是他重用的提辖吗？延安府老种经略处，真是一个让人向往的去处。一去再无音信的王进，常常让我掩卷牵挂。从未露面的老种经略，更是让人敬重而又思慕。数百年后，延安这个僻远而又穷荒之地，更接纳了一支衣衫褴褛、被追剿了二万五千里路的队伍，并倾其所有，温暖之、哺育之。这支队伍的领袖给自己的队伍定下了一条宗旨：全心全意为人民服务。靠着这条宗旨，这支队伍打下了天下，并给百姓许下了诺言：当人民的公仆。前几年我去过延安，那里的人民还是穷，失学的孩子也很多，他们也似乎不在乎谁当年许下了什么诺言，时间长了，谁能保准都能记着？

佛 性

佛，不管是作为哲学还是作为信仰，都离不开"慈悲"二字。《水浒传》一回回读下来，便觉得八百里水泊上有佛性弥漫着。那些看似杀人喝酒吃肉的英雄，哪一位不是尝尽了人间的苦头、又对弱者苦者难者善者怀着感情之人？哪一位不是惺惺相惜、生命相倾之人？谁能说在阶级情、民族情之外就没有一种一以贯之的人类之情？梁山英雄身上的义气所包括的牺牲精神，不也是一种高尚与博大吗？

在这佛性弥漫的水泊梁山上，鲁智深是特别突出的一个。

他救了流落异地的穷女子金翠莲，救了赵员外的女儿，为了朋友林冲妻子受辱，他又要打不可一世的高衙内三百禅杖，全不要报答，也压根儿不想报答，甚至不计较生命的得失，只管"遇酒便吃，遇事便做，遇弱便扶，遇硬便打"（金圣叹语）。他对待林冲的情义，尤其让人铭怀，野猪林里，从薛霸风声飒飒的水火棍下救起林冲之后，鲁达有一段向林冲叫着（久蓄于胸，迫不及待）说出的话，话中有几个字，催人泪下——“兄弟，俺自从和你买刀那日相别之后，洒家忧得你苦……见酒保来请两个公人……以此洒家疑心，放你不下……洒家见这厮们不怀好心，越放你不下”；及至林冲问他今投何处，鲁达又是：“洒家放你不下，直送兄弟到沧州。”一个“忧得你苦”，连着三个“放你不下”，其情如瀑，凿石裂空。（见《水浒传》第七回）

英雄柔情，人间至美！

赤裸的三阮

水浒英雄，大都是坦荡直性的阳分人，嫉恶如仇，心地美善。李逵如此，鲁达如此，武松如此，梁山石碣村的阮氏三雄亦如此。排行到第七，不知怎么没有了其余的四位兄弟？看那时大户人家的子弟，总是全毛全翅，那是生活好，少得病，少罹祸的缘故。像阮家一穷苦渔民，七兄弟能成活三个也就不错了。毛泽东说“穷则思变”，一点不假。第十四回吴学究动员阮家弟兄夺大名府梁中书的不义之财生辰纲，阮家三兄弟的肺腑之言真会让官家胆寒。“若是有识得我们的，水里水里去，火里火里去！若能够见用得一日，便死了开眉展眼！”穷归穷，心中那份善良却从不泯灭。吴用用话试探他们，先问敢不敢捉梁山好汉请赏，他们说办这种事“吃江湖上好汉们笑话”。再“劝”他们背着晁保正半路取了他那一套待取的“富贵”（指价值十万贯的生辰纲），三个穷苦汉子仍然不为大富所动，瞧他们说的，真是字字千金：“这个却使不得，他既是仗义疏财的好男子，我们却去坏他的道路，须吃江湖上好汉们知时笑话。”眼热不？眼热。想取不？想取。

但是不能取，怕惹江湖好汉们的笑话，咋想就咋说咋干。不像官家，张口“国”闭口“民”，冠冕堂皇、仁义道德的口号喊得震天响，背后却什么肮脏龌龊、男盗女娼的事都干。在精神上，和封建官家相较，水浒英雄无疑也是洁者强者。

宋江何以孚众

中央电视台播放的电视连续剧《水浒传》，我认为基本是一部失败的电视剧。背离原著精神，英雄不像英雄可说是其最主要的失败，而宋江形象的被丑化则是对原著最大的背离。一个从形象到灵魂都丑陋猥琐的宋江（瞧他一贯到底的那种娘娘们的小碎步），去统领一群光彩夺目的英雄豪杰，是不可思议的。

原著中的宋江，也是一个顶天立地的英雄，而且是一个胸怀在其他人之上的英雄。

当然，论武艺和勇敢，梁山一百多条好汉可说大都在宋江之上；既使比谋略，不少人也远胜于他。可是偏偏宋江能稳坐第一把交椅，成为独一无二的领袖，就是因为他的爱才惜才护才用才而又真正的不爱财。他与心胸阴狭的白衣秀士王伦成一鲜明对照，王伦是千方百计地妒才拒才，宋江是不顾一切地（有时是不择手段地）爱才纳贤。

第十九回虽不是宋江的重头戏，但却不可等闲视之。晁天王派刘唐送去百两黄灿灿的金子，以谢他的救命之恩。宋江只象征性地留下一块，其余全让刘唐悉数带回，并嘱咐道：“贤弟，你听我说，你们七个弟兄初到山寨，正要金银使用。”这绝不是虚情假意，更不是怕日后受到牵连，因为在前报信救下晁盖七人，就是担着身家性命干系的。第十七回写他舍命通风，真是千古妙文千古挚情："离了茶坊，飞也似地跑到下处……自槽上鞁了马，牵出后门外去，袖了鞭子，慌忙地跳上马，慢慢地离了县治。出得东门，打上两鞭，那马拨喇喇地望东溪村撺将去。"

爱才疏财，一片真心，深乎众望。

如果他争着坐头把交椅，再以位置重要厚着脸皮住大房、骑好马、安亲戚、多捞银子嫖女人，谁还跟着他"艰苦奋斗"？早散伙了！

也说黄文炳

浔阳楼上，宋江题在粉壁上的所谓"反诗"，当紧的也就是一句"他时若遂凌云志，敢笑黄巢不丈夫"。一个落魄文人、戴罪小吏的醉话牢骚，好比家长里短地骂句娘，本可不必大惊小怪，顶多也不过个批评教育。谁知让官迷心窍的黄文炳一看，便看出了一个污染大家精神的天大的"反"字来，说不定他心里也有着宋江一样的牢骚，只是立功害人心切，其卫道相也就扮得特别真，宋江的死罪是跑不了了。

言如水，导之如溪是歌，塞之积洪成吼。言路堵塞，久滞成灾。

经黄文炳这一推，对朝廷本来一心忠诚的良民宋江，真的就被"推"成了起义军的领袖，带动了一大帮英雄好汉上了梁山。大宋皇帝哪里想到，这黄文炳是帮了朝廷一个大大的倒忙，该十恶不赦的。

第三十八回里这样介绍这位黄闲通判："这人虽读经书，却是阿谀谄佞之徒，心地匾窄，只要嫉贤妒能，胜如己者害之，不如己者弄之，专在乡里害人。"有人说他是那时的"极左"，不知像不？

刀下留情

处在那样黑暗的时代，要起义，要活命，杀人是免不了的，因为不杀害民狗官不平民愤不得民心，不杀就要被杀。况且起义领袖们攻掠一地总是晓喻将士，严禁杀扰百姓，而且众好汉也正因为有着好的作风和纪律，才获得了广大人民的拥戴。我想说的是好汉们也时有残忍的一面。

开人肉馒头店啦，凌迟烧烤、剜心下酒啦，真够瘆人的。苦大仇深，且处在白色恐怖的围剿之中，固不能苛求，如鲠在喉的是恨好汉们有时也滥杀无辜。譬如劫了法场救了宋江，黑旋风李逵不问军官百姓，一斧一个，排头儿砍去，直杀得“尸横遍野，血流成渠”；譬如为了赚朱仝入伙，竟杀了“生得端严美貌”、才只四岁的知府的儿子；譬如一丈青扈三娘被俘投降，其弟扈成也捉了祝家庄的祝彪来投宋江，却又被李逵板斧砍跑，并“抢入扈家庄里，把扈太公一门老幼，尽数杀了，不留一个”；再譬如攻破大名府“民间被杀死者五千余人，中伤者不计其数”……凡是看到这样的地方，总是遗憾得不行，忍不住想断喝一声：“好汉哥哥，刀下留情！”而且我还担心，他们真的起义成功得了政权，会不会在得意忘形、没有制约的情况下对不满者（哪怕是手无寸铁的善意者）也这样“排头儿砍去”，还要栽他们一个动乱造反的罪名？

一百单八将之外

在那样的社会，好人，贤能，一个个屈在小人、庸才团弄之中，报国无门，没有生路，突然有一个可以藏龙卧虎的八百里水泊，突然有一位知冷知热、怜才惜才的“及时雨”，怎能不引得天下英雄风云际会于此？眼看着好汉们越聚越多，真是让人痛快，让人叫好。痛快之后，叫好之后，有时也会神凝水泊，抚卷长思：八百里水泊，毕竟小了点，一百单八人，也嫌少了点。为什么非要局限于一百单八人呢，不是应该多多益善吗？后来众英雄的风流云散，招安固然是其主要原因，而一百单八人的局限，不能不说是悲剧结局的重要原因。

第六十六回，有几行闲笔，却不能等闲视之。有一位叫韩伯龙的好汉，积极要求投奔梁山，让旱地忽律朱贵引见宋江，书上说，“因是宋公明生发背疮，在寨中又调兵遣将，多忙少闲，不曾见得”。起事创业时盼英雄如旱苗望云霓、巴巴结结、吐哺握发的“及时雨”，一旦初具规模、兵强马壮，竟也渐渐忙得没空“接见”前来投奔的新兄弟了。这真是让人惕然心惊！更让人痛惜不已的，是这位前来投奔梁山的好汉，不仅没见上“公明哥哥”，反落个被李逵一板斧砍掉脑袋的下场。

且不说水泊梁山已经失去了多位英雄——王进露面便不见了踪影；和孙立一样武艺的好汉栾廷玉，在三打祝家庄的战斗中被杀了；和武松一样本领的头陀被菜园子张青、母夜叉孙二娘夫妇大卸八块，只遗下那把雪花镔铁打成的戒刀常常半夜里啸响……

《红楼梦》、《水浒传》真是中国文学史上空前绝后的双峰：一个是美女成群，儿女情情透千古；一个是好汉如云，英雄气气贯长虹，只是《红楼梦》可以有金陵十二钗、金陵十二钗副册、金陵十二钗又副册，《水浒传》为什么就不能有又一百单八将、再一百单八将？

如此说来，招安就招安了吧。真的让他们当上了皇帝，也好不了哪儿去。一个腐朽了的制度，任谁进去，也只能是个“鬼打墙”，走个三百六十度的怪圈，又回到欺民压民榨民怕民、与民对立甚至虐民杀民的位置上，洪秀全与他的子孙们就是铁证。

（**李木生** 文，原载《书屋》2000年第6期）

子虚乌有「龙禁尉」

——《生命荒原迷津渡》之二

《生命荒原迷津渡》一文刊出时，大概因我笔误，文题成了《人生荒原迷津渡》（见《书屋》创刊号）。生命、人生，一字之别，本亦可通，不辨也可。细谙其趣，仍略有差："生命荒原"，是个体体验；"人生荒原"，乃众生泛相。大书"红楼"，当然是众生泛相。然须得有真切个体体验，方辨得出众生芸芸的大观园里里外外，到底是温柔富贵乡？抑或荒原迷津渡？曹雪芹血泪交迸凿刻出"通灵宝玉"即"风月宝鉴"是骨格神逸、鲜洁晶莹的个体生命，在"荒原"上艰难跋涉、在"迷津"中沉沦起伏而不自知。却把他乡做故乡，自我感觉：怡红公子、富贵闲人，直待"迷津内响如雷声，有许多夜叉海鬼将宝玉拖将下去"（第五回）面临万劫不复时，这个"生命"才失声喊叫："可卿救我！”其音惨烈悲苦之至，实众生共有之心声：绝望？希望？绝望中的希望？希望中的绝望？难言之矣。不管如何，也是一种觉悟，一次清醒，一声不甘沉沦，企求超越的呼唤。生命体验到达这种境界能有几人？这就是我所能感知的曹雪芹生命——艺术哲学大纲了。深长思之，古今中外一切伟大心灵都是相通的，皆以其独特的个体体验倾吐着众生悲苦中的欢愉、欢愉中的悲苦。“我的心分外地寂寞……我的心也曾充满过血腥的歌声：血和铁，火焰和毒，恢复和报仇。而忽而这些都空虚了，但有时故意地填以没奈何的自欺的希望。希望，希望，用这希望的盾，抗拒那空虚中的暗夜的袭来。虽然盾后面也依然是空虚中的暗夜。”（《野草·希望》）鲁迅又借用匈牙利伟大的抒情诗人裴多菲之言倾吐自己这种体验：“绝望之为虚妄，正与希望相同！”然而鲁迅并不止步：“我只得由我来肉薄这空虚中的暗夜了，纵使寻不到身外的青春，也总得自己来一掷我身中的迟暮。”这是彻底的觉悟，伟大的清醒。不是丧神失志地呼唤什么“救我”，而是呼唤自己：“肉薄这空虚中的暗夜。”其实，曹雪芹也是以自己“石头”一样的生命“肉薄这空虚的暗夜”，只不过鲁迅的体验更进了一层。说句题外话：读红楼，最好旁置鲁迅的书——“我以我血荐轩辕”，矢志补天的书。这样，方能略略领悟生命固然有哀婉凄艳的美，也有刚峻壮烈的美。而看似相异的美的品格，其实也是相通的。

所以，我还想说，鲁迅是真正能从整体上把握曹雪芹的美学品格的：“悲凉之雾，遍被华林”，两言八字，道尽一部大书神髓骨相。华林之悲凉，云罩而雾笼，若隐若显，似假实真，正是“用梦用幻等字”（第一回）妙处。“然呼吸而领会之者，独宝玉而已”，说的固是书中人物心灵图像，其实，成千上万的读红人、说红人、研红人，又有几多能呼吸而领会？一道魔障就是人们往往习惯于把“红楼大观”当成一个凝固不动的“客观世界”。人物要对号入座，地点要寻访旧址，事必有因，年俱可考，如此这般，方是“真实”，方才“过瘾”。读一读鲁迅那篇著名的《好的故事》，对解魔去障，必有大启悟。我已在另文中引用过，当兹进入子虚乌有“龙禁尉”之境时，再读再品，意味也许更见真切：

许多美的人美的事，错综起来像一天云锦，而且万颗奔星似的飞动着，同时又展开去，以至于无穷……

诸影诸物，无不解散，而且摇动，扩大，互相融和，却又退缩，复近于原形。边缘都参差如夏云头，镶着日光，发出水银色焰……

一切事物统在上面交错，织成一篇，永远生动，永远展开，我看不见这一篇的结束……

鲁迅在这里不是描述“红楼”美学品格，而是由水中映相的流动景观引发出生命体验，化而为艺术境界，是自然、生命、艺术混然而一的本体：永远流动的变体，一切伟大生命、伟大艺术皆然。“红楼”亦然。所以呈现的只是诗意的真实，流动的美。如果一定要从一天云锦、万颗奔星，飞动、展开、解散、摇动、扩大、融和、退缩、复近原形、交错、永远生动、永远展开、永远看不见结束的“好的故事”里，寻求起承转合、规矩轨迹、性格发展、事物底里，多半只会大失所望，且越搞越糊涂。冒昧一言：经典性的典型环境、典型性格，常规性的细节真实，在红楼之梦中，也往往失效不灵。大概这就是冯其庸先生感慨以道“治‘红学’者殆有目迷心眩之劳”的缘故吧(见《红楼梦大辞典》序)。

文入本题。以“秦可卿”名义观照成的大块文章，至少是起自第五回《游幻境指迷十二钗》，延至第十六回《秦鲸卿夭逝黄泉路》犹余音袅袅未尽。常规衡文，只见其叙事忽这忽那，运笔丢三拉四，情节纰漏百出，时空失序散乱，即算尊之为十七世纪“意识流”古老先锋，亦不可如此乱流飞溅，碎玉漫撒。取其水珠玉屑单独观赏，肖形传神，韵味无穷。整体浏览，又如一团乱绵碎锦，剪不断，理更乱，无端无绪。强做解人索其隐、考其证、探其源、发其微者，多半“梦坠空云齿发寒”(鲁迅)，没入其雾，走火入魔，不见真面。以致弄出贾珍、秦氏翁媳乃一对生死恋人、哀感顽艳千古绝唱故事，较诸前人妄续“红楼”诸书，更具“时代”气息。若细细体味曹雪芹“用梦用幻等字”，透过“悲凉之雾”，朦胧赏“华林”，以一大篇“好的故事”读之，见其摇动，见其解散，又见其融化，见其退缩，见其复近于原形，大概便能略略见其永远展开、永远生动之美——永无结束的美。但人之所见，亦如其面其心，各有不同，本应不同。千人一面、众心一见，这世界就太寂寞，太无味，最好是谁也不要妄想一己代众生，任人各逞其意、其姿，蔚为“大千”。故而千万人读“红楼”便应生发出大同小异、小同大异的千万个“梦”。有“梦的自由”，方能从“梦”中得“知己”、见“同道”、遇“仇雠”，挥洒其在红尘俗世中无缘挥洒、羞于挥洒、畏于挥洒的喜怒哀乐、缠绵思恋、粗鄙顽劣，这大概是“红楼”之“梦”最难割舍的魅力了。所以，对于任何持不同“梦见”者，万不可以异端邪说批斥之。比如，贾珍、秦氏翁媳生死恋之说，也属一“梦”而已，但若硬要上升到“红学”理论高度，成为一大发明创造，“梦话”而已。我这里啰哩啰嗦说“死封龙禁尉”属子虚乌有，更非创造发明，不过“梦”中偶有所见，心乃契合；便想说与闲人众位姑妄听之。然而，自第五回至十六回关乎“秦氏”、“可卿”者以十万言计。

云波诡谲，头绪多端，脉线交织；大有大的难处，暂时只能拈一具体细末说起，不知能否收识小略见大之功。

先说“秦可卿死封龙禁尉”这一回目，引发出偌大一块文章，然而实在不通。不通之至！据说原题“秦可卿淫丧天香楼”、“脂砚斋”君命曹雪芹改写才成今题。如果属实，曹雪芹先生笔墨太不值钱了。不通之一：“封龙禁尉”者，并不姓秦，而是姓贾，是活人“世袭三品爵威烈将军贾珍”大爷的儿子贾蓉。贾蓉的妻子大概姓“秦”（为何大概？以后再说），是不是名叫“秦可卿”？难言之矣。所以“秦可卿死封龙禁尉”之说，颇近荒唐，不通之二：历数秦汉魏晋唐宋元明清诸朝诸代，几曾有过什么“龙禁尉”这等职衔？“禁卫”者，“近伪”而已，只存于“四大部州至中之地、奉天承运太平之国”。灵堂法事，特请“总理虚无寂静教门僧录司正堂万虚”前来主持（见十三回）已经点得明白。“风月宝鉴”，只可反照，正照便会走火入魔。不通反而是“通”。那么，“秦可卿死封龙禁尉”及其引发出的大块文章，只能以“反面文章”视之，以“近伪”视之。“近伪”，并不等同于“伪”，正如梦、幻并不等同虚假。酒后真言，梦中真情，倒有实实在在的“诗意”存乎其中。比如，宁国府中死了人，却封个“龙禁尉”的“五品”官（“无品”官也）；上上下下，都换了“吉服”，大街通衢，摆开银山压地般送殡仪仗队伍成为名副其实的喜气洋洋大出丧。——这就是诗，大作家笔下真实的诗，忘其言才能得其意的诗。薛大姑娘与丫头香菱谈诗曰：“诗原从胡说来。”精妙之极，深得雪芹先生及古今骚人“原诗”之旨。“秦可卿死封龙禁尉”，便属伟大的“胡说”、凭空杜撰的子虚乌有。若做“纪实”文学读，处处扞格，几不成体统。若能遵作者之教，“换新眼目”，做“胡说”即诗读，便心胸开朗，天地自由，多少疑难，各得其不解之解。其声其情繁多，极难一一例举，择秦钟、宝玉的“思想感情”略略言之。按常理谈，秦钟死了“姐姐”，失去在“贾府”内的大靠山，即使不悲恸欲绝，至少真哭假哭也做做样子，起码有几分“失落感”吧。然而，他却兴致勃勃，曹雪芹为之大书：《秦鲸卿得趣馒头庵》！别的不说，贾宝玉的“朋友”竟是如此毫无心肝的下三滥，实有损人间“灵物”的光辉形象。其实，宝玉自己的表现，也迹近全无心肝。“梦幻情人”弃之而去，丧葬大典中他最大的贡献却是向贾珍举荐“王熙凤协理宁国府”。于是，凤姐名正言顺，入主贾珍、贾蓉父子二人“中馈”，“中馈”之羞，难言之矣。书中写明了的仅是：贾珍老婆尤氏正赌气靠边站，贾蓉则刚刚成了光棍一条。宝二爷的举荐，正是投两男一女、三人所好之恶作剧也，二爷在丧事中最得意的是“路谒北静王”了。观其在这位“贤王”跟前言谈举止，可谓猥琐而毫无灵气，着实使“拥玉”追星族脸上无光。不仅此也，宝二爷除糊里糊涂在不知何许人的灵前(此事以后还要谈到)痛哭一场外，再无忧思戚容。出丧送殡时，一会儿骑高头大马，风光之至，一会儿又爬到车上，与风姐挤在一起，说说笑笑前行。他甚至有闲心向毫不相识的村姑二丫头眉目传情，把“正要入港”的秦钟、智能双双压在身下打情骂俏。如此等等，直是警幻仙子痛骂的“皮肤滥淫之蠢物”，毫无灵气可言。如何解释？只因为棺木中的死人，并不一定是姓“秦钟”这个秦之故。另请注意：宁府喜气洋洋大出丧之际，与“贾宝玉路谒北静王”相对应，十四回回目是“林如海捐馆扬州城”。“绛珠仙草”远离荣宁街，“神瑛侍者”失去“精神领袖”便不成其为“神瑛”，此段形而上之言，以后另文细斟。现在只说如何走出“假做真时真亦假”这个怪圈，实事求是是看“子虚乌有”。且读以下数十字：

奉天洪建兆年不易之朝诰封一等宁国公冢孙妇防护内廷紫禁道御前侍卫享强寿贾门秦氏恭人之灵柩

此乃遵古泡制，绛帛粉书，铭旌上之大字。“以死者不可别已，故以旗识之”（《礼记·檀弓》下），是谓铭旌。其意曰：人死不会说话，无法自我介绍，为免弄错了“鬼”，便把姓名，身分写于旗幡，以资识别，亦属“验明正身”之一法。不验犹可。马马虎虎、恍恍惚惚验而不甚明，反正是“贾府”有那么一位死人，亦可，校真去验而求明，却是怎么也明不了的。好端端大块文章，似乎都在写贾蓉之妻、贾珍之儿媳、贾敬之孙媳，史太君之重孙媳，不幸死矣。所以，才有王熙凤协理宁国府热闹场景。忙忙活活，喜气洋洋，送葬了，出殡了，据光天化日下铭旌上大书所载，“灵柩”中直挺挺躺着的“正身”，却丈二和尚摸不着头脑，不知其为何许人也。只有一点可以肯定：这位“贾门秦氏”，不是贾蓉之妻的那位“贾门秦氏”。因为，“宁国公冢孙媳”，论辈分，是贾敬的老婆、贾珍的娘、贾蓉的奶奶。“程甲本”发觉不妥，改成“宁国府冢孙妇”，越改越糊涂。一“府”之内，瓜瓞绵绵，世世代代的“媳妇”，都有可能是“冢孙妇”即嫡长孙妇，其数难计，一个铭旌、一只灵柩，怎容得下？而宁国公贾演的长子是贾代化，嫡长孙是贾敷，八九岁夭亡，贾敬递补，其为长孙即“冢孙”无疑，“冢孙妇”当然非他老婆莫属。再验下去，又有新问题：“享强寿”，指的是死者年龄，“享年”，“终年”之意。“四十曰强”（《礼记·曲礼》上），老祖宗的规定，“享强寿”，即享年四十岁是也。贾蓉小后生，死去的妻子，怎么会是位年届不惑的半老徐娘？根据“冢孙妇”来推定这位四十岁的死者是贾敬的老婆，可以；但怎么会生得出贾珍这大年龄的儿子？“程甲本”这个节骨眼上没有改，大约因为实在无可奈何，没法改。继续验下去，“贾门秦氏恭人”，问题更复杂。诰封“恭人”，应“四品”以上。即算凭空弄出个活贾蓉“封龙禁尉”，“五品”而已，其妻“宜人”而已，“程甲本”有见于此，索性改成了“秦氏宜人”。无奈这位“宜人”，是不可能“享强寿”的，也不可能成为“宁国公冢孙妇”的。由此可见，曹雪芹的文字，细针密线，不可轻易改动的。实际上曹翁笔下“恭人”，做为死者身分，至少（！）提供了两种可能性：一为贾敬之妻即贾珍之母也即贾蓉祖母；二为贾敬之儿媳即贾珍之妻也即贾蓉之娘。所以然者因为贾珍的“世袭三品爵威烈将军”，本是老爹看破红尘要去当神仙，把官让给儿子的。父子二人的妻子，都可名正言顺诰封“恭人”。或曰：贾珍之妻尤氏，虽闹情绪，靠边站，实为大活人，怎么会上了“铭旌”、进了“灵柩”？答曰：我师何太痴耶？如此看“石头”、读“红楼”，哪里还有什么“梦”可言？内中秘辛，待到《死金丹独艳理亲丧》（六十三回），可见大略，说不定连这位“尤氏”也是和“三品爵”一起由贾敬让给儿子的。清官难断家务事，现在我只想说的是：一部小说、一首诗、一幅画、一支乐曲等等，为审美愉悦、审美空间，提供、创造多种多样、多彩多姿的“可能性”，比只提供一种“可能性”更难，因之就更具“魅力”。“宁国公冢孙妇”“享强寿”“贾门秦氏恭人”的难以界定的多重身份，已经为宁国府喜气洋洋大出丧提供多重的审美空间。子虚乌有的“龙禁尉”，更是画龙点睛而成飞龙在天，提供了无涯无限的审美自由。做几句附会但并不算牵强的引证：“龙，鳞虫之长，能幽能明，能细能巨，能短能长，春分而登天，秋分而潜渊。”（《说文解字》）小学大师许慎，不是冬烘经师学究，解字说文，常见美辞诗意。这关于“龙”的解说，不是也可看做具体而微的《好的故事》吗？如果和鲁迅名作对照读，水与心交融、永远生动、永远鲜活、永无结束的故事，实在也无妨看做“矫若游龙”的永无止息的变体。以这等眼目读曹雪芹“用梦用幻等字”挥洒出的大块文章、太虚幻境、红楼大观、通灵宝玉、风月宝鉴，那些看来纰漏百端、时序散乱的碎玉散锦，“诸影诸物”，便“织成一篇”最美最好“故事”。

然则，“秦可卿”哪里去了？金陵十二钗之一、悬梁自缢的“美人”难道不是她吗？“淫丧天香楼”又“死封龙禁尉”、喜气洋洋大出丧，不都是写明了“秦可卿”三字姓名吗？这笔糊涂账之特别“引人入胜”即入迷，尚待专文与“脂砚斋”理论才弄得清。这里且稍涉天机：十三回以后，“贾蓉妻子”仍不断露面，唯姓氏难定，或说姓胡，或言姓许，而“胡”、“许”均可做疑似发语之词。“程甲本”好做解人，在二十九回添上一句“贾蓉新近续取的媳妇”，其意当然是怕“秦可卿”不死，但也说不出新媳妇姓氏。“三家评本”偏偏批上一句：“妙在无名无氏。”其妙安在？行文至此，读到《书屋》二期陈村《意淫的哀伤》，有言曰：

> 曹雪芹绝妙的手笔是将虚实含混，似真又假、似假又真。这一切全都是为了贾宝玉。书中的其余人物都是实的，连那空空道人与警幻仙姑都很实在。唯一的例外是贾宝玉。……我们不能确定贾宝玉的身份，他是神，是魔？他是成人，孩子？《红楼梦》只是用力告诉我们，他是个男人。

漫读红楼，达此境界，可谓渐近“大观”。还可再进一解：虚实含混之虚中，恐怕并不只贾宝玉是“唯一”。陈村言：“警幻仙姑是贾宝玉的精神领袖”，又说这位“仙姑很实在”，便隔了一层。我曾经在一篇文章中说过“警幻”太实，与陈村意近。秦可卿的形象却是“虚实含混”的巨大投影，若有若无徘徊于仙凡两界的幽灵，“情天情海幻情身”，一个幻字正此意也。她担负着巫山神女、行云布雨的使命，把“神瑛侍者”引向迷津渡口，又是他潜在的“精神领袖”，能令“通灵宝玉”面临万劫不复的深渊时，清醒、顿悟，发出“可卿救我”的惨烈呼叫。所以陈村关于“他是神、是魔？”这个使某些“红学”大家不肯逼视的极有深度的提问，实在也应当包括“秦可卿”在内。谓予不信，且俟再论。

（**朱　健** 文，原载《书屋》1998 年第 2 期）

《红楼梦》的性与爱

“风月宝鉴”与“裸女骷髅”

美人骷髅梦中欢，
宝鉴谁能反面看？
纵有此公惊心画，
怎敌情天孽海宽！

西班牙超现实主义艺术家萨尔瓦多·达利设计了一件摄影作品：七个年轻美丽的裸女组成一个恐怖的骷髅，菲利普·哈斯曼把他与裸女一起摄下，取名为《达利和裸女骷髅》。这个美丽而惊心动魄的画面自然会使我们想起《红楼梦》中的风月宝鉴，以及贾瑞不听道士劝告，受情蛊惑，枉动风月，竭精而死。尽管思想倾向与艺术旨归的不同，但揭示生与死、爱欲与毁灭、美丽与恐怖的矛盾性方面，达利与曹雪芹是异曲同工的。比较而言，达利这件艺术品比曹雪芹的风月宝鉴的警世意义更为显豁，它把正反面的内容融为一体，以“妄想判断”的超现实手法使艺术伤口更有惊人的直观性。

把生与死、美女与骷髅组合起来的警世主题在中国有着古老的文化渊源。从枚乘的“皓齿蛾眉，命曰伐性之斧”(《七发》)到苏轼的“黄沙枯髑髅，本是桃李面”(《骷髅赞》)，警醒人们，美色诱惑、男人纵欲即走向死亡之墓；人生无常，短暂的生命与爱情很快会走向毁灭。由此产生两种观念：一是政治的，历代统治者认为女人是祸水，是不祥之物，严禁她们干预朝纲；一是宗教的，情欲成为戒律，色即是空。

《红楼梦》中这类生与死、美色与恐惧的对比很多，如“昨日黄土陇头送白骨，今宵红灯帐底卧鸳鸯”(第一回)，“白骨如山忘姓氏，无非公子与红妆”(第八回)。但《红楼梦》中形象的含量大大超过理念的含量，虽然小说宣扬了色空观念，但仍有许多痴男怨女要享受爱情的欢乐，毫不惧怕死亡：自由婚姻不可得而毋宁死，尤三姐、司棋是也；失去心中的恋人，情愿抛弃温柔乡而出家，宝玉是也。

所以，《红楼梦》与达利的这幅超现实主义的作品是有区别的。首先，《红楼梦》的形象意义是由“大旨谈情”到对爱情的肯定。冯梦龙曰：“四大皆幻设，惟情不虚假。”(《情史·序》)曹雪芹的观点是和他一致的。其次是“风月宝鉴”是对“皮肤滥淫”者的警告，作者提倡一种平等、尊重、体贴女性的“意淫”。第三，为女儿们去死，也是死得其所，是种美好的情怀。宝玉的这种生命观和爱情观尽管有其局限性，但还是值得肯定的。

太虚幻境中有副对联：“厚地高天，堪叹古今情不尽；痴男怨女，可怜风月债难偿。"〔晚韶华〕曲有云:"那美韶华去之何迅!再休提绣帐鸳衾。"然而在生生世世的"情天孽海"中,人们仍无视人生之无常,不怕美好之背后的幻灭,并以生命之活力追求爱情,战胜死亡。尤其是关怀体贴女孩子的"意淫"心理和行为,成为贾宝玉独有的人格秉赋,也是《红楼梦》的一条最美丽的风景线。

警幻仙姑与锁骨菩萨

缠绵绣帐散甜香,
万丈迷津怯虎狼。
啼怨情天谁指点,
风流警幻辟慈航。

常领宝玉游太虚幻境的警幻仙姑既是神仙,又是将妹子秦可卿许配于他的凡间之人,是仙又是人,其中扑朔迷离,既实又虚,让读者好生困惑。不过,我们从有关的志怪、佛典等著作中,可以探测出作者笔下的警幻是有从文化源流中借鉴的原型的。

《续玄怪录》载,昔延州有妇人颇有姿貌,年少之子悉与之游,狎昵荐枕,一无所却,死后有西域胡僧于其墓敬礼焚香赞叹。人怪之,僧曰:"斯乃大圣,慈悲喜舍,世俗之欲,无不徇焉。此即锁骨菩萨,顺缘已尽。"众人不信,开墓视之,见遍身之骨,钩结皆如锁状,果如僧言。

《传灯录》中记述与此相似。僧问:"如何是清净法身?"(延沼禅师)曰:"金沙滩上马郎妇。"贤女马郎妇,于金沙滩上施一切淫人。凡与交者,永绝其淫，死葬后一梵僧掘之，乃锁子骨也。

《韵府续编》中说得更为明确，马郎妇即观音大士之化身也。

观音菩萨以慈悲普渡众生，还担负这种“佛妓”的世俗化任务，实为崇高。《华严经》曰：“先以欲钩牵，后令成佛智。”宝玉领略与警幻妹（实为警幻所化）的云雨之事，就从色欲向“意淫”升华，达到“自色悟空”的境界。警幻的任务是唤醒宝玉的性意识，并告诫他对待女性的正确态度。

人类性意识的唤醒是人类文明进步的一个标志。文艺复兴时期意大利的薄伽丘在他的《十日谈》里，借一个“绿鹅”的故事反映了一个乡下少年被压抑的性意识的觉醒。性不是罪恶的东西，它是生命意义和价值的体现，人类只有在生产力发展到较高程度，以科学进步代替神学和愚昧的时代，才有可能把性当作一个健康美好的话题。十九世纪末写出《查特莱夫人的情人》的劳伦斯说：“我总是力图……使性关系变成有意义的和珍贵的，而不是可耻的。……我真诚地相信需要建立一种东西——性意识，因为这是所有真正的美和温存的源泉，这两种事物……可以把我们从灾难中拯救出来。”

中国虽然没有经过西方文艺复兴的思想解放运动，但明清以来资本主义生产的萌芽，市民意识的觉醒，一批具有启蒙思想的文人如提倡“童心”的李贽、崇尚“至情”的汤显祖、注重“性灵”的袁宏道，他们的新观念荡决着“存天理，灭人欲”的宋明理学，他们重视人的价值和真挚爱情的力量，这些都对《红楼梦》的创作起了重大的思想推动作用。但与此同时，明清贵族士大夫阶层纵欲、生活奢靡，也成了一个严重的社会问题，败坏着社会风气。清代李渔的小说《肉蒲团》写未央生的一切放荡都是他达到出家觉悟的必经之路，但淫秽过多，显然不能与《红楼梦》宣扬的“意淫”

相比。而警幻对宝玉的性启蒙则既是对他走上人生之路的指点，也是对社会淫糜风气的反拨。所以，曹雪芹以锁骨菩萨这个原型写警幻仙姑，既体现佛教的普渡，又是积极的性爱；既是儿女私情，又是社会生活大事。

疗妒有无方？

含酸醋语玉肠柔，
蛇蝎心机使断头。
莫道百年能息妒，
津舟风浪美人愁。

《红楼梦》的第八十回“王道士胡诌妒妇方”是段诙谐轻松的文字，不一定有多少深刻的思想意义，但从结构上来说，是段因果性的故事，因为有上半回“美香菱屈受贪夫棒”，故才有此与之对称的内容；宝玉向王道士提出“妒妇方”又是由上半回中夏金桂醋海风波而引起的。

妒妇是个社会性、情感性的问题，并非病理性问题，所以不可能以药方来治。因有宝玉痴问（是关心香菱的情痴），便有道士的“胡诌”。以秋梨、冰糖、陈皮的润肺开胃药天天吃，“吃过一百岁，人横竖要死的，死了还妒什么！那时就见效了”。王道士的油嘴只是让宝玉开心一笑，他倒老实，说：“连膏药也是假的。我有真药，我还吃了做神仙呢？有真的，跑到这里来混？”

妇女的妒嫉，实在是一夫多妻的不合理婚姻制度造成的。夏金桂的虐待香菱，不能只从她恶劣的本性上找原因。王熙凤的泼醋，借刀杀人害死尤二姐，比夏金桂更为毒辣。这一房专宠而起家庭风波甚至致人死命的骇人听闻的事，正史和小说戏剧中甚多。另一种妒嫉只是语言上的含酸拈醋，如黛玉，她虽然也是为了专宠，但只能算是无伤大雅的“小性儿”，因为柔弱忠厚的黛玉在品性上与凤姐金桂有本质的差别。所以对嫉妒之性也要作具体分析。

王道士认为人死了就不会妒忌了，其实不然。唐代段成式的《酉阳杂俎·诺皋记上》有“妒妇津”的故事。相传晋泰始中，刘伯玉妻段氏性妒忌，伯玉常在妻前读《洛神赋》，对妻说：“娶妇得如此，吾无憾矣。”妻曰：“君何得以水神美而欲轻我？吾死，何愁不为水神？”当夜乃自沉而死。死后七日，她托梦告诉伯玉：“君本愿神，吾今得为神也。”伯玉后来终身不敢渡水。有妇人渡此津者，都自坏衣服自毁妆饰才敢，不然，风波爆发，危及性命。这虽是个神话，但也见妇女为获爱情的专一，此恨绵绵，死而不已，且图复仇，殃及无辜妇女，真可叹可笑。由此可见嫉妒之情，既深且厉，人神共怒也。

秽器·生命之门

肠中爬出真奇语，
恶骂因人有异篇。
生命之门非秽器，
开花结果亦天然。

曹雪芹写低贱鄙俗的人不避粗话，倘在如今则要被编审者删削；而聪明的作家就用□□□来表示，但也被读者讥为“黄色幻想曲”。

《红楼梦》第五十九回“柳叶渚边嗔莺咤燕，绛云轩里召将飞符”，写春燕娘听春燕姑妈挑唆后大骂春燕：“……怎么就管不得你们了？干的我管不得，你是我屄里掉出来的，难道也不敢管你不成！”女儿当然是自己生的，但偏要说出秽器，既羞辱女儿，又作贱自己，这就是春燕娘的粗鄙。

这类话到赵姨娘嘴里就有了些变化。第六十回因芳官以茉莉粉代蔷薇硝给贾环，赵姨娘知道后骂贾环“被那起屄崽子耍弄”，自己“没有屄本事”。当贾环不满地指出她娘怕探春时，赵姨娘似被戳了肺，喊骂道：“我肠子爬出来的，我再怕不成！”

到了程本出现，校改者认为脂本的文句不雅，就有了改动。春燕娘骂春燕是“你是我自己生出来的”，“屄崽子”改为“毛崽子”，“没有屄本事”改为“没有什么本事”，雅驯是雅驯了，但缺少了那种生活原生态的语言感觉。

从文学的、教化的角度看，似乎小说中不应出现这些粗俗的话语，但从生物学的角度看，生命形式是最原始的、真实的，勿需掩饰；尽管文人书面语称之为“私”、“阴”，但叫那些粗人能如此说吗？于是文学作品就处于二难的尴尬：保持真实人物的真实口语，就必然沾荤带黑，被认为粗鄙；让语言雅驯，就不能毕肖声口，无个性化可言。看来曹雪芹在写到粗俗人物或雅人日常谈话时，选择了前者，他那时看来没有语言使用上的顾虑，也不怕“黄”的贬斥。传阅他、评论他作品的许多人似乎也没有人说他语言粗鄙。

当然，最好还是在二难中行中庸之道，呈粗而不脏。“我肠子里爬出来的”，这句话即是一例。因为赵姨娘的这句话比春燕娘的话稍微好听一些。也许她不愿自己作贱自己，用了句不确的话以借代。这当然可以看作是一种积极的修辞手法，但与程高本的改句比较，是谬误的，又是艺术的，这也可说是赵姨娘的语言技巧。

其实，女性生殖器是人类的生命之门，既是神秘的，又是自然的，更是伟大的，不能以秽器视之。从生物学的眼光看，人体生殖器正与花卉一样负担着养育下一代生命的神圣而艰巨的任务。植物与动物(包括人)竟有如此之不同：在植物为花，永远为人们欣赏、赞美；在动物和人则为秽器，只好讳言之。如果自述，倒也无事；如果别人如此说，即是骂人。仔细想起来，语言作用的主客体是如此不同，也是很有趣的现象。如果真正尊重妇女的伟大与价值，提到这生命之门，应该毫不感到亵渎粗野。画家在画裸女时，会被当作人物美来欣赏，为什么作家写女性的私处，会当作不文明、不美呢？作家真有点冤枉了也。

（**徐振辉** 文，原载《书屋》2002 年第 4 期）

司马懿为何不进「空城」

孩子的直觉，有时真的是不可忽视的。大人觉得理所当然的东西，小孩子有时却会觉着很奇怪。就拿我来说吧，小时候听大人讲诸葛亮摆“空城计”的故事时，心里就一直纳闷：那个绝顶聪明的司马懿，他为什么竟中了诸葛亮的“空城计”呢？难道他真就那么傻？

后来一天天长大，读《三国演义》了，这个问题仍旧作为一个巨大的问号，一直都悬在自己的脑子里面，久久不去。

似乎不能仅仅用“多疑”二字作为司马懿突然撤兵的惟一理由。那样，似乎总显得过于草率了，况且也难圆其说。是啊，连一个中等智商的人，只要他稍微地去想一想，比如，派出一支小部队先行攻入城去试探一下；或干脆派大兵先将空城包围起来再说（反正他司马懿手下带着十五万大兵，而当时蜀方正遭惨败，已不可能组织起任何强大的反击了），倒要瞧你诸葛亮这琴，究竟能弹到几时？

然而没有！这些措施一样都没有！这些个连我们普通人都能想得到的、显而易见的现成办法，那一向以能征善战且老谋深算著称的司马懿，竟然全都没有想到。面对眼前的那座小小空城，司马懿所做出的惟一反应竟是——退兵！太反常了！而这反常行为的背后，莫非竟隐藏着什么不为人道的玄机？

司马懿在“空城”一役中的反常举措，或许只有在那小小“空城”之外的更大空间里，我们才能寻找到合理的解说。

我们知道，司马懿这个人的仕途，是大起大落，充满着艰险的。他时常遭人嫉妒，政敌很多，做事往往受到多方的牵制。曹操在世时，就对司马懿一向很有戒心，他曾对华歆说：“司马懿鹰视狼顾，不可付以兵权，久必为国家大祸。”曹丕即位后，司马懿一度被新主重用，青云直上，做官做到了骠骑大将军。后来到了曹睿做皇帝时，司马懿领兵与诸葛亮对垒，在战场上成为诸葛亮的劲敌。战场上的数度交锋，诸葛亮是充分领教过司马懿的厉害的。但中国人的“聪明”就体现在，打仗也好，竞争也罢，不喜欢凭“实力”，不喜欢靠“真本事”，好比这诸葛亮吧，他就不太愿真刀真枪地去跟司马懿干。这诸葛亮每每遇到强劲敌手时，通常更喜欢跟对手搞阴谋。这不，他仅是利用曹睿对司马懿的猜疑，稍稍使了那么点儿坏，就把这堂堂的司马大将军给拉下了马！

诸葛亮使出的坏点子叫“反间计”。他派人到洛阳等地散布司马懿谋反的谣言，同时又四处张贴司马懿兴师废君的榜文告示，曹睿果然信以为真。而朝中司马懿的那班同僚们，像很多中国人这种时候通常都会表现的那样，纷纷地对他落井下石，欲置之死地而后快。真正肯替他求情说话的，极少。幸亏大将军曹真可惜他司马懿是个难得人才，上奏力保，司马懿才侥幸捡了一条命，但那显赫的职位自然是保不住的，他便只得回家去养老了。

风云变幻，诸葛亮出祁山伐魏，屡败曹军，曹魏全军上上下下，没有人能是诸葛亮的对手。眼看着，曹魏的江山就危险了！

事情有时就是这样的耐人寻味，国家的危机，对某些人来说，往往却反而倒是好事，是机会，这说法看似荒谬，却被中国的历史与现实，一而再、再而三地证明着。司马懿的复出，就正可做个极好的例子。魏国面临着的严重危机，使魏主决定重新起用司马懿。而那本来已打算着要老死家乡的司马懿，在这曹魏国难当头之际，竟然戏剧性地时来运转了。

司马懿是何等样人，经此大起大落，他何尝还不明白，自己之所以能有今天，能临危授命被任命为“平西都督”，在某种意义上讲，竟全靠的是诸葛亮的“功劳”。因为满朝的文武，此时只有他司马懿可在疆场上与诸葛亮去一较高低。有诸葛亮一天在，他司马懿便一天在朝中有用，政敌就奈何他不得。而如果哪天诸葛亮一旦不在了……

在“空城”里虚张声势的诸葛亮虽然势单力孤，此时虽正是歼之灭之的大好时机，但老于世故、深谋远虑的司马懿，这时候却不能不去考虑许多战场之外的东西，比如，在一旦魏军大获全胜灭掉蜀国后，自己个人的生死存亡。很显然，一旦抓住了诸葛亮，魏国面临的大敌也就不复存在了。既然魏国不再有致命的死敌，自己也便失去了独特的价值，就很可能会在动不动就激烈地“内耗”的朝廷中，再一次被政敌们置之死地。

中国的事儿往往就是这样，很多东西不是干不成的，而是当事人出于各自的某些切身的利害考虑，有意地设置障碍，成心地不愿去干成它！而在中国的传统与现实中，形形色色的“内耗”，也向来都是一道异常可怕的“风景”。老于世故的“人精”司马懿，又如何敢无视之？断然地决定不进“空城”，放宿敌诸葛孔明一马，岂不是同时也就为自己留出了生存与发展的空间？我想，这或许才是司马懿最终没有派兵去拿下那唾手可得的“空城”，眼睁睁放走宿敌诸葛亮，那难以向人明言的苦衷吧？朝中残酷的倾轧与“内耗”，或许不能不成为这位“平西都督”作出一项决定时，无法不时时去反复掂量与考虑的重要因素，因为，这些是他的“工作环境与背景”。他司马大将军虽已赶到了“空城”的城下，虽已眼看着胜券在握了，但就在此时，我们看到的却是，书中的司马懿，竟突如其来地下令撤兵了！

大凡是读过一点点“三国”的人，对“空城计”的这段情节，当然都肯定是熟知的。这一明显反常的决定，若稍稍去加以思索，你便会发现很多的疑问。正是这种种蹊跷和疑问，引起了我对此进行探究的强烈兴趣。而随着这一探究的逐渐深入，我的目光，也渐渐由那座小小的“空城”，进入到了弥漫着重重迷雾的中国文化传统中，进入了这一传统中那黑黢黢的深层结构……

（**王宇清** 文，原载《书屋》2002年第5期）

看破妖雾

对于神话小说《西游记》的主题有过各种不同看法，如认为是阐述哲理的，认为是弘扬佛教的，认为是宣扬玩世主义的等等。在突出政治的年代，这本小说也被认为是“现实社会矛盾的抽象化和幻想化”，写的是“光明与黑暗、正义与邪恶、善良与凶残的矛盾斗争”。正义的一方理所当然地是孙悟空，在某种意义上也包括降妖伏魔的天界佛界（大闹天宫时玉帝和如来佛当然都是“反动统治阶级的代表”），“黑暗、邪恶、凶残”的一方则非妖魔鬼怪莫属。当年郭沫若有诗要“千刀当剐唐僧肉”，毛泽东则以领袖兼诗人的度量认为“僧是愚氓犹可训，妖为鬼蜮必成灾”，言下之意妖魔鬼怪命中注定是不可改造的，惟一的命运只能是等着挨孙猴子的“千钧棒”。当然，《西游记》的确也给人这样一种印象：打死人是弥天大罪，即使打死的是十恶不赦的恶棍;而打死妖精则理所当然,不管这妖精是否罪有应得。

笔者从小便爱看《西游记》,那时也认为妖精该死。但后来仔细一琢磨也觉得有漏洞:妖魔鬼怪就真的“不可训”了吗?就说那终成正果的孙悟空,从前不就是花果山一个无天无法的妖精吗?还有曾是天神的猪八戒和沙和尚,不是被罚下凡后一度也曾为妖吗?被“改造好”的妖怪还不止他们,如黑熊精当了守山大神,红孩儿成了善财童子……总之,对妖精也不该“唯成分论”吧?

人到中年,世事越看越淡,心态越来越静,重读一遍经典名著,反思一下从前的思想,突然有了“实迷途其未远,觉今是而昨非”的感觉。从前我们辨黑白分善恶,怜唐僧爱悟空,敬佛祖恨妖精,无一不是站在人间站在玉帝或者站在佛祖的立场上看问题。如果我们能换个角度站在妖精的立场看问题,会有一种茅塞顿开之感:为什么妖精就不能独立存在?为什么一定要尊玉帝和佛祖为正统?玉帝和佛祖的价值观就一定比妖精的高明?佛与魔、人与妖何以就非要势不两立、你死我活不可?

细想一想,妖精其实也并不是那般可恶。他们很有自知之明,一般都不想与玉帝争正统和与佛祖争高下,而且,除非是人类闯入他们的地盘,他们一般也不去骚扰人类。他们多住在人迹罕至的深山老林里,自成体系,自给自足,自娱自乐,自在为王,从不像佛祖那样硬要把自己的价值观强加给所有人。

妖精修成精,都经历了很长时间的修炼。他们中的不少都有很强的本事,如牛魔王就能同孙行者打个平手,狮驼国的大鹏金翅雕的武艺甚至盖过孙悟空。他们除了不能长生不老,其它方面其实同神仙没什么不同。他们不被承认是仙,最重要的原因大约有两条,一是“家庭出身”问题，他们或是罚离上界，或是私自下凡，更多则是由虎豹豺狼之类修炼而成；二是他们普遍不承认天上和佛界的权威而是我行我素自由自在。玉帝统治的合法性来自“自幼修持，苦历过一千七百五十劫”，那么同样自幼修持的白骨精为什么就一定要被视为另类视为异端，必欲置之死地而后快？

妖精同样也讲忠孝节义伦理纲常，比如红孩儿捉到唐僧，不忘请父亲牛魔王一同分享。孙悟空用计打死银角大王，他的兄弟金角大王如此哭诉：“贤弟呀！我和你私离上界，转托凡尘，指望同享荣华，永为山洞之主；怎知为这和尚，伤了你的性命，断吾手足之情！”而且“满洞群妖，一齐痛哭”，感情不可谓不深；还有金鼻白毛老鼠精，曾为托塔天王收伏而拜其为义父，从此就一直在所居的妖洞里供奉着“尊父李天王之位”和“尊兄哪吒三太子之位”。

妖精也有很真挚的爱情，黄袍怪抢了宝象国公主为妻十三年，“穿的锦，戴的金，缺少东西我去寻，四时受用，每日情深”；女妖蝎子精拿了唐僧，也只为夫妻长相伴：“御弟宽心。我这里虽不是西梁女国的宫殿，不比富贵奢华，其实却也清闲自在，正好念佛看经，我与你做个道伴儿，真个是百岁和谐也。”唐僧不从，她也并未贪求唐僧肉而害他性命。

妖精还有很高的文化水平，例如木仙庵老树精的诗连饱学高僧唐长老都赞不绝口：“众仙老之诗，真个是吐凤喷珠，游夏莫赞。”尤其杏仙，不仅青春美貌，而且吟得好诗，仅那一句“雨润红姿娇且嫩”，就足以技压群芳，不让须眉。

当然妖精也有其残暴之处，那就是吃人。但站在妖精的角度想，既然人和神都把妖精视为异端，妖精如何又不视人为异端？妖精多为虎豹熊罴修成，而虎豹熊罴正是猎人们的“衣食父母”，妖精吃人又算得什么弥天大罪？要说残暴，玉帝老儿更残暴，沙僧在天曾为卷帘大将，仅因为在蟠桃会上失手打破玻璃盏，玉帝便将他打了八百，贬下界来，还七日一次，将飞剑穿他胸胁百余下方回。凤仙郡郡侯献供斋天时偶而失敬，他竟让凤仙郡百姓也受三年干旱无雨之苦。

设想一下，在《西游记》中，如来佛有着无边的法力。既然妖精罪该万死，他何不一展法力灭尽妖魔鬼怪让佛界一统天下？我想，原因无非以下两条之一，一是灭尽了妖怪，他无边的佛法便无从施展，西天的统治自然失去了合法性，留着几个妖怪正好凝聚众佛之心。另一个原因或许是因为我佛慈悲为怀，觉得妖精也有其存在的理由。我更愿相信后者。的确，没有妖精的世界岂不是太单调了吗？无论如何，一个容得下妖精的世界才算得上是一个公平的世界。

人人都说神仙好，那么多的神仙却不惜冒生命危险下凡为妖，可见做个妖精也是一种极有诱惑的选择。如果真的天上人间任我选择，我愿为妖，当然不是害人的妖，而是一个自由自在独往独来的妖，一个不尊玉帝不敬佛祖的妖，一个不守清规不要王法的妖。不过，西天路上的妖精的命运实在惨了些，首恶固然必办，胁从也一律打杀。有罪的固然惩处，无罪的如杏花仙子玉面狐狸也一概消灭。能幸免的只有那些有来头有背景的，纵使作恶多端照样化险为夷。

我为天下的妖精一哭！

（**戴庆华** 文，原载《书屋》2002 年第 7 期）

偷不如偷不着

——《红楼梦》中的性爱及其他

在清代，《红楼梦》虽以“淫词小说”的名义被禁，但翻遍全书，其中真正涉及性爱描写的情节并不多，除了第六回“贾宝玉初试云雨情”写得比较露骨之外，倒是撩人想象的地方不胜枚举。在曹雪芹笔下，性总是表现得若即若离、迷离恍惚，总能让你在无性处看到性，也总会在关键的地方戛然而止，与同时代的各类艳情、性爱小说相比大异其趣，可谓不涉“性”事，却尽得风流。这样的意淫意味在贾宝玉与秦可卿之间梦幻般的性关系描写中达到了高潮。

话说有一日贾宝玉随了老祖宗、凤姐等一干人到宁府聊天赏梅，那宝玉竟一时倦怠，欲睡午觉，贾母于是将宝玉交予重孙妻秦氏安置。这秦氏小名唤作可卿，乃是贾蓉之妻，生得袅娜纤巧，又兼行事温柔和平，是贾府重孙媳辈中的第一个得意之人，自不在话下。可卿先将宝玉带到上房内间，偏偏宝玉对这里装修的世俗气甚不满意，可卿复将宝玉引到自己的寝室休息。刚刚走近房门，便有一股细细的女人香扑鼻而来，一时之间竟让宝玉难以自持，连骨头都觉酥软了。再看房内，只见壁上高挂着唐伯虎画的《海棠春睡图》，两边配有秦少游手书的对联“嫩寒锁梦因春冷，芳气笼人是酒香”，案上设着的是武则天用过的宝镜，以及赵飞燕立着舞过的金盘，盘内还盛放着一只木瓜，据说当年安禄山曾以此木瓜掷伤过杨贵妃的乳房，床上则有西子浣过的纱衾和红娘抱过的鸳枕，文字之间充斥着的性意味自然是不言自明的。那宝玉虽久在女儿群中厮混，却毕竟未历风月，更不曾见识过这等阵势，只觉得有一种莫名的冲动正在体内氤氲，不大一会儿，即在带有可卿体香的被衾中昏昏睡去。且说宝玉睡意正浓，朦胧间觉得秦氏带他来到一处名为“太虚幻境”的所在，并把他交给了一位仙姑。仙姑先让宝玉看了“金陵十二钗”的册子，然后如此这般，面授机宜，既教之以云雨之事，又复将可卿许配给他，最后推宝玉入房，自己竟带上房门径自开溜了。

既然前面有了那么多的情境铺垫，各位看官一定会以为后面好戏连台，谁知这时作者突然笔锋一转，在关键处仅以“那宝玉恍恍惚惚，依警幻所嘱之言，未免有儿女之事，难以尽述”，即草草作结。接着就是宝玉在睡梦中被夜叉、海鬼吓醒的情节，以至上述好事究竟是梦还是真，亦最终让人费尽猜测而真假莫辨了。颇有意思的还有警幻仙姑对宝玉分别说过的两句话：其一是在成其好事之前，仙姑如是说道：“吾所爱汝者，乃天下古今第一淫人也。”其二则是在成其好事之后，仙姑对宝玉如是警醒：“快休前进，作速回头要紧！”警幻仙姑之所以推许、看重宝玉，乃是因为他

“天分中生成一段痴情，吾辈推之为‘意淫’”，而宝玉与所谓“世之好淫者”的区别，也正在于“意淫”二字。在警幻仙姑看来，一般“悦容貌，喜歌舞，调笑无厌，云雨无时，恨不能尽天下之美女供我片时之趣兴”者，大抵不脱“皮肤淫滥之蠢物耳”，而真正的多情种子却是能够“领略仙闺幻境之风光”的“意淫”者，即如法国作家莫洛亚所说的：“与美人相对，就是一种幸福”，庶几就能够代表这样一种境界，或者一种状态。所以警幻仙姑既充当了宝玉的性爱启蒙者，同时又及时提醒他性“即迷津也”，毕竟“意淫”者才是仙姑理想中的浊世佳公子形象——这里无疑带有明显的灵、肉两分的痕迹。文人对于人格高下的判断亦同样由此划分。可见，“蠢物”与“意淫”者虽然都喜欢美女，但后者与前者的“片时之趣兴”却有着截然的不同，与其说后者喜欢的是女人，不如说他们追求的是一种永恒的理想，而那些心智超群、纯洁无瑕的女孩子，也正是这一理想的象征与化身，所以，作为“意淫”者的贾宝玉屡屡声言：“女儿是水做的骨肉，男子是泥做的骨肉。我见了女儿便清爽，见了男子便觉浊臭逼人！”也就毫不足奇了。

但是，话虽如此说，但警幻仙姑的灵、肉两分却有着明显的矛盾之处，她本人也只能沉迷于左右摇摆、进退失据之境而无法解脱。根据她的理解，所谓“意淫”，原是将性的接触限制在一个可望而不可即的距离之内，为你制造想象力的空间，而并不提供性的生理满足；让你感受到性的气息，却无法真正抓住它。传统社会之所以不乏意淫氛围的营造，首先是因为它缺少两性之间正常交流的机会，当性找不到正常的渠道去发泄时，它只好诉诸精神的自赎来解决，性就是以这种意淫的面目出现在传统文学中，满足着各色人等的心理需要。人们读明清小说，总能在其中的两性关系中嗅出一股狎邪的气息，即一方面是无休止的纵欲，另一方面却是以精神营造性爱的乌托邦，即前者刻画的人物大多是一些性爱场景中的拉线木偶，后者则塑造灵、肉两分的理想人物，借小说之名，行意淫之实。而事实上，从某种意义上说，这两者殊途同归，不免都是性压抑的产物，只是前者执著于性行为，后者执著于性意识而已。在中国古代社会，一般文人更喜欢以他者的目光去偷窥性爱场景，来达到自己解欲的目的，因为宗法社会必然以禁欲为保证其血缘关系纯正之前提。在这种环境下，偷窥实在不失是一条风险最小、收获良多的解欲渠道。表现在性爱描写上，则大多相互因袭，既缺少个体间的差异，尤缺少个人化的真实体验，所以他们意淫起来固然津津乐道，而一旦涉及具体的性爱操作细节，马上就会想象力枯竭，陷入陈词滥调的境界中而无法自拔。不过，意淫虽然与现实无涉，却足以为想象力提供一个左右逢源的空间，最终使意淫演进成为一种别具一格的性爱文化，以至上至王侯将相，下至贩夫走卒，无不沉湎其中，且乐此不疲、大废不起。据晋人王嘉的《拾遗记》所载，汉灵帝曾在自己的王宫中建了一座“裸游馆”，为的是让美丽的宫女们在这里集体裸浴，供他观赏；到了《赵飞燕外传》中的汉成帝，则尤喜欢从浴室外四垂的帷幕间偷窥赵飞燕姐妹洗澡时的裸体，甚至为自己的这一雅好不惜动用国库里的黄金来贿赂宫女。最绝的当然还是《长生殿》中的“窥浴”一节了，洪升以宫女的视角绘声绘色地描写了唐玄宗与杨贵妃之间的“鸳鸯浴”：“悄偷窥，亭亭玉体，宛似浮波菡萏，含露弄娇辉。轻盈臂腕消香腻，绰约腰身漾碧漪。明霞骨，沁雪肌。一痕酥透双蓓蕾，半点春藏小麝脐。爱杀红巾罅，私处露微微。”在这里，很难分清何为实、何为幻，哪些是真实场景的描述，哪些出自作者的想象，借用纪晓岚评价《聊斋志异》的一句话，真个是“燕昵之词，亵狎之态，细微曲折，摹摹如生”，字里行间，可谓极尽意淫之能事。

中国古代流传着这样一句民间俗语：“妻不如妾，妾不如妓，妓不如偷，偷不如偷不着。”所谓“偷不着”，其实也就是意淫了。看来，无论是让人失魂落魄也好，令人精神恍惚也罢，意淫的欲擒故纵与欲盖弥彰之玄妙，的确自有其颠倒人心的力量，而且，不管意淫的现实作用如何，它曾为自古至今的艺术家提供了无限的想象力，却也是一个不争的事实。《红楼梦》的高明处亦恰在这里，作者让你看到了性，却永远不让你得到它，而越是无法得到，也越是让人产生莫名的幻觉，那种欲说还休、欲罢不能的无谓的克制与内敛，那种雾里观花、水中望月一般“剪不断，理还乱”的感觉，既撩拨得你心旌摇荡、难以自持，也更让你感到了一种无奈的悲凉与不堪！在这种阅读状态下，读者除了让作者牵着自己的鼻子亦步亦趋而外，还能有什么样的选择呢？当然，清代统治者也敏锐地看出了曹雪芹的用心所在，看出了《红楼梦》虽然并没有以文字宣淫，却有着远比那些“淫词小说”更加广泛的影响力和杀伤力，所以，对之围追堵截不遗余力，甚至咒骂作者身后萧条是“编造淫书之显报”等等，也就决不是偶然现象了。

我有一位喜欢写作的朋友，曾将贾宝玉与秦可卿之间的性爱故事进行了再加工，其文笔也算极尽声色缠绵之能事，结果虽然其间的性爱细节终于大白于天下，阅读效果反而不如原著更让人想入非非——一览无余也就了无意趣，可见，蒙在性爱上的那层薄纱实在还是轻易撩不得。

（王　淼　文，原载《书屋》2005 年第 2 期）

官场「红楼」

胡林翼曾经感叹："本朝官场中，全以《红楼梦》一书为秘本，故一入仕途，即钻营挤轧，无所不至。"清人好谈官场秘籍，盖风气使然。其实官场这一套用世之学，套句现成的话，也是古已有之，而且并不"于今为烈"。《庄谐选录》"官诀"条云：

今日做官，灵巧圆滑四字缺一不可。有机必觉之谓灵，随缘能转之谓圆，用术不穷之谓巧，遇难不滞之谓滑。苟精熟此四字，做官无不得意者。

这属于总则性质，同书另一条"官诀"讲得略为具体：

今日官事，应之之道有三：曰应酬，曰对付，曰敷衍。应酬者，宦途进步之所系，得失存亡之所关，不得不以全力赴之也;对付者,己心所不欲而意有所惮,其事不能利我而足以害我,不能不因缘而与之上下也;敷衍者,神思之所不注,利害亦不甚关,然有是事有是名,则不得不聊且敷衍取塞责而已。

应酬敷衍,属于常识范围,入门必需,“对付”一条说得最恳切,因为见识浅陋的俗手,利我二字念念不忘,“足以害我”则始料不及,败事常常拜在这种不经意的地方。

局外人说官场,外行虽然可以看个热闹,内行绝对嗤之以鼻,这就像笑话里乡下人形容皇帝老爷的富贵生活,无非坐在床上,一手大饼,一手油条,镇日消受,别无余暇思及其他。

西周生所作《醒世姻缘传》,起首便讲了穷秀才晁思孝的发迹史,无非意外选了个富庶地方的知县(也是靠老师的关系),狠狠刮了几年地皮,腰包填满,有了进阶的资本,大手笔再投资,托人走当权太监王振的门路,谋得通州知州,地皮扩大几倍,更是刮得手忙脚乱,津涎垂流。后来虽被弹劾丢官,家产分文没少,回到乡下,俨然缙绅世家了。

晁思孝的故事毫无新奇之处,因为太普遍,易时易地都能成立。不过西周生大笔如椽,寻常细节,一经点缀,顿成妙文。

老晁任华亭知县,“一身的精神命脉,第一用在几家乡宦身上,其次又用在上司身上,待那秀才百姓,即如有宿世冤仇一般”,对待三种人,三种态度,因为取舍不同。官必结交富人,当今号称民主的美国亦不能免俗,政客的酒席上,富豪永远是座上客。精神用在上司身上,所以“跟脚牢固,下面也都怨他不动”;钱夺之于下而用于上,故曰“政以贿成”。

西周生是明末人,“政以贿成”这句话,到晚清,便发展成“有政则有贿，无贿不成政。有政皆贿，以贿为政”。

为官既富且贵，富贵的滋味，仅从民众的捧场上就能窥测一二。“武城县这些势利小人听见晁秀才选了知县，又得了天下第一个美缺，恨不得将晁大舍的卵脬扯将出来，大家扛在肩上。有等下户人家，央亲傍眷，求荐书，求面托，要投做家人；有那中户人家，情愿将自己的地土，自己的房屋，献于晁大舍，充做管家”。晁大舍带妾出猎，“家丁庄客，那管老的、少的、长的、矮的、肥胖的、瘦怯的，尽出来胁肩谄笑，争前簇拥大官人；仆妇养娘，无论黑的、白的、俊的、丑的、小脚的、歪辣的，都插入争妍取怜，向上奉迎小阿妈”。

晁思孝打通王振的关节，送了礼，还要认干爹。倒是久经沧海的老太监处理这类事驾轻就熟：要升官，“这件小事，其实你们合部里说说罢了，也向我要帖儿！——也罢，拿我个知生单帖儿，凭你们怎么去说吧”。做干儿子，“那认儿子的话不要理他。我要这混帐儿子做什么？老婆当军，没的充数哩！”

蒋芷侪《都门识小录》有一条，议论官员之红顶，虽都是红，名称却有分别：“由私函请托而得者名笺红，贿保及捐得者名银红，诬盗杀民者名血红，办交涉者名洋红，襄办大婚典礼者名喜红，循资格而得者名老红。”作者戏问：“近有充大帅娈童及妻拜亲贵为干女，妾于亲贵荐枕席而得者，当名何红？”客人对曰：“此可名之为肉红。”

似晁某这样，既是银红，又占了一项笺红。而说到“肉红”，想起多年前听到的真实故事。某机关科室主任退休，副主任两人，力争扶正，其一有文凭，条件较硬。另一人没有优势，仗着老婆年轻，苦劝其自荐枕席于局长，果然打败了那位大专生。我后来见过那位大义和亲的太太，言笑之间，江湖风致宛然，原本觉得做丈夫的太残酷，现在晓得二人原来志同道合，如此，三更赴会，不过小事一桩罢了。《庄谐选录》中"河南巡抚"一则，记述者因对事情原委知之甚详，故事就有趣得多：

道咸间，某公为河南巡抚，年少骄侈。其妻已前没，妾某，甚有宠，衣服礼秩如嫡，署中人咸呼为太太。官场中欲得志者，往往使其妻妾因缘入署，拜太太为干娘。时或被留署中，由是人谓某公实以自侍，声颇丑秽。

有杭人某者，以知县候补于河南，其妻亦拜太太为干娘。一日入署，时方亭午，外传呼大人入内午膳。俄而某公便衣入，太太指挥诸婢妪进食。某妻亦以干女礼，垂手侍侧。太太目干女儿谓某公曰："汝看此娃娃，煞甚可怜，闻彼夫婿至此久，尚不得一差委，汝其不能一为设法乎？"

大人闻此言，停箸凝思，不觉以手抚弄左手所带搬指，又时以拇指出没搬指中。太太睨视，笑曰："汝何必作此状？汝但速为设法。此事甚易办，何必用此羞人也？"

某妻羞甚，红涨于颊。某公知太太误会，亟忍笑俯食默不语而出。然此事已被侍者传出。无几，某令果得优差，于是外间丑诋颇甚。某妻羞忿投缳，遇救，得不死。

这个故事中，之所以产生误会并传为丑闻，是因为枕席交易已成官场习气，没有这种交易，大家反而觉得不正常。

官场故事是喜剧的好材料，和一般喜剧略为不同的是，它主要不是靠差错和巧合构成喜剧情节，它是靠事件的荒谬，也就是悖逆常理，引起读者的笑声的。在官场喜剧中，读者看到的是人性扭曲到什么程度。假如说奔波钻营、损人利己本来就是人性中的固有成分，读者看到的是人性中卑劣的一面可以绽放出多么绚烂的花朵。生死争斗本来悲壮豪迈，演出在官场中，甚少能成就感人的悲剧。明人笑话中，嘲弄贪官的为数不少，笑话本以夸张为特点，但读过很多官场故事之后，才发现这些笑话的作者太缺乏想像力了。大的故事且不去说，照前面所说的原则，避重就轻，只随手转抄几个小品，作为所闻所见的参照，看看太阳底下究竟有没有新鲜事。

其一，虚坐：张孝达尚书督粤时，一次会见属下州县官员，共来了八人。原设的客座只有七个，仆人又忘了增加，其中一位居然表演出难得的杂技功夫，“屈膝顿股”，虚做稳坐的样子。不料谈话时间太长，听指示又听得太认真，一不小心，身子转动，仰面摔倒在地，“一座愕然”。

贿能得官，只要人情到，什么歪瓜裂枣都能当官。清代公开卖官，美其名曰捐，买主一应品类俱全，所以糊涂官特多，糊涂官故事最具神韵。天津一县官，问案总是夹缠不清，因有“浑蛋”之称。某日一妇人上堂控诉，反复多遍，县官就是听不明白，气得妇人大骂：怪不得人说你是浑蛋，今天看你如此，果然是个浑蛋。县令拍案怒斥：胡说！像我这样的浑蛋，你们家有吗？

再一则：光绪初年，河南大灾荒，一乡下人饿极，将自己兄长吃了。邻居控告，官府抓来审讯。那人辩解说，实在是因为饥荒，老兄当时奄奄一息，就算我不吃他，别人也会吃，那还不如自己吃合算。县官听罢，大怒，说：你有哥哥，可以吃哥哥，像我没有哥哥，我去吃谁？

贿赂之事最普遍，前些年盛传蛋糕中藏钱、纸烟中藏钱，甚至爆竹中藏钱，送到上司家，自以为巧妙，可惜上司不曾揣摩到此，那些“菲薄的”

礼品被送到小店寄售，让买走的人拣了便宜。这些年，经济水平提高，这类原始人的傻事再没听说。《都门识小录》中说，某京官送了一万金庄票给某王公贵族，谋求好差，他走后门，银票交与贵公的太太。贵公等钱不来，直接索要，京官说，早已送到府上了。贵公大怒道：既送到府里，差事你去找府里要吧。那人吓坏了，长跪不起。贵人久而怒气渐消，提醒他说：这笔钱你全送给我太太用，我呢，就不用了。京官醒悟，再送一万金，次日公事即到手。

这样的故事，抄不胜抄。

早在乾隆年间，有一姓汪的太史，谄事权贵出了名。他的老婆先拜于相国的小老婆为干妈，等到于某势衰，梁某执掌权柄，又让老婆拜梁为干爸，来往亲昵，不避嫌疑。冬月严寒，梁某早朝，汪的老婆先取朝珠贴自己胸前温暖，再亲手为干爹挂上。此事哄传京师，据说纪晓岚还作了一首诗讽刺，其中的警句云："百八念珠亲手捧，探来犹带乳花香。"

孔子爱讲君子小人之分。贪官之为物，以地位而论，是君子，是大人，以品行而论，则是不折不扣的小人。小人无不多才，皆是聪明绝顶之人，忘了这是谁的总结。做小人，说实话，远远难过做君子。君子无非是有所不为而已，只要性情懒惰一点，感觉麻木一点，行动迟缓一点，中人以下之资，成就一个君子要比高中生考上中专还容易。小人则不然，他得时刻保持进取的精神，寻找目标，制定计划，深思熟虑，百计齐出，一步一个脚印，稳扎稳打，集腋成裘，毕大功于身家性命于一赌。这种事业，岂是等闲之辈所能为？君子守株待兔，令名自天而降；小人夙兴夜寐，靡有安闲，无所不为，为所欲为，而且无所不用其极。蔡京、秦桧、贾似道、严嵩，乃小人中的白眉，其人可以一言否定乎？严阁老，诗坛才子，诗品据说颇高，近有

《元明清诗鉴赏词典》收入其杰作为证；贾秋壑，鉴赏大家，《西湖梦寻》卷一“大佛头”记载了他临事不乱、指挥若定的逸事；蔡鲁公，书法圣手，他儿子说他榜书天下第一；至于秦会之先生，他的才干，有《齐东野语》卷十三“收诸将兵权”一则可参看，他借剃头师傅一举解决钱荒问题，也被传为佳话。这里不一一抄录。在官场上行走，如果不以人废谋，秦的一则小故事是很有启发性的。《鹤林玉露》卷二：

秦桧之夫人常入禁中，显仁太后言，近日子鱼大者绝少，夫人对曰：“妾家有之，当以百尾进。”归告桧，桧咎其失言，与其馆客谋，进青鱼百尾。显仁拊掌笑曰：“我道这婆子村，果然！”盖青鱼似子鱼而非，特差大耳。观此，贼桧之奸可知。

臣下的享受竟然压过皇家，这样的臣下能有好结果吗？刘义康吃的橘子比宋文帝的大，文帝不平，义康“旋以罪废”；下官献琉璃盘，给唐代宗的径九寸，给相公元载的径一尺，而后“元载竟诛”。秦桧的应变本事一流，清人赵翼说，像蔡京这种人的奸恶，“犹第谐臣媚子伎俩，长君逢君，窃弄威福，人主能用之，亦尚能罢之。若秦桧、史弥远之柄国，则诛赏予夺，悉其所主持，人主反束手于上，不能稍有可否”。高宗嫉恨秦桧，却无所措手，任其善终，其中因素固然复杂，然秦桧应对上下的机谋，显非庸人所能及。

（**张宗子** 文，原载《书屋》2005 年第 9 期）

权力场中的孙悟空

大闹天宫的来龙去脉

故事开始于一个可怕的意识——死亡。死亡是一个黑洞，每一个生命意识觉醒的个体都力图摆脱这个不可抗拒的力场（但往往只能陷得更快更深）。石猴也不例外，在某个走斝传觞的酒席上，他遭受到这个意识的猛然一击。在整个《西游记》系统中，只有佛、仙、神圣三者得以永生。但石猴是妖，必死无疑（生死簿注明：阳寿三百四十二岁，善终）。既然天界提供了一个摆脱黑洞的憧憬，那么他没有理由不产生这样一种强烈心理：摆脱妖的命运，他决心“务必访此三者，学一个不老长生，常躲过阎君之难”。或许他没有考虑过——不死的妖，还是妖吗？他的远投名师，与其说是摆脱妖的命运，不如说是摆脱妖的身份。在天界逻辑体系下，这是无法规避的事实，并深深植入他的潜意识。他永远无法击破逻辑的铜墙铁壁，正如大力士参孙无力将自己举起，这一切已经设定了他的生命走向和命运归宿。

于是我们就不难理解这样一个结论，强销死籍其实是孙悟空向天界抛出的媚眼，只不过是以怒目为包装。现代心理学已经很好地解释了这种人格伪装。他完全有理由在天庭混得一把交椅，尽管有过大闹龙宫、强销死籍等斑斑前科，然而，他以妖的身份和满身猴骚切入众仙的世界，怎么可能得到重用呢？他只补了一个弼马温的缺儿。这个为他量身定制的未入流职位隐含了巧妙的污辱——根据传统兽医学理论，一只马房里的猴子具有防治马瘟的效用——并成为他永远的耻辱。性急的猴子忍受不了这种“杀威棒”，于是推倒席面，冲出天宫，到根据地上打出“齐天大圣”的旗号，跟玉帝叫板，开始第一次“反叛”。

如果说他的前科是打狗不看主人，那么这一次无疑是在玉帝头上屙屎。雷霆震怒的玉帝出兵十万，但他们只被证实为十万草包。其实，反抗对权力关系是必要的，甚至可以推断，反抗还构成权力大厦的混凝土，正如百分之六的失业率对资本主义的稳定运转犹有必要一样，每种权力内部都要负载一定的反抗力。而事实上，许多反抗也以归顺为结局。就像这一次，在外交家太白金星的调元手中，齐天大圣与玉帝老儿达成和解。他二入天宫，坐实了“齐天大圣”的封号，并挂了个桃园园丁的闲职，以交游为业，以蟠桃为食，直到瑶池事发。

好像是斯宾诺莎说过，越是骄狂的人内心越是自卑。孙大圣正是这样一个自大狂，这个阶段他全部的价值实现完全依赖别人肯定的目光。但缩不了的尾巴却构成了蟠桃会将他拒之门外的充要条件。当众仙女泄漏出如此天机时，他的边缘感、自卑感、挫折感、羞辱感统统被无情揭开，并构成犯罪利比多急剧膨胀的强烈诱因，他把这一切都发泄到蟠桃会上。他偷肴偷酒偷仙丹，完全沉醉，完全没有丝毫罪感，完全成为犯罪心理学所说的“正常的犯罪者”，直到酒醒时分，他才感到后怕，遂潜逃归山。

这一回无疑越出了权力的容忍限度，他无疑要被押解归案。按照福柯的说法，公开处决不是重塑正义，而是重振权力。玉帝将其捆上斩妖台，但无济于事；老君把他扔入八卦炉，但徒呼负负，踢倒八卦炉的孙大圣破罐破摔，天界的权威发系千钧！

由于孙悟空在大闹天宫中的英雄主义表演，一直以来，他总被误读成一位反体制英雄。事实上他始终不是一个反体制者，相反，他是乐于并且勇于融入体制的，两度接受招安足以证实其亲昵态度。其反叛的逻辑起点不是体制的反动，而是官阶的卑微和身份的卑贱，他虽然游戏天庭，但内心深处与郁抑不得志的凡间文人一样，是人生价值无法实现的悲愤。才人不遇，古今同慨，手无缚鸡之力的文人只能以笔为戈，发点牢骚：如果是屈原，就写点《离骚》；如果是贾谊，就写点《吊屈原赋》；如果是吴承恩，就写点《西游记》。但孙大圣毕竟不是吴承恩，他寄托了吴承恩的全部愿望，所以他天赋异秉，机警勇迈，有金刚不坏之身，怀降龙伏虎之能，通七十二变之奥，脚踏筋斗云，手舞金箍棒，十万军中无敌手，九重天外立威名——一切沉聚为“以一人敌一国”的雄厚资本和豪迈底气。然而，走出神魔世界，弼马温出身的他不过是当过伍长的陈涉和当过亭长的刘邦。时至今日，我们有充分理由相信，那场声势浩大的“农民起义”遵循的还是那套封建官僚体制，信仰“帝王将相，宁有种乎”的陈、刘诸辈，怀揣的不过是轮流坐庄的投机心理，执行的不过是轮流坐庄的赌博法则(历代帝王，除了一个叫嬴政的想要泼万世称帝外，都信奉这套“轮流坐庄”的法则。汉代秦后，企图论证其天道合理性，在阴阳五行的理论基础上“拉郎配”，将夏、商、周、秦、汉配上土金木水火，凑出一套“五德终始说”的理论——这同时也就默许了自身将被颠覆的命运)。他们不是体制的挑战者，而是体制的继承人，当体制坍塌时他们挺身而出，胜任了泥水匠的角色。与之相似，孙大圣并不反对高高在上的玉帝，他反对的是这位正稳坐宝座的玉帝老儿——这是浅显的逻辑。事实上，齐天大圣不也喊出“皇帝轮流做，明年到我家”的响亮宣言吗？他是一位英雄，但严正地站在体制内。这里有必要提及那被反复歌颂的刑天，《山海经·海外西经》说他与天帝争老大，“帝断其首，葬之常羊之山。乃以乳为目，以脐为口，操干戚以舞”。这不就是活脱脱的另一个齐天大圣么?！我实在看不出他有什么伟大之处。

在信奉“强者为尊”的孙大圣眼底，玉帝老儿的合法性值得质疑。这确实是个昏庸到极点的角色。石猴诞生之初，目运金光，射冲斗府，惊动天庭，但玉帝老儿却极为麻痹。而且面对孙的几番挑战，降伏乏力，全无全知全能的应有形象。他的合法性建立在年劫修长上——“他自幼修持，苦历过一千七百五十劫，每劫该十二万九千六百年”。这样一组千手观音也数不过来的天文数字，就是他的全部砝码。于是我们有必要代大圣质询：这都是哪世哪代的陈谷子烂芝麻啊，还能作为当下的食粮吗？在这个以先知和法力作为排行筹码的秩序里，他的权力图腾竟高悬万世而无人挑战，实在令人唏嘘。如果说孙的反叛还有点意义的话，就是用金箍棒(不是猴脑子)论证了历史何其脆弱荒诞！然而正当玉帝老儿的西洋镜即将拆穿时，如来闻诏赶到。东方不亮西方亮，外来的和尚好念经（三清四御、五老六司、七元八极、九曜十都、千真万圣，一群饭桶），如来三下五除二，把齐天大圣压入五行山。

惩罚：五行山的诞生

严格地说，《西游记》只讲了两个故事，一是“大闹天宫”（前七回），一是“西天取经”（后九十三回），情节杠杆的基点全在五行山上。五行山于王莽篡政时降落凡间，后大唐西征定国，改名两界山。两界山，不仅是表面上的地理意义上的国界线（东为大唐，西为鞑靼），更有深刻的寓意。

石头是孙悟空的母胎。在中华文明系统中，石头（山）蕴藏着深远的生殖意义，它曾怀孕过两位远古英雄——大禹及其子夏启。在庆贺妖猴受伏的安天大会上，南极仙翁出场时就镇压孙大圣的历史意义发表诗作曰：“洞里乾坤任自由，壶中日月随成就。”洞与壶都蕴藏着普世的文化阐释学意义，这种入口狭窄而内部宽敞的封闭性空间，在任何一个民族都是母胎象征。时至今日，我们还能在北京郊区的墙壁上赫然看见“打洞”二字以及一串手机号，其文化影响之深远，可见一斑。至于壶嘛，段成式的《酉阳杂俎》里也有一段堪足玩味：“释氏《譬喻经》云：昔梵志作术，吐出一壶，中有女子，与屏处作家室。梵志少息，女复作术，吐出一壶，中有男子，复与共卧。梵志觉，次第互吞之，拄杖而去。”明白了这一切，我们就不难理解这样一个结论：五行山是孙悟空的第二母胎，而天界的意图也昭然若揭——迫使妖猴“再生”，或曰“涅槃”。

小时候在电视里看到孙悟空将头伸出五行山时，山体摇晃，便不由自主地联想到夏衍先生那篇著名的《种子的力量》,那是一种原生的、澎湃的、惊心动魄的反抗力。“狂野无忌的兽性生命只有通过规训的和残忍才能被征服”。深谙权力密码的福柯如是说。于是如来念出“唵嘛呢叭咪吽”的驱魔咒语——这无比严厉的六字真言就是判决书的神话原型——“那座山即生根合缝,可运用呼吸之气,手儿爬出,可以摇挣摇挣”。孙悟空的第二母体便是这样一个石匣。如果说受日精月华滋养的石卵是生命力的天然子宫,那么这个施了魔咒的石匣便是臣属力的生产车间——它拒绝胎动!

这便是文化阐释学意义无法掩盖的空间政治学秘密。在福柯的《规训与惩罚》里对监狱空间的全景敞视主义(Panopticism)进行精辟分析后,我们可以清楚地看到经由权力设计的空间的强大惩罚和规训功能。福柯反复强调,惩罚应该是一种制造效果的艺术。显而易见,对于孙悟空这样一个猴性未泯、喜欢交游、一个筋斗飞出十万八千里的囚徒而言,这个石匣无异于天大的折磨。饱受“禁闭”之苦的他对每一丝可能的希望都是那么饥不择食——

菩萨道:“姓孙的,你认得我么?”大圣睁开火眼金睛,点着头儿高叫道:“我怎么不认得你,你好的是那南海普陀落伽山救苦救难大慈大悲南无观世音菩萨。承看顾!承看顾!我在此度日如年,更无一个相知的来看我一看。你从那里来也?”菩萨道:“我奉佛旨,上东土寻取经人去,从此经过,特留残步看你。”大圣道:“如来哄了我,把我压在此山,五百余年了,不能展挣。万望菩萨方便一二,救我老孙一救!”菩萨道:“你这厮罪业弥深,救你出来,恐你又生祸害,反为不美。”大圣道:“我已知悔了,但愿大

慈悲指条门路，情愿修行。”(第八回)

尽管孙大圣还鸭子嘴硬称“如来哄了我”——在明人看来，“唵嘛呢叭咪吽”六字真言即为“俺把你哄了”——但无可否认的是，如来对孙的禁闭式惩罚初见成效，成功地迫使他忏悔，孙大圣已然全无大圣脾气，倒是猴急气被更深地激发出来。他的忏悔，只不过是自我防御机制的无意识启动，他的皈依佛门，就现出与“饥不择食”、“病急乱投医”类似的心理特征。这一点可以从牛魔王身上得到旁证。当他被哪吒降伏时，冒出口的第一句话便是：“莫伤我命！”第二句即为“情愿归顺佛家也！”——但如果他们共同面对的是元始天尊呢？是否还皈依佛门？由此也可见惩罚的深刻本性——慑服。佛与妖的权力边界得到了确认和强化，后来唐僧来时，大圣更是自言“犯了诳上之罪”，这个开局堪称完美。

随着唐僧的救赎，作为妖的孙悟空已经死去，作为僧的孙悟空宣告诞生。被初步规训的孙悟空越过两界山，西游的幕布徐徐拉开。

紧箍咒：转型期的必然产物

孙悟空开始面临长远的角色转型，挣脱石匣，戴上佛帽的他发现头上多了一顶金箍——一件兼具惩罚和规训双重职能的饰物。枷锁以装饰的姿态(金箍藏于金花帽中)出现，并以装饰的姿态得以巩固(装上金箍的猴头并不难看)，体现着权力无穷的创造智慧。这种对身体——本质上是生命——的装饰化规训，我们可以从凡间的束胸、束腰和缠足得到验证。权力其实并不必太担心这种规训会遭受反抗。据我所知，公元1664年满人入关，禁止满族妇女效仿汉族妇女缠足，竟激发出她们的愤愤不平。

一开始孙悟空并不适应孙行者这个角色，紧箍更大程度上是五行山的变种，其惩罚意义更大，于是咒语要多念几遍，把这个猴头“勒得似个亚腰儿葫芦”，“痛得竖蜻蜓，翻筋斗，耳红而赤，眼胀身麻”。这道咒语俗名紧箍儿咒，佛称定心真言(而政治语言则简洁有力——口号)。咒语无疑是对付他的杀手锏，掌握在如来、观音手里也就罢了，但它还被一个叫唐僧的庸人习得，孙悟空不认栽也不行。用平庸压制卓越，千年如此，夫复何言?

惩罚之后即为漫长的规训。如果说老君的金刚琢是咬人的毒蛇，有“一朝被蛇咬，十年怕草绳”的强烈恐慑作用(事实上，孙后来也打不过拥有金刚琢的青牛精)，那么观音的紧箍便是盘在胸前的毒蛇，不断吐出的蛇信迫使你时时注意自己的一言一行，它与唐僧的眼睛一同构成《一九八四》里无处不在的电幕。取经途中，唐僧一共念了三回咒语，而征途过半，第五十八回以后，便不复念咒。不难窥见，每一次念咒，都是紧箍的惩罚意义的消减，同时也是其规训意义的加强。规训是比惩罚更为隐蔽的权力手段。规训的真谛不是通过制造过度痛苦和公开羞辱的仪式作用于肉体，规训完全是精神性的，确切地说，它的作用点是受规者脑海中的表象和符号，这些表象和符号的传播谨慎、必然而明显。对于一头项系细铁链的大象而言，便是自小受缚而挣扎不脱的灰暗记忆；对于孙行者而言，无疑便是头戴紧箍而被“勒得似个亚腰儿葫芦”的惨痛体验。

紧箍在孙悟空身上凝结为惩罚和规训的两重符号。正如福柯所说，“惩罚不仅为惩罚犯罪，还在于维持本身的惩罚机制及其功能”。此后，紧箍又找到了黑熊精和红孩儿作为惩治对象。尤其是在惩治红孩儿时，把惩罚的理念推到了顶峰，惩罚对身体各种因素、姿势和行为的精心操纵，使之不仅在“做什么”方面，而且在“怎么做”方面都符合权力的愿望。也许从红孩儿的惨状我们得以窥见权力的精致——

行者急闪身，立在菩萨后面，叫：“念咒！念咒！”那菩萨将杨柳枝儿蘸了甘露洒将出去，叫声“合！”只见他丢了枪，一双手合掌当胸，再也不能开放，至今留了一个观音扭，即此意也。好童子开不得手，拿不得枪，方知是法力深微，没奈何，才纳头下拜。菩萨……对行者道：“悟空，这妖精已是降了，却只是野心不定，等我教他一步一拜，只拜到珞伽山，方才收法。”（第四十三回）

权力全息图

我的同姓前辈黄永玉在《力求严肃认真思考的札记》里画了一个盛水的瓶子，他这样解释道：“像狡猾的宗教一样，总是以多种形态出现：一会儿是硬的，一会儿是软的，一会儿又是捉摸不定的，以适应不同的气候。”宗教如此，权力何其不然？权力关系纷繁复杂，权力运作也是网状洒开。权力的密码不仅存在于五行山和紧箍咒，还深入到整个情节脉络里，权力图谱是一张全息图谱，变换一个角度，必有不一样的景致。

唐僧。如前所述，上司是下属的规定性；唐长老的脑瓜子就是孙行者的全部行动疆域——这未免太小了。然而唐僧这位释迦的凡间代理人，他的平庸极易成为孤立评价的对象，从而隐蔽了孙悟空与天界之间的权力关系。事实上，孙悟空也被这种障眼法蒙骗了。他的火眼金睛识破了妖精的千般变化，却参不透这点伎俩。在遭受紧箍咒的轮番折磨时，不是出走(第二十七回)，就是找观音哭诉(第五十七回)。

——权力就是这么狡黠。

观音。权力是坚固的，但并不坚硬，有时还表现出温情脉脉的一面。这里有必要提及这位救苦救难大慈大悲南无观世音菩萨。曾几何时，母亲神女娲突然从中国的文化原野上失踪了；观世音菩萨，这位外国男性神云游至此，看到这一张张恍惚的脸庞，便趁机变性，并以生母般的慈眉善目迅速占领了中国人的母爱真空，《西游记》的权力机制便是由她敷上丰腴的肤色。她对孙悟空有"救命之恩"，而且亲切可感，和蔼可亲，慈祥可敬，还能帮助他炼魔降怪，更能插科打浑(第四十二回，拿善财龙女取笑孙)，焉能不博得孙悟空的信赖。凭借这种亲和力，远远地将孙悟空牵至灵山。如果说如来是望而生畏的五行山，那么观音就是一把温存体贴的熨斗，将孙悟空的心性烫得平平整整，服服帖帖。

——权力就是这么温存。

群魔。文化惯性常使我们简单地认为，群魔共舞的目的是砥砺唐僧的佛心。但越是简单的结论越是容易受到挑战，如果说唐僧的第八十一难是观音的画龙点睛之笔，那么整幅西游取经的壮丽图景，是不是整个天界的大手笔？有一个铁的事实：西游途中许多妖魔都是天物下凡(金角银角大王系老君的看炉童子，黄风怪系灵吉菩萨坐骑，灵感大王系观音的金鱼，大鹏怪系如来的舅舅)，而这些妖怪究竟没有枉死金箍棒下，而是回天重炼去了。我们完全有理由怀疑：是不是天界或有意或无意的放纵，促成了西游征途的险山恶水、月黑风高？于是我们是否能作出这样一个推断：妖怪也具有双重身份，一重是妖怪的本质，通过掳获唐僧而锻炼其取经决心；另一重是神仙的替身，通过阻遏悟空，而彰显他的能耐有限。显然，如果悟空一路得胜无阻，那将意味着什么？根据这位自大狂的性格特点，结果只能是绝对权威和天界秩序再遭质疑。所以机警如孙悟空，也不得不时时往妖怪的圈套里头钻；聪明如孙悟空，也不得不时时束手无策；勇迈如孙悟空，也不得不时时跑到天界哭诉求援（黄花观多目怪为昂日星君降伏，小雷音寺黄眉老祖系弥勒佛降伏，被困铜钹系二十八宿与五方揭谛救出……）

权力场中绝不会缺少频送秋波的小角色。但他们从来没有被权力正眼瞧过，他们的历史活动只能是跑龙套，他们的历史命运只能是被人卖了还帮着数钱。六耳猕猴和黄眉老祖正是这样的小角色。他们的“抢食”，只能从反面论证了孙悟空“与佛法有缘”，从而激发出他对灵山的向心力。

——权力就是这么隐蔽。

有头脑的权力必定拥有高妙的运作技巧，它应该是一盏无影灯，从不同方向着力，而又消除了各自的阴影，笼罩着巨大的阴影的权力必定是短命的权力。凯撒说：“我的意志从不曾指望别人的心悦诚服，我的意志依靠的是盾的坚韧、矛的凌锐、棍棒的粗砺。”说了这话，也就离暴死元老院不远了。

跳不出手掌心

对于孙悟空而言，西行十三年，实质上是赎罪的十三年；西行十万八千里，实质上是惩罚和规训的十万八千里。在这个权力场中，他逐渐完成了妖—僧—佛的三级跳，也逐步遗落了昔日的自由意志，他开始熟练地运用天界的思维模式。如前所述，受镇五行山的孙悟空被认为是“洞里乾坤任自由，壶中日月随成就”。而当他降伏红孩儿之后，面对铁扇公主的斥责，他回应道：“他如今在菩萨处做善财童子，实受了菩萨正果，不生不灭，不垢不净，与天地同寿，与日月同庚。你倒不谢老孙保命之恩，反怪老孙，是何道理？”（第五十九回）这让我不禁想过起了奥威尔的《一九八四》，老大哥的统治要诀便是让人们按照自己的逻辑进行思考——自由即奴役，战争即和平，无知即力量。而封建统治者最希望看到的不正是老百姓们做着升官发财的美梦？权力的哲学目标暴露无遗：取消被统治者的主体意识。

——孙悟空被驯服了。尽管他讥如来是“妖精的外甥”，谑观音“一世无夫”，讽唐僧为“脓包”一个，但这只是为了维持喜剧的运转——一如街头的耍猴，猴子也会在耍猴人的屁股上踹上两脚，但这无法掩盖被耍的严厉事实。孙悟空乐于并勇于进入天界这个巨大的权力场，就再也跳不出如来佛的手掌心。

他想不死，便得以永生。

他想摆脱妖怪身份，便加升大职正果。

他头顶的金箍自然消失，因为不再需要了。诚如唐僧所说：“当时只为你难管，故以此法制之。今已成佛，自然去矣。”如今他是斗战胜佛，三十五如来之一，地位尊显。

——进入秩序而不成为秩序，有可能吗？

一个紧迫的声音正追问。

（**黄金城** 文，原载《书屋》2006年第1期）

放谈《红楼梦》诸公案

和《红楼梦》有关的各种争论，现在已成为了一个公共的话题。我作为一个“红迷”，对这些争议有一些自己的看法，但这些看法基本属于业余爱好。所谓“放谈”，是因为我对这些问题没有做过科班式的研究，只是随便说说。

我知道，关于《红楼梦》的争论有的也很有趣。清朝有“拥薛”和“拥林”的两位老头，一位说薛宝钗可爱，一位说林黛玉可爱，争论到最后演变成了肢体接触。所以，我今天的“放谈”万一不小心触到了某一学派的观点，或者触到了知识上的“地雷”，我事先告饶一下，我绝没有赞成哪一派，或者反对哪一派，只是谈一下自己的看法。要是不小心冒犯了哪位学者，我愿意再去接受一次知识的启蒙；反过来，如果我无意中迎合了某个学派的观点，欢迎大家组织“专案调查”，我绝没有喝过那个人的酒，也没有收过红包，我可以用我的身家性命担保。

《红楼梦》争论最多的一个问题是，《红楼梦》的主题到底是什么？这个问题有各种各样的答案，我就我所知道的，引用一下。一是以王国维为代表的，运用叔本华的哲学来解释，认为《红楼梦》的主题是欲望的悲剧，或者说是人生的悲剧。王国维说，《红楼梦》一书与任何喜剧相反，彻头彻尾是悲剧也。叔本华有“男女之爱是形而上学”的理论，王国维就用这个理论来介绍《红楼梦》。叔本华认为，人生就是欲望，而欲望永远没有止境，人生的欲望就像乞丐乞讨，得到了一点，不是满足，而是期待更多！

有人认为，不仅叔本华有这种思想，老庄也有这种思想。老子曰：“五色乱其目，五味乱其腹。”老子又曰：“天下皆知美之为美，斯恶已；皆知善之为善，斯不善已。”得到的越多，产生的不满足会越多。佛家认为，爱恋生贪欲，贪欲生嗔怨，嗔怨生烦恼。

林黛玉最爱的是贾宝玉，但是嗔怨最多、烦恼最多的也是贾宝玉。这样的解释和《好了歌》也是一致的，歌里唱道，“世人都说神仙好，唯有功名忘不了；古今将相在何方，荒冢一堆草没了……”

王国维认为，《红楼梦》给人最大的教育就是思想的解脱。但我个人认为，看完《红楼梦》之后，既得到了解脱，同时也变得更加执着。《红楼梦》说“好”便是“了”，但《红楼梦》本身有另一面，“好”便是“好”，“了”便是“了”。曹雪芹作为一个没落贵族的后代，描写吃螃蟹、过生日、做诗、元妃省亲很是欢快，这怎么是“了”呢？何等富贵荣华啊！“……烈火喷油、鲜花着锦之盛！”所以，从逻辑上看，《好了歌》并不能让人真正的“了”。“古今将相在何方，荒冢一堆草没了。”古今将相死后是荒冢一堆，但活着的时候，依旧是将相啊，活着就要建功立业！

《红楼梦》又名《风月宝鉴》,这风月宝鉴正面看是美人,反面看是骷髅,意为美人终究要变成白骨。其实这是没有说服力的,美人就是美人,我们说的是“现在”,没必要考虑八十年之后的事,八十年之后,我们都将变成白骨。所以,看《红楼梦》会让人感到非常矛盾,看到“好”的地方还真是好,看到“了”的地方未必了。

二是也有人把《红楼梦》的主题思想解释成阶级斗争,其代表人物是毛泽东主席。毛主席说,《红楼梦》我看了五遍,但没有受其不好的影响,我把它当历史读,里面阶级斗争很厉害,有几十条人命!毛泽东还有一句名言:《红楼梦》是王、薛、贾、史四大家族的兴衰史。这种观点完全符合毛泽东的身份,如果毛泽东看《红楼梦》就看黛玉葬花、黛玉悲秋之类的,那就不是毛泽东了。所以,毛泽东的见解的确很有独到性、启发性,说明《红楼梦》里的确写到了很多阶级斗争,当然,这是不是曹雪芹的原意,我们就不知道了。如果我们让曹雪芹复活,告诉他,你的作品已经被毛主席概括为阶级斗争史,我相信,他会吓一跳。

第三种看法呢,跟毛主席的观点有些接近,但不像他这么尖锐,认为《红楼梦》的主题思想是反封建,里面描写了大家族对少女的迫害,晴雯、金钏等的命运,毫无自由恋爱可言,毫无人权可言,毫无民主可言,《红楼梦》在客观上对封建社会确实有很深刻的控诉。这种反封建说在今天是占有主导地位的,从李希凡先生起,到现在的冯其庸先生等,都是强调《红楼梦》的反封建,而且把反封建和明末清初中国出现资本主义萌芽联系起来。

我个人认为,大致上,反封建的思想在《红楼梦》里确实存在,因为曹雪芹写出了封建理法、意识形态、家族观念对青年人的戕害。是不是这些都和资本主义萌芽有关系呢？有时候我也犯糊涂。比如，有人认为，贾宝玉说，女孩子可爱，女孩子是水做的；男人不好，男人是泥做的。把这个看成能证明贾宝玉有妇女解放思想，我不同意，这和女权主义不沾边。贾宝玉喜欢女孩和男作者的“弗洛伊德”心理有关。我在自己十四岁到二十二岁期间，怎么看怎么觉得女孩比男孩可爱，而且，我还有一个理论，女孩容易革命，因为在旧社会，女孩受的压迫更深。我个人认为，说《红楼梦》反封建是不错的，但这是不是它的主题思想呢，我看没有这么简单。

第四种观点是把《红楼梦》说成是爱情悲剧，有情人难成眷属。在“文革”期间，曾经反复批判资产阶级的红学观点，即爱情主线说。这个观点认为，《红楼梦》的主线是宝黛的爱情悲剧，但被狠狠地批判了，认为这个观点是资产阶级观点，没有把注意力集中在阶级斗争上。说《红楼梦》是爱情悲剧，是符合事实的；说《红楼梦》是以宝黛的爱情悲剧为主线，也是符合事实的。其他的部分写得也很精彩，但是没有这个突出。

以上这是第一个公案。对于这第一个公案，我简单做一下评论。我觉得，对《红楼梦》的主题思想不要企图用一个简单的命题，一个简单的主谓宾结构就把它说清楚，《红楼梦》本身是一部立体的作品，其中包含着金、木、水、火、土，包含着喜怒哀乐、生老病死、悲欢离合。因此，对《红楼梦》的主题也应该进行立体的研究和阐述，而不能用一句话来概括。

第二个公案是关于宝钗和黛玉的，《红楼梦》在处理宝钗和黛玉时与众不同。在太虚幻境中，有关宝钗和黛玉的判词，是把这两人合着一块儿描写的。“可叹停机德，堪怜咏絮才！玉带林中挂，金簪雪里埋。”“停机德”指的是薛宝钗，她很有德行，她很符合封建道德的标准。“堪怜咏絮才”、“玉带林中挂”是指林黛玉，“金簪雪里埋”就是指贾宝玉了。“都道是金玉良缘，俺只念木石前盟。空对着，山中高士晶莹雪；终不忘，世外仙姝寂寞林。叹人间，美中不足今方信：纵然是齐眉举案，到底意难平。”“金玉良缘”讲的是贾宝玉和薛宝钗，“木石前盟”是指贾宝玉和林黛玉，“空对着，山中高士晶莹雪”指薛宝钗。从曹雪芹来看，他并没有认为薛宝钗不好，但贾宝玉始终爱着林黛玉，这是《红楼梦》最尖锐的问题，从清代起，大家就为此争论。

第一种观点是“拥黛抑钗”，认为林黛玉真诚、重感情、单纯，而薛宝钗是阴谋家，认为她从进入荣国府那天起，她的每一项行动都是为了当贾宝玉夫人。

第二种观点认为薛宝钗好，宝钗宽厚，黛玉促狭；宝钗身心健康，黛玉颇多病态；宝钗令人愉快，黛玉平添烦恼；宝钗能作贤妻良母，而黛玉不能。我记得在重庆时，曾说过，要是能被林黛玉爱上，那将是一件非常值得的事；但很可能在婚后会被林黛玉逼得跳了井，但即使跳井，那也是值得的，死而无憾。

第三种观点是“钗黛二元论”，即在小说中，喜欢林黛玉，在实际生活中，喜欢薛宝钗；谈恋爱的对象可以是林黛玉，但老婆得是薛宝钗。

第四种观点是“钗黛一元论”，以俞平伯先生为代表，认为薛宝钗和林黛玉是“双峰并峙，二水合流”，她们各代表人生的不同方面。林黛玉是性情的，薛宝钗是理智的；林黛玉瘦弱的，薛宝钗是健康的；林黛玉不擅长社交，而薛宝钗擅长。

薛宝钗代表了一种文化，而这种文化在别人看来是假的，就像鲁迅评论刘备，他认为，刘备太仁义了，所以大家就觉得刘备虚伪。但实际上，读者又看不出曹雪芹把薛宝钗当成一个伪善者。作者为什么把这两个人做了统一和相关的处理，薛宝钗和林黛玉确实是两种不同的性格，这也是人类面临的两难选择。

这两种性格不仅在中国的书中有，在外国的书里也有，安娜·卡列尼娜偏重于感情，她的丈夫偏重于理智。所以，我们要从不同的角度看，所有的人物都是出自作家之手的，都代表着作家的观念。曹雪芹认为，人性这种两难的选择在文化与性情之间，在理智与感情之间，在真诚与礼貌之间。从这个意义上看，《红楼梦》也提出了极为有趣的问题。

第三个公案是《红楼梦》人物阵营的划分与价值判断。1949 年后的“新红学”都习惯于把《红楼梦》中的人物分成两大阵营，一大阵营就是封建主义、封建体制、封建意识形态的维护者，其中包括贾母、贾政、王熙凤、袭人、探春。

王昆仑先生很早就提出，袭人是贾母和王夫人派到贾宝玉身边的特务。著名美学家王朝闻先生写过一本三十万字的《论凤姐》，里面就专门有一章批判探春，认为探春是站在封建统治者的立场，维护封建专制的利益，她的聪明智慧只能反映她的狰狞面目。

贾宝玉、林黛玉和晴雯是封建统治的反叛者，尤其是晴雯。这两大阵营的划分是有道理的，我认为这可以帮助我们理解《红楼梦》的人事格局，但这样的划分又是不严格的，可能把事物简单化。我尤其不赞成全面否定探春，探春在大观园里实行“包产到户”，劳动大众很是拥护。在搜检大观园时，反封建的象征如贾宝玉、林黛玉者，一声没吭，而只有探春对搜检大观园进行义正辞严的批判。所以，简单地用一分为二的方法来进行划分是不全面的。

第四个问题是关于《红楼梦》是不是自传，即“另有本事”，除了我们现在看到的《红楼梦》外，是不是曹雪芹当时真的有一个这样的经历？曹雪芹是南京人，家里也经历了很曲折的事，这是第一个“另有本事”的含义。

第二个“另有本事”的含义是曹雪芹在写作过程中由于种种世俗的原因，很多内容运用了曲笔的写法，除了表面上的故事外，里面还有一个作者没有写出来的故事。胡适说过，《红楼梦》的作者是曹雪芹，《红楼梦》是一部隐去真事的曹家自述。

说到《红楼梦》“另有本事”的，还有更进一步的一派，那就是索隐派，认为《红楼梦》实际上是一本密码，其中心思想是反清复明，贾宝玉影射的是顺治皇帝，袭人是崇祯皇帝。“袭人”就是“龙衣人”，穿着龙衣的自然就是皇帝了，不是顺治，就是那个失败者，崇祯皇帝。

还有更奇特的说法，什么《红楼梦》写的是宇宙发生学，什么太极红楼梦，什么林黛玉是刺杀雍正皇帝的刺客，说不胜说。

最近，比较流行的说法是《红楼梦》的谜语说，特别是刘心武，他在中央电视台以这个观点讲了《红楼梦》，又出了书，还引起了争议。来上海之前，我在四川，媒体的朋友就让我为此表态，我十分警惕，这事千万不能随便表态。我没有听刘心武的七讲，也没有看他的书，就看过他写的一篇关于秦可卿的文章，我现在看来也挺有道理的。他认为，秦可卿是从孤儿院里出来的，但贾家很讲门第，因此可能性不大。而且，秦可卿模样又标致，行事又大方，她的风度举止也很完美，得万千宠爱于一身，又是王熙凤的知音。我还有一点补充，秦可卿和她的弟弟秦钟反差太大，秦钟简直像个猴子一样，还没进化完呢，我在这儿也不能多说，说多了，有点不符合精神文明的原则。

最近，我听说还有一个新的说法，觉得也很有道理。《红楼梦》里写到，秦可卿的闺房里有赵飞燕、武则天、杨贵妃等人使用过的用具，都是皇家器皿。于是，刘心武先生认为，秦可卿的出生并不寒微，而是贵族出身。我学问不够，当时听刘心武先生这么一说，觉得很不错。

后来，有几个高校里教中国小说史的教授跟我说，那时候的小说写到貌美风流的女子都这样描述，这是套话，根本不是什么凭据。究竟谁说得对呢？我说不清楚。有时就会陷入这样一个怪圈，觉得这个观点有道理，那个观点也挺有道理，无所适从。胡适、俞平伯都分析说，贾珍和秦可卿有乱伦的关系，因为秦可卿淫丧天香楼是一个证据。另一个证据是，秦可卿死的时候，贾珍哭得像一个泪人儿。

但近几年周汝昌分析说，贾珍和秦可卿没有问题，他说，如果公公和媳妇之间有问题的话，贾珍应该唯恐避之不及才是，反之，不就是不打自招吗？听了这话，我也觉得挺有道理的。在工作生活中也有这样的情况，有的一男一女之间可能存在暧昧关系，但他们的行为都非常隐蔽，根本想不到他们有这样的关系。

我说这些东西，想表达的意思是，对《红楼梦》"本事"还只是猜测多，证据少，真正能做出结论的证据几乎没有。《红楼梦》写到的内容太多，头绪太多，人物也太多，不可能一一交代清楚，于是留下了大量的空白，而填补这些空白就是阅读的极大乐趣，是小说对读者的极大诱惑。

海明威说过，作品是冰山，只露出四分之一，还有四分之三在水里。我们在阅读作品的时候，往往对这四分之三产生极大的兴趣。所以，对《红楼梦》"本事"的讨论是一个不可避免的诱惑，但不可能完全证明真伪。

我个人觉得，刘心武的贡献在于他找出了《红楼梦》的一些细节之处，比如关于秦可卿的出身、关于元妃的病等等，对这些做出解释对于一个写小说的人如刘心武来说，是一个难以克制的诱惑，但他解释得过于凿实了，使自己易陷于被攻击的境地。“猜谜”要适可而止，不然就会引起很多非议，这是我的见解。同时刘心武的猜测与分析，引起了读者的巨大兴趣，引起了轰动，掀起了新的一轮读“红”谈“红”研究《红楼梦》的高潮，这个事实是不能否认的。

比“猜谜”更厉害的是索隐派，有人认为世界上很多事物带有符码的性质，在符码背后有没有说出来的话，甲骨文、电报都是如此。诸葛亮夜观天相，知晓天下大事，世界上其他国家也有人把星星的组合当成符号分析人间的事情。

我看过台湾的一本名为《圣经密码》的书，那就更离奇了，说他们请了美国中央情报局破译密码的专家来破译《圣经》，结果，甚至可以从《圣经》中看出美国的历任总统，这些都是包含着迷信的诱惑，但迷信也不是很容易就能克服的。最近，被评为全球第一的畅销书《达·芬奇密码》把达·芬奇的画作为密码，来阐述西洋各基督教派之间的斗争；金庸的《连城诀》中用唐诗作密码，来讲练功。

蔡元培等人把《红楼梦》作为密码，也想从中破译出一些东西来。这可能从学理上看是不成立的，但确是一种智力游戏，可以不相信他，但我看的时候也确实为其拍案叫绝。

对“红学”的研究实际上是非常芜杂的，有关于“史”的研究，比如研究曹雪芹的家史；有图书学方面的研究，比如关于《红楼梦》的各种版本的研究；有民俗学、文化学方面的研究，比如其中提到的某种纺织品、某种建筑。以上三类，是可以算作学术的。除了这些以外，还有属于文学欣赏方面的一些感受、感悟、联想、审美等，这些比较难以量化讨论，也无法用学术规范来规范它。此外，应属于趣味性讨论，更与学术规范无关。不可否认的是，对《红楼梦》还有意识形态的研究，封建与反封建，仍然不是纯粹的学术问题。

《红楼梦》的研究分很多方面，有很多并不符合学术规范，即使从史学的角度研究《红楼梦》，我们也面临着一个窘境，即材料少，课题多，空白多。“红学”的相当一部分“学”，并不是拉丁文的那个 logic，而只能是 topic，就是有关《红楼梦》的话题。当然这样的话题，有人谈得比较谨慎，有人谈得比较粗放，有人谈得比较有根有据，有人谈得偏于想像，还有的是故作惊人之语，乃至等而下之的胡言乱语，它们之间还是有高下的不同、学问底蕴的不同与境界的区别。所以，对研究“红学”的各种派别，我们也只能希望其自成一家、自圆其说，以供大家参考。对于猜测多的东西，我们可以举一些相反的例证根据与之商榷，却难于不准他猜测或不准他公开自己的猜测。

第五个关于《红楼梦》的大问题是，后四十回是续作还是原作，尤其是高鹗在其中扮演的角色。胡适、俞平伯考查出来，《红楼梦》后四十回是高鹗的续作，这大致上已经成为了定论。

现在，有很多红学家对《红楼梦》的后四十回抱有一种愤怒、谴责的态度，认为后四十回的续写很不好，歪曲了曹雪芹的原意。曹雪芹说过，“一片白茫茫大地真干净！”最后结局应该是荣国府、宁国府，财产被抄，家破人亡，只剩两间空房子。可是，由于高鹗的封建思想严重，写贾宝玉在出家前让薛宝钗怀上了他的后代；他当了和尚后，还让皇帝封了个“文妙真人”……红学家们认为这样的结局简直是胡闹，糟糕透了！这种观点也是被广泛接受的。

但在这个问题上，我时常自己和自己过不去，有很多想不通的地方。第一，从理论上说，我认为，续书是根本不可能的。古今中外，没有这样的例子，不但给别人续书不可能，给自己续书也是不可能的。哪怕是重写一遍也是不可能的，哪个作家把稿子丢了，再重新写一下，写出来的肯定和第一遍是不一样的。

第二，不管如何批判高鹗，基本上没有哪家出版社出版《红楼梦》敢只出前八十回的，即一百二十回已经被大多数读者所接受。

第三，有些学者认为《红楼梦》前八十回和后四十回的在语言上是一致的。如果没有原作作依据，这是不可能的，毕竟两者所处的时代不一样，语气词、助词、句式等都是不容易相同的。

第四，那句“白茫茫大地真干净”让我很想不通。《红楼梦》里人物众多，重要的人物有上百个，到了后面几十回，每章得死三到五个人才行。真要做到“白茫茫大地真干净”，我看，只有一个办法，必须在最后几章，在荣国府、宁国府门口架起一挺重机枪进行扫射，要不，这么多人怎么死啊？把一个活的人物写死是非常难的。现在还好办，电视剧想让谁死，让他得个白血病就行了。写林黛玉的死写得多好啊，贾母的死也写得很棒。当然，现在我有另一个想法了，不用架重机枪了，让贾府传染上禽流感就得了。

第五，什么叫悲剧？贾宝玉出家了，探春远嫁了，史湘云守寡了，迎春被丈夫折磨死了，林黛玉也死了，薛宝钗即使有个贾太太的头衔，但也只是过着很悲惨的生活。

举个例子，如果一架飞机失事，机上四百人全部遇难，大家一定会觉得这是很恐怖的一件事，但并不觉得特别悲哀。但是，假如还有两个幸存者，向世人不断讲述飞机坠毁时惨烈的景象，这岂不是更悲哀的事吗？

《小兵张嘎》中有个很经典的场景，日本兵屠杀完我们的老百姓后，张嘎跪在奶奶的尸体旁声嘶力竭地痛哭，喊着“奶奶！奶奶！”我们设想一下，如果张嘎也死了，“白茫茫大地真干净”，地上全是尸体，那谁也甭哭谁了。悲剧是不是就要让当事人全都死光了，留下一个次要人物更能见证悲剧。

我觉得，后四十回的扑朔迷离以及与前八十回的预示预言稍稍有些不切合，这并不奇怪，曹自己写也会时时变化，不符合预期，这更增加了《红楼梦》的魅力。当然，后四十回确实没前八十回那么精彩，灵气也没那么足，有些地方格调也比较低。

据说现在又要重拍电视连续剧《红楼梦》了，请了一批红学专家来研究，按照他们的主导意见来设计后四十回。我觉得很可怕，因为红学专家的意见即使在学理上是一百二十分的正确，但没有细节，没有语言，没有形象的描写，没有道具，仍然不可能是艺术的文本，只能是学理的估计。靠学理估计是搞不好电视剧的。如果让现代的人按照学者的判断来写《红楼梦》的剧本，那肯定带有新中国的气息，所用的语言已经不是原作中的语言了，我想说的是，即使高鹗的续作有几百个缺点，但是，我们今天任何人的改(续)写肯定远远赶不上高鹗。

第六，关于《红楼梦》的创作方法，这也是一个争论。最早胡适提出，《红楼梦》是自然主义，并认为写得平平淡淡，但还不是彻底的自然主义。他说，贾宝玉含着玉就出生了，这不是真正的自然主义。胡适的学问确实很大,我们对他的评价也很高。但他对《红楼梦》的批评我实在不敢接受,他是从妇产科学的角度来考证小孩出生时嘴里应该含什么。曹雪芹不知道什么是现实主义,也不知道什么是自然主义、浪漫主义,很随意性地写作。

当然,《红楼梦》里绝大多数篇章是现实主义。在描写尤二姐、尤三姐时,更多地运用了古典主义,非常戏剧化。《红楼梦》是反戏剧化的,大多数描写都是非常生活化的,唯独写到尤二姐、尤三姐,就非常戏剧化了,因为这段经历曹雪芹是没有的。

我举一个例子,尤三姐爱上了柳湘莲,从此她变成了淑女,柳湘莲听说了尤三姐以前不是良家妇女,就来退婚,想把自己的作为订婚礼物送给尤三姐的那把剑要回去,于是,尤三姐拔出剑来,自刎而死。

我对这个情节很是怀疑,柳湘莲没有必要把剑开锋后送给尤三姐,毕竟只是订婚的礼物,不是实战用的武器。第二,我质疑的是,尤三姐没有学过解剖学,她一刀下去不应该这么准确地就割断动脉了。第三,柳湘莲武功非常好,他看见尤三姐要自杀,飞起一脚就可以踢掉她手里的剑。所以,这些也是戏剧化、非现实的,但这对读者、对写作者来说没有关系,曹雪芹没有义务只能用现实主义进行创作。

还有许多其他的"公案",例如,一是什么叫"红学"?这本身是个最原始的问题,但这个问题争论最多。有些老专家指出,"红学"一指"曹学",二指"版本学",三指"文化学",因此把《红楼梦》作为一部小说来阅读,分析其艺术成就、主题思想、人物故事、结构特点等方面,这些文学赏析与文学评论不能算"红学"。当然,也有很多人反对这个观点,但都没有结论。二是关于曹雪芹的身世以及《红楼梦》作者的争论。现在,百分之九十九的人认为《红楼梦》的作者是曹雪芹，但一直有人提出，曹雪芹不是《红楼梦》的作者，只是编辑者，这个我就不细说了。关于曹雪芹身世的争论更多些，有“冀东说”和“辽阳说”，在辽阳发现过曹家的一块碑，当然，还有一些别的说法。三是关于史湘云的故事，《红楼梦》里有一章叫“因麒麟伏白首双星”，有人认为这是讲贾宝玉最后和史湘云结婚了。第四，关于脂砚斋，脂砚斋到底是化名？是笔名？是斋名？还是道号？

这些都不是我有能力做出解释的，我只能谈些感到的困惑和倾向，供大家参考。我相信，关于《红楼梦》今后还会有别的高论、怪论出现，我们不必为此感到惊奇，希望大家多看《红楼梦》，立自己的论。

（王 蒙 文，原载《书屋》2006年第3期）

亦真亦幻的神魔世界

跟《三国演义》和《水浒传》一样,《西游记》在中国不仅家喻户晓,更尤其得小孩子们的喜爱,几乎可以说是中国古典小说四大名著中唯一的老少咸宜型。但在小读者童稚的换算公式里,“孙悟空大闹天空”似乎就直接等于《西游记》。至少年幼时的我,在醉然于孙猴子大闹天空之余,顶多也就是还知道个孙悟空从铁扇公主那里骗取芭蕉扇什么的。而今,我年幼的女儿也完全是陶醉在好几十集动画片的《西游记》光盘里,哪会有脑子去琢磨《西游记》的艺术与思想。天真幼稚的孩子读着看着好玩儿,能从中得到极大的乐趣,也就够了。

不是吗?不说小孩子,就是《西游记》的一般读者,恐怕也很少有人清楚或懒得知道从《西游记》诞生,直到“五四”以后,经胡适、鲁迅等人考证,才确定《西游记》的作者是吴承恩。而在以前的三百多年时间里，吴承恩竟一直没有享受到著作权。一听大学者刘世德演讲《吴承恩与〈西游记〉》，才在他正面、直接的考据里，将《西游记》的著作权有说服力地归属给了吴承恩，并同时得以了解到作者生平的星星点点。比如《淮安府志》里关于吴承恩有这样的记载："性慧而多敏，博及群书，为诗文下笔立成，清雅流丽，有秦少游之风。"可如此一个才俊，却让科举绊住了手脚，他自从考中秀才，一直名落孙山。四十多岁才补上一名"岁贡生"，总算有了做官的资格，耳顺之年都过了，才当上一个副县太爷。这样，有了些沧桑阅历的读者就该不难理解，原来作者是把满腹的不得志和满腔的愤懑、失意，寄托在怪力乱神之中，才天才地创造了那个敢于打破旧有秩序的英雄神妖孙悟空，来借神魔讽世。

另外，《西游记》也是文如其人的，它的"笔致诙谐"与吴承恩"放浪诗酒"、幽默诙谐的性格是一致的。也许正因为此，写出了《围城》的钱钟书，最喜欢的一部中国古典小说不是别的，而是《西游记》。

在吴承恩写《西游记》以前，民间传说、神话和文学作品中有关玄奘"西游"取经的故事已经流传好几百年了。《西游记》里艺术虚构的唐僧，自然是脱胎于这位历史上真实的生活原型玄奘。但两者之间是怎样一种关系？该如何评价历史上的这位大德高僧，又如何认识和分析小说中唐僧这个人物形象呢？

段启明将历史上的玄奘跟《西游记》里的唐僧对照一讲，我忽生出一点感悟：唐僧确实有许多性格上的弱点，懦弱无能，胆小如鼠，优柔寡断，昏庸糊涂，听信谗言。明明是凡胎肉眼，识不出真假是非，还好歹不分，老是冤枉孙悟空。我小时候读连环画《西游记》，觉得他除了会念紧箍咒欺负孙悟空，什么本事也没有，一次一次地吃亏，还一次一次地上当。每每看到他被妖精捉住，恨不得赶紧让妖精把唐僧肉吃了才解气。等有些阅历了，就想得多了一些，一方面，他有菩萨护身，取不到真经是死不了的。从书里看，他本身就是如来佛犯了错误的大弟子金蝉子转世，死了就没戏了。

但另一方面，他信念坚定，为求取正果，面对权、财和女色的诱惑，丝毫不为所动。更难能可贵的，他骨子里品性良善仁厚，富有同情心。至少是一个为人正派的好人，像书里写他“端是一个好和尚”，没有坏心眼，对人不设防，至少从没想过去害谁。《西游记》里的妖怪一心想吃唐僧肉，是为了长生不老，结果一个个被降伏，也算是私欲导致的结果。这不正是吴承恩在拿神魔世界里的妖怪来说事儿吗？看似幻，实也是真啊。

而历史上真实的玄奘，性格上不仅没有唐僧那么多的缺陷，且称得上是一位文化巨人。他少年立志，十三岁出家。用段启明的那几个定语来说是：追求真理，坚忍不拔，意志坚定，“鞠躬尽瘁，死而后已”。他“偷渡出境”，经河西走廊，出玉门关，取道“丝绸之路”的新疆北路，历时四年，途经西域十六国。用我们今天的话说是，克服了千难万险，九死一生，才最终到达北天竺摩揭陀国那烂陀寺。

《西游记》之不朽，吴承恩创造的孙悟空堪称首功一件。凡《西游记》的读者，恐怕没有不喜欢，也没有能忘记孙猴子的。孙悟空是《西游记》作者创造出来的非同一般的神话英雄，他是一个天生的石猴，但又是猴、人和神的三位一体。他身上的猴子习性，表现出他猴了吧唧的生物性；人的特征，表现了他现实的社会性；而神的特点，则表现着他降妖伏魔、一个跟头十万八千里的传奇性。换言之，如果失去了这亦真亦幻的任何一个项目，孙悟空也就形同虚设，没有一点灵性了。

听了周先慎以“亦真亦幻”为题讲孙悟空，我有六点小感触：

一、“英雄传奇”。《西游记》写的是孙悟空的英雄传奇。唐僧是精神领袖，第一主角儿是孙悟空，这没什么好说的。

二、“时代思潮”。《西游记》书中写到了明代民间先进的商品经济观念，这让我想到，以往我们读解一部作品，常常忽略了那作品所处的历史环境、时代思潮，以及社会、政治、经济等方面的因素，与作者的思想倾向和作品的思想意义之间的联系。而这对于了解作者如何塑造人物，为什么要这样塑造人物，会这样描写，是至关重要的，这涉及对作品的多元读解。

三、“造反有理”。在孙悟空身上体现出来的蔑视权贵，反对专制的精神，以及“尊贤”的思想非常突出，这涉及对孙悟空“造反”的诠释。以前常有人认为，孙悟空的“造反有理”体现了革命的彻底性，因为他是无产者。也有人认为，孙悟空的革命也是看对象的。比如，在闹了龙宫、地府以后，玉帝一招安，他便欣然前往，当个弼马温，就乐得屁颠屁颠的，扯起“齐天大圣”的旗号，看似要与玉帝分庭抗礼，实际目的还是要让玉帝升他的官。当玉帝真的让他以“齐天大圣”的名号级别去看蟠桃园时，他也满心欢喜地答应了。直到王母娘娘的蟠桃会没有请他，他才又造反了。另外，像他说“玉帝不会用人”、“玉帝轻贤”，那更是他觉得玉帝不会使用人才，使他怀才不遇。他蔑视皇权，却不从根本上否定皇权。当最后被如来制服，明白自己并非天庭老大，只好乖乖地皈依佛门，去求取正果。

四、猴性即“童心”。很明显，明代大思想家李贽的“童心说”，对《西游记》的思想产生了影响。我以为孙悟空身上的猴性，即是那份自然的本真，是童贞、童趣、童心。如果在现实生活中，人失去了童心、童贞、童趣，就会未老先衰。哀莫大于心死，心都死了，活着不就等于一具行尸走肉？当然，人们也不能稍有不满就“大闹天宫”，要有法制观念，要受法律约束，就像孙悟空头上的那个紧箍咒。

五、“强者为尊”与机遇。这又可以联系现实了，如果你自认为是强者，可没有机遇，成功的路将十分漫长。像孙悟空，即便他再聪慧，有灵性，如果没有菩提老祖传他七十二般变化和一个跟头翻十万八千里的本领，也不会有后来事业的成功，即保护唐僧去西天取经。

六、人生与“取经”。我们每个人这一生的生命历程，何尝不是一部又一部的“西天取经”。而在这人生，尤其是奋斗的人生过程中，会遇到各种各样的“妖魔鬼怪”，即各种各样的坎坷、挫折，种种的失意，也包括情感上的失恋什么的，或许远不止“九九八十一难”。面对这些，怎么办？我想得学点儿孙悟空的那套斗争哲学、斗争智慧，还要有斗得“甜美”的韵味，乐做“人间喜仙”。我一直有这样一个观念，哪怕生活压迫得你很悲观，也要找出任何一个理由充满乐观地活着。

然而，若单纯就《西游记》可读的趣味性而言，它的兴奋点更多是落在大活宝猪八戒身上。他一出场就带有喜剧色彩，天蓬元帅下凡，却错投了猪胎，因此造成了他体态的蹒跚臃肿，性情的贪吃好睡，懒惰自私。如果说孙悟空身上多的是理想的浪漫气质，那猪八戒则更多的是现实的生活气息。孙悟空是猴、人、神的三合一，猪八戒是猪、人、神的大一统。他有猪的外形、猪的习性，身上的毛病太多，恨不得浑身净是缺点：好色，攒私房钱，爱打小报告，遇到点困难就想散伙，等等。某种程度上可以说，《西游记》因有了猪八戒而妙趣横生。如果少了这个“呆子”，《西游记》读起来就没这么好玩了。他有许多让人嘲笑的地方，可不仅不招人讨厌，偏偏还特招读者喜爱，难怪周思源要把演讲题目定为《丑陋可爱猪八戒》。

《西游记》问世以来，对它思想意义的阐释和理解，也像“水浒”、“三国”和“红楼”一样，见仁见智，莫衷一是，一直存在争议。像在清代，相当长的一段时间，几乎没有人把《西游记》看作是一部浪漫主义的神魔小说，而把它的主旨看作是在劝学，或在弘扬佛法、阐释禅理，或在宣传道家的真谛。即便到了胡适，还只是强调吴承恩的幽默、诙谐，他甚至认为《西游记》“至多不过是一部很有趣味的滑稽小说”，“至多不过有一点爱骂人的玩世主义”，“全书以诙谐滑稽为宗旨”，把《西游记》的思想意义看得很低。到解放后以阶级观解读文学作品的特殊历史时期，《西游记》还曾被说成是一部“宣扬了投降主义和奴才哲学”的“反动的神魔小说”。因为他们把小说中的人物都划了阶级成分，把敢于造反、大闹天空的孙悟空当成是封建社会农民起义的代表，而他被如来佛收服以后，竟乖乖地保着唐僧去西天取经，并在取经路上帮着统治阶级镇压其他起义者(那些妖魔)，无疑是农民起义的叛徒。

郭英德从社会意义和象征意义这两个层面来讲《西游记》的思想，使人开了茅塞——《西游记》的思想意义是丰富复杂，与众不同的。我想至少有一点该明白了，“大闹天宫”毕竟不是农民起义，敢于反抗、性格叛逆的孙悟空，是一天生的由石头缝里蹦出来的石猴，追溯祖宗三代，划成分也划不成农民！他本是个原生态的，用郭英德的话说，是突破了时空局限的自由人。所以，他才会触犯既定的社会规范，才会有后来的“大闹天宫”和“西天取经”，当然也因此而有了后来解读《西游记》时的“双重主题说”。

我极为赞同郭英德的说法，不必非要把《西游记》的思想意义定性为什么，非要得出一个什么结论不可，完全可以把《西游记》当成一部人生大书来读，它可以愉悦性情，丰富人生经验，提升生命智慧，只有这样，才能真正领略一部不朽名著的精髓。

这里刘荫柏所讲就是个现成的例证。《西游记》问世以后，儒释道三教各从本教门出发来阐释《西游记》的主题，儒教徒认为是“《大学》之别名”，佛教徒认为是“《华严》之外篇”，道教徒认为是“古今丹经中第一部奇书”，确实可见《西游记》与宗教的密切联系，且儒释道三教都涉及了。刘荫柏专攻《西游记》三十余年，对于研究《西游记》与佛教、道教、民间诸神与巫术之间的关系，见解独到。

洗耳一听，至少我明白了一点，为什么儒释道三教对《西游记》的主题思想有出自各教门的阐释，原是因为其中有“三教合一”的思想，各教有各自的认领和发挥自然顺理成章。但《西游记》是一部艺术的纯小说，并非对佛法的演义，更不是什么儒学经典和丹经奇书。

2005年6月15日《中华读书报》上有篇书评，题目叫《天上亦人间》，评的是萨孟武所写《〈西游记〉与中国古代政治》。在这样一个虚构幻想的艺术世界里，神魔皆有人情，鬼魅亦通世故。为什么会这样？作者认为：“人类的一切观念，甚至一切幻想都不能离开现实社会，凭空创造出来。伦理、宗教、政治、法律的思想固然如此，而人类所想像的神仙鬼怪也是一样。《西游记》一书谈仙说佛，语及恶魔毒怪。然其所描写的仙佛魔怪，也是受了中国社会现象的影响。”

荒唐的时代产生“荒唐”的文学，“荒唐”的文学也反映荒唐的时代。《西游记》就是在看似荒唐的艺术形式里，折射出作者所处的那个荒唐的明朝嘉靖时代，透露出深邃的思想。但真正的艺术作品又一定是超越时代的，拿《西游记》里描写的荒唐事，与今天做个对照，我们不是一样还在办着一些极其糟糕荒唐的事吗？比如好几位学者都讲到，当历经磨难的唐僧师徒到了西天，由于没有给阿难、伽叶两位尊者准备见面礼，只讨得无字的假佛经。与佛祖论理，佛却护短说："经不可轻传，亦不可轻取。"结果唐僧只得将唐王所赐的紫金钵盂献给二尊，才得到真经。而这事就发生在如来佛的眼皮底下，没有他的默许，二尊也不敢公然索贿。这是吴承恩对神佛的不敬吗？实在反映出他对社会现实众相种种的失望和无奈。当然，也有他的疑问在，人间哪有清净地呢？谁敢把佛陀世界真的当成普度众生的理想彼岸呢？难怪连唐僧都要惊叫："这个极乐世界，也还有凶魔欺害哩。"

还是引《天上亦人间》那篇文章来说，对于阿难、伽叶二"尊者"索贿，萨孟武认为，"创业之主虽然望治之心甚切，而对于贪墨之臣，又往往认为可靠，而愿寄以腹心之任"。同时，"政局愈混乱，人主愈喜用贪墨之臣"，因为"令好货之徒侍从左右，许其稍事贪墨，多积金帛田宅以遗子孙，比之任用那倾身破产，交结天下雄俊，如刘伯升之辈者，安全多了"。因此，"可知阿难、伽叶勒财作弊，何以佛祖不加禁止，反而倚为亲信，令其侍从左右了"，"东方既有叛仙，西方何能保证其无叛佛？"

另外，也有学者讲到，取经路上凡被孙悟空打死的，无论是道的妖，还是佛的魔，几乎都是没有丝毫政治背景和依靠的土妖山怪。而凡是从天宫高级首长身边偷跑下界的妖孽，又几乎无一例外地都是在被金箍棒就地正法的最后时刻，由首长亲自出面，请求法外开恩，免除死罪。此皆为吴承恩以貌似"玩世"的"游戏"笔墨，以对神灵世界凡此种种的描写刻画，给予现实世界以无情的讽刺、揭露和挞伐。借助"文革"语言或许可以这么说，大胆吴承恩竟敢以宗教做掩护，披着神魔的外衣，恶毒攻击伟大的专制皇权和一派繁荣景象的大明江山，罪莫大焉！要踏上一万只脚，叫他永世不得翻身。反正我在读《西游记》时，每逢此处，遐想现实，已是会心地莞尔一笑。

可也有让我哭丧脸的事，据报载，自从电视连续剧《西游记》产生轰动效应，一些“精明”的制片商开始拿“戏说”开涮《西游记》了，已经出笼的就有《西游记后传》、《东游记》、《大话西游》、《春光灿烂猪八戒》、《童话西游记》等数十个版本，其中有的猪八戒变得吃苦耐劳，深受恋爱季节女生的另眼垂青，以至有刚刚性启蒙的童男童女竟问猪八戒有几个女朋友。还有的版本居然让孙悟空与王母娘娘的养女结了婚，生下一对龙凤胎。连美猴王都成了好色之徒，这不是要将吴承恩他老人家气得还阳！

我以为，抵御低俗文化的最好方式之一就是大力弘扬高雅文化。文学馆的讲座绝不媚俗，读过这本《话说〈西游记〉》的诸君若想亲临现场聆听智慧，作为《在文学馆听讲座》的主持人，我将随时竭诚欢迎您的到来。

（陈建功名誉主编、傅光明主编：《在文学馆听讲座——话说〈西游记〉》，山东画报出版社2006年版）

（**傅光明** 文，原载《书屋》2006年第9期）

宋江为什么要招安

一

宋江是个自卑感极强的人，但与一般混日子的小吏不同，他并不安于本职工作，他有强烈的欲望超越自卑。而宋代社会的一个残酷现实是，官员严重超编，不用说一个“押司”，就是那些正经科举出身的官员也绝少升迁的机会。这意味着，宋江要想出人头地，就得寻找另外的人生定位。他利用手中的闲钱，广结善缘，脚踩黑白两道，心存朝野之间，借助官方身份，大搞权力寻租，短短几年，就完成了“及时雨”的品牌设计。《水浒传》中是这样记载这令人筋疲力尽的包装过程的：“平生只好结识江湖上好汉：但有人来投奔他的，若高若低，无有不纳，便留在庄上馆谷，终日追陪，并无厌倦；若要起身，尽力资助，端的是挥霍，视金如土。”但令人奇怪的是，书中交代，宋押司自幼丧母，只有一个父亲和兄弟“在村中务农，守些田园过活”。那么，他挥霍的钱是从哪里来的？不用大宋法院刑侦，寻常人一看，就知道老宋有“灰色收入”，犯的是“财产来源不明罪”。

这种立足本单位扶危济困的做法，为宋江本人积累了巨大的声望，从而也为梁山准备了一批干部。如果不是民间歌手兼三陪女阎婆惜的出现，我们可以想像，宋江会把“及时雨”这个品牌长期经营下去，以等待历史的风云际会。但最终是这个美少女的执意要挟打乱了宋江的营销计划，使他不得不提前开始了他的计划。

这时的宋江虽然对梁山有救命之恩，但他并没有急着投奔。“吏道纯熟”的他知道，在拉起一支真正属于自己的队伍之前，即使落草为寇，也不过是个小喽啰。后因老父诓骗，回家奔丧，被县政府缉拿，刺配江州牢城。与以往金钱开道，黑社会暗中助力的手段一致，服刑期间的宋公明，一方面等待皇帝大赦天下；一方面上下使钱，买通了包括江州监狱局管教干部戴宗以及司法局的聘用警察李逵等一大批黑白两道的人物。后因酒后失言，在浔阳楼题了反诗，被大宋能吏黄文炳告发，不得已才上了梁山。

一上梁山，宋江就把“聚义厅”改为“忠义堂”，又在显要位置竖起一面大旗，曰，“替天行道”，以致人人都为他这些外在包装迷惑，以为宋江真是至忠至义之人，实际上宋江对大宋从来就没有忠过。他要真忠，还能替晁盖通风报信，充当“黑恶势力”的保护伞？他要真义，还能一俟招安就向当年的同道兄弟方腊动刀兵？真正值得研究的问题只有一个，那就是宋江本人的价值世界。

二

作为一个面黑身矮、武艺平平的小吏，他想像不出，一个人除了在既定的国家权力秩序内谋求更高的升迁外，还能有什么价值空间可供一个人的灵魂栖居？也就是说，一个人，尤其是一个男人，他骄人的业绩和成功如果经不住国家意识形态的猛烈拷问，从而引来众人以致后人的交口称誉，还能有什么意义？可以想象，在这种单一信念支配下的宋江不可能真的造反。在跻身于体制的初期，他一定像许多同时代的年轻人一样，有过无数玫瑰色的梦想。可当一切通过正常途径光宗耀祖的门路被堵死以后，他只能改变思路徐图人起。这样的一个人，当他是一个人的时候，他会成为别人心目中的道德英雄；可一旦走上梁山的领导岗位，“杀人放火受招安”就成了当务之急。

这样的造反实际上是一场撒娇，一场个人向国家权力机关的摔盆子掼碗，一场通过打家劫舍、装疯卖傻将自己重新踅回君父怀抱的曲折努力。简单地说，这样的造反实际上是一种手段。没有新观念的宋江无论从体制出走多远，目标只有一个，那就是招安。为了招安大计的早日实现，宋江甚至不惜令名，动用了包括御用“二奶”李师师在内的一切人力资源，这种“有违圣德”的做法甚至引起了他的忠实“粉丝”李逵的强烈不满，但为了整体目标的顺利推进，宋江已经顾不了那么多了。为了将自己以及他所代表的公司高价出售给赵宋集团，宋江以梁山所有的人马作抵押，开始了和另一暴力集团——赵宋王朝的艰难谈判。

在这一声势浩大的谈判中，一切行动、业务都得服务于整体目标。什么"只反贪官不反皇帝",那不过是一时的促销手段,一旦和宏伟的招安大计相违,立即连贪官也不反了。岂不说贪官太多,反不胜反,按梁山的标准,高俅不是最大的贪官吗?而"捉放俅"的闹剧恰好说明"只反贪官不反皇帝"、"替天行道"都不过是一时的统战口号,也就是说,在这场个人和国家的政治博弈中,双方并没有本质的分歧。就攫取权力的方式,以及权力用来支配别人的生命和幸福的目的而言,双方可以说异曲同工。宋头领长期深入基层,混迹于各式公人、听差、媒婆、地保、更夫、商贩、江湖混混、引车卖浆者流之间,并没有可能获得比当时的统治集团多的信息资源,也就是说,他的脑子里不可能自发生出比当时的文官集团先进的制度理念。即使后来打土豪,分田地,劫法场,杀害公务员,目的也不是要改变或颠覆现存的权力格局,而是要在既定的国家权力秩序内找到属于自己的坐标。换句话说,他只想通过非正常的手段,重新成为国家机器中的一颗螺丝钉。

那么,在砸烂国家机器和成为机器上的一颗螺丝钉之外,有没有第三条路可走?也就是说,如果宋江不投降,有没有别的选择?有,只是宋江不想。独立于朝廷,"非挟泰山以超北海之类","是不为也,非不能也"。借用萨特的话,是英雄把自己变成英雄,懦夫把自己变成懦夫。如果有一种独立的精神力量自外于国家纲常,宋江完全有可能自立于梁山。但问题是,在体制之外,宋江不可能活得自在。"雁过留声,人过留名",在他看来,只有荣耀在史书里的荣耀,才是真的荣耀;成功在别人目光里的成功,才是真的成功。他想不出,一个人怎么可能不依赖国家而自得其乐?谁来奖惩他的功过?谁来记录他的操行?没有国家眼睛的注视,他手足无措。

因此,这场较量从一开始就是不对等的。且不说梁山的武器、装备无法和赵宋集团抗衡,即使在精神上,梁山就首先输给了朝廷。

三

千百年后,我们知道,宋江缺少的是一种个人主义的价值观。这种价值观认为,人自上天得来的生命天然地享有追求幸福和尊严的权利;这种权利在不伤害他人的前提下,并不需要其他人的认同;个人应当成为自身价值的最终裁判者,并要为其担负主要责任。

若拿这样一种标准去衡量《水浒》人物的话,宋江可能还比不上被他杀死的阎婆惜。这个流落他乡的妙龄女子,这个熟悉通俗、民族以及原生态等多种唱法的实力派歌手,这个大宋王朝的"超级女生",因老父病故,无钱葬埋,被家母典卖给宋江做丫头。但她并没有像那个时代的大多数女人一样,屈从于国家道德的严厉指令,做一个"孝义黑三郎"的无名花瓶。她要在年华将逝之前,尽情享受生命本身的绚烂和美好。说到底,她只想关起门来,过一个正常女人的日子。

然而,正是这种近乎本能的生活态度刺激了宋江,照亮了宋江生命深处的黑暗、卑微以及像蚁穴一样的苦毒和虚无。他可以忍受这个女人得寸进尺的物质勒索,但他无法忍受这个女人对他生命信条的藐视和敌意。在他看来,这个女人无意中揭开的秘密,是对他的最大挑衅。于是,他恼羞成怒,挥刀相向。

第二个具有明显个人主义倾向的人物是燕青。这个大宋王朝的超级帅哥,这个吹拉弹唱无所不能的当行演员,这个在摔跤、射箭等多项群众性比赛中荣获金奖的体育明星，因自幼父母双亡，被卢员外聘为高级雇员。后因吴用使计，随主人上了梁山，出生入死，备尝辛酸。功成名就之际，却纳还官诰，长揖主人而去。临别时，他企图说服主人“寻个僻净去处，以终天年”，但被卢俊义断然拒绝。卢说：“自从梁山泊归顺宋朝已来，北破辽兵，南征方腊，勤劳不易，边塞苦楚，弟兄殒折，幸存我一家二人性命。正要衣锦还乡，图个封妻荫子，你如何却寻这等没结果？”燕青笑道：“主人差矣。小乙此去，正有结果。只恐主人此去，定无结果。”言讫，堕泪如雨，浪迹天涯而去。

这个见多识广、义气深重的汉子，当初跟随卢俊义南征北讨，只是为补报主人的养育之恩，并不是真的赞同征剿。一旦主人的心愿已了，他便只想返还自我，做个笑傲江湖的了身汉。这种剔骨还父、剜肉还母、为而不争、功成而不居的精神，唯大智大勇者方能。

最后我要说一说晁盖。这个梁山基业的重要缔造人，这个自王伦以来的领导核心，因不主张招安，而乐得在梁山与众兄弟行侠仗义，逍遥自在，被今人目为“胸无大志”的“草莽匹夫”。若从传统政治学的权谋机诈，为进官僚体制不择手段的功利主义立场上看，晁盖也许够不上“深谋远虑”，但这仍然是一种低级政治学中的庸俗见解。且不说“招安”是不是“大志”，单从结果来看，南征方腊，十损其八，宋江和他的一百零七位兄弟只有三十六人全身而还，连宋江本人都落得个赐酒药死的下场，就说明招安是一场领导者错误发动的、被反革命集团利用、给梁山带来严重灾难的败举。《圣经》上说，人若赚得全世界，赔上自己的生命，有什么益处呢？本想扬名立万，燕然勒石，最后却死无葬身之地，难道这就是所谓的“大志”？如果晁盖不死，也许他没有能力并吞海内，取赵宋而代之，但以他重情尚义的立场，他如何肯攻打方腊，落得个兔死狗烹的下场？也许有人说，大宋疆域广阔，晁盖即使不投降，守住梁山又能怎样？我说，在一个大一统帝国的版图上，有梁山和没有梁山是不一样的：有梁山，就等于在集权帝国的内部划出了一块自治的地方，天下的英雄好汉就可以汇聚那里，就使得无数被体制挤压被官府追杀的人有了用脚投票的可能。

而最终是晁的中箭身亡改变了这一切。临死之际，他留下遗言："若那个捉得射死我的，便叫他做梁山泊主。"这等于明白无误地告诉众人，不可让宋江做山寨之主。因为所有的弟兄都知道，凭宋江的那两下三脚猫功夫，根本不可能捉住力敌万人的史文恭。而最终通过分化瓦解晁盖旧部，假意让与没有根基的卢俊义等办法，宋江成功地完成了权力交替，成为继晁盖之后的领导核心。

四

宋江一上台，就把"招安"作为一项基本"山策"来抓。他先是通过好言相劝打压了武松、鲁智深等主战派将领的反对意见，又通过呵斥、威吓等办法安定了李逵等心腹干将的谋反之心，进而不惜一切手段拉拢了一批像呼延灼、徐宁、卢俊义这样的中上流人士入伙梁山，来扩大"招安"的民意基础。这样，"招安派"的主张就占了上风，宋江的投降主义路线就成了梁山的路线，不同意见完全被雪藏起来。

而这种好同恶异、强加于人、权力最大者说了算的方针，正是信奉"集团主义"道德的人的根本特征。只要符合"整体利益"，为着一个共同的目标，千万人的生命，每一个家庭的幸福、团聚，每一个个体生命的独立、尊严，完全可以忽略不计。在个人主义者看来，手段和目的是不可分割的，手段就是目的；而在一个信奉"集团主义"道德的人看来，目的可以说明手段的正当性。只要是领导集团的命令——最后总是简化为领导个人的命令——就没有什么事情是不能干的。吴用秉承宋江旨意，为赚卢俊义上山，可以害得他家破人亡；宋江为了保住自己的一世清名，可以将生死兄弟李逵谋杀。

在这种道德观的支配下，个体不允许有运用良心判断是非的自由。他的尊严、地位、发言权以及伤害别人的能力，取决于它在这个暴力集团中的位置，而不是他的勤勉、才智和有益于公众的道德水平。虽然从表面上看，这种想成为某个集团成员的渴望，往往是出于对某种理想的无私热忱，就像宋江天天把"忠义"挂在嘴边一样，但实际上，这种对权力秩序有强烈依恋情结的人，从来就没有什么一以贯之的信念，掩盖在热忱之下的通常是一种单纯的对权力本身的热爱。

这么说，并不是打算对那些挥刀自宫、主动入怀、一朝得势后便仗势欺人的人予以宽容，实际上，即使在大宋朝也不是所有的小吏都像宋江一样地高耸尊臀。看《水浒》，我们知道，征讨方腊何尝是宋徽宗的主意？为领王命，宋江不惜乔装打扮，急急请缨，说动宿太尉保奏，才得到了杀人的许可证。但即使是这样，如果不探讨宋江招安的历史原因，一味指责宋江的奴隶主义心态，就仍然免不了"苛求古人"之嫌。简单地说，就是，只有毁坏生产奴隶的专制主义制度，建立一个平等、包容的开放性社会体系，才能使许许多多的宋江不受招安。当然，如其这样，形形色色的宋江根本就用不着上梁山。

(狄　马　文，原载《书屋》2006 年第 9 期)

第三辑

西风凋零剩落叶

《红楼梦》与现代文论

——在深圳大学的一次演讲

我先从《红楼梦》的时间表现讲起。在上个世纪七十年代末八十年代初期，哥伦比亚的作家加西亚·马尔克斯的《百年孤独》介绍到中国，这是个大事件，这本书对于中国的作家影响非常之大，许多的著名作家的作品，都看得出马尔克斯的影子，比如说王安忆的《小鲍庄》、莫言的《丰乳肥臀》、韩少功的《马桥词典》、张炜的《九月寓言》等等，都可以看出《百年孤独》的影响。而这个《百年孤独》，它第一章一上来，就用一个非常奇特的对时间的叙述方法，迷倒了许多中国的青年作家，它是什么样呢？《百年孤独》第一章，它有一段话："多年之后，奥雷良诺·布恩地亚上校站在行刑队面前，准会回想起父亲带他去见识冰块的那个遥远的下午。那时的马贡多是一个有二十户人家的村落，用泥巴和芦苇盖的房屋就排列在一条河边。清澈的河水急急地流过，河心那些光滑、洁白的巨石，宛若史前动物留下的巨大的蛋。”他这个写得非常的灵动，也写得相当的令人迷惑。他说“多年以后”，就是说他是写未来，时间是未来时，不是现在，是多年以后。然后“奥雷良诺上校站在行刑队前”，这也很惊人，就是说他被枪决了，然后他“准会”，仍然是一个预料性的语言。准会想起“父亲带他去见识冰块的那个遥远的下午”，就是说是对未来的回忆，但又不是现在。它这里头有一种对时间的一种把握，其实这个观点对中国人来说并不新鲜，因为王羲之在《兰亭序》里头已经讲过，“后之视今，如今之视昔”。今天我们讲过去的时候，我们通常会想到后人回想我们的时候，比如，假设公元308年的时候，让他们来设想，2006年深圳大学在这儿有个什么样一件事，即使过去就是每一个时间对于过去来说那是未来，对于当时来那是现在，对于未来说那是过去，而这种对时间的观念很少能找到一部小说像《红楼梦》里写得那么多重、那么好几层，而且令人感慨、那么牵心动肺。《红楼梦》里有些什么样的时间呢？

我给它分成这么几种：第一重时间是女娲时间。比如《红楼梦》一上来就讲，在女娲补天的时候，有块石头。女娲时间是什么时间呢？是一个神话时间，是一个前宇宙时间——就是说，那时候宇宙还没有形成，天还没有完成，地也都没有完成，是个神话时间和前宇宙时间。然后，《红楼梦》一上来，和女娲补天的故事几乎同时而出，讲这块石头后来变成了大荒山、无稽崖、青埂峰，这就是宇宙时间，基本上这两个时间，都是一个相当久远接近于无限的这样的时间，而在这个无限时间的坐标上，你很难寻找到确定位置，因为这个大荒山、无稽崖、青埂峰，大自然嘛——简单说就是一个大自然、就是一个宇宙。《红楼梦》还有一个第三个时间——荣国府时间、贾府时间。贾府时间里头，他也往前追溯，追到贾政、贾敬、贾赦他们的上面两代，就是荣国公、宁国公，然后一直写到这个荣国府历史时间的结束，一直写到锦衣府查抄宁国府，写到他们不再存在(用西方的说法一直写到这个历史的终结)。这里也有一段时间，但更主要的，荣国府的时间前边所说到的荣国公、宁国公时间，只是略略提及，主要的还是贾宝玉这段时间，从他的出生，尤其是从他进入少年时期，一直写到青年时期，这又是一个时间。一般的长篇小说，都有一个忌讳，这个忌讳是什么呢？就是你不要把小说的结局一上来就告诉读者，总要让读者有一个悬念，最后会怎样，他和她的爱情能不能成功，坏人的挑拨离间能不能得逞，好人的冤屈能不能得到洗雪等等。但是《红楼梦》却恰恰相反，它一上来就告诉你这一切都已经成空、万事已成空，人物已经凋零，往昔的繁华已经不再，因此它告诉你的时候而且还不断地提醒你，生怕你忘记，通过这个石头，就说你是来自大荒山、无稽崖、青埂峰，而且你枉入红尘若干年，然后你还要回到原处。因此你把《红楼梦》当着一个正在发生的事情看，也是可以的，那一定是《红楼梦》的魅力。你永远不会觉得贾宝玉是一个老人，永远不会觉得这里面的每一个少女她们老了以后会怎么样，他不会的。你可以把它当作早已经过往的人、已经完全衰败的这样的一个家族的很遥远的回忆来读。所以《红楼梦》里面的这种时间的处理，它说明了中国式的这种文学视野和文学感应的一种灵动性，你看我们的动词，我们并不是特别地讲究，除了要专门注上的以外，不是特别讲究它的时间性、它的时间特征。这是我们所说的《红楼梦》三重时间。

让我们探讨，实际它还有一个时间，就是《红楼梦》的文学时间。我们每一个读《红楼梦》的人的也不会忘掉的，它是清朝、已经过了“乾嘉盛世”，以及清朝开始走向没落的这个时间的产物，但是它又特别申明并无朝代纪年可考，就是说我无意专门写哪一段时间，这第四重时间，我们也可以把它命名为文学时间或者曹雪芹时间。恰恰是《红楼梦》的这样一个前宇宙时间、宇宙时间、荣国府时间和文学写作时间、曹雪芹时间的这种高度的融合，平添了我们阅读《红楼梦》时许多的沧桑感。譬如说我们读元妃省亲，你如果只读那一段，你会觉得曹雪芹那很得意，写整个一个大的场面，写那个宫里面的什么太监：小太监、中太监、大太监，这个抱这个、那个抱那个、一个抱一个；那一种黄土垫道、净水泼街，那个规格、那个森严、那个隆重，鲜花着锦，烈火烹油。但是即使在这里头，由于你有这些前前后后的参照，你知道这种荣华富贵只不过是过眼烟云，转眼就会过去，一下子就会增加那种苍凉，增加那种深厚，即使看到这儿的时候，因为大家都是俗人，觉得贾府真不简单、曾经这么盛大过，社会地位真高，跟皇宫这么密切的关系，还了得吗？即使在这里头，你又会感觉到这一切都是靠不住的，无从仗持。而这种时间的观念实际上很现代，当然比加西亚·马尔克斯早很多，在中国早就有这种对时间的多重性体认。

第二个问题，我们谈谈《红楼梦》的各种人物、情节和弗洛伊德理论的关系。弗洛伊德被认为是二十世纪最重要的思想家、理论家之一，但用他的理论来解释一切，它可能变得很荒谬。《红楼梦》那个时候当然还没有奥地利医生弗洛伊德的理论，但《红楼梦》由于对生活的忠实、对生活的敏感，你可以到处都看到弗洛伊德的影子，比如贾宝玉他有很多毛病，什么毛病呢？他喜欢女孩，见了女孩就扭成一个麻糖似的，要吃人脸上的胭脂。我们可以设想一下，他怎么吃人家脸上的胭脂呢？他肯定要用舌头舔人家女孩的脸庞，他从这里头得到一些快感。书中描写贾宝玉和林黛玉青春期的反应，忽然在一个时候觉得不自在起来，这也不是那也不是，这是种青春期的反应。而且，贾宝玉他还不仅仅对女孩子感兴趣，他对男孩子也感兴趣，他有某种同性恋的前期倾向。贾宝玉他如果生活在美国，也可能成为一个真正的 gay。贾宝玉见到秦钟，因为秦很好看、很奶油——奶油小生，他一看秦钟以后，就觉得自己简直和泥猪癞狗一样。这是种青春期的自卑，这也很有趣。因为贾宝玉就够奶油的，长得跟女孩一样，他常常被认为是女孩，见到秦钟更奶油，看到一个更奶油的小伙子，把他爱得不行，不是搂着，就是闹书房，金寡妇的那个儿子揭露贾宝玉和秦钟在搂着亲嘴——以下有些话更难听，不说了，避免那些 dirty words。见到蒋玉菡恋恋不舍，见了柳湘莲也是这样。贾宝玉还有这一说，他见谁都喜欢，以致于他得出一个结论，哎呀女孩多好啊，女人是水做的、男儿是泥做出来的。我们现在有些研究者从反封建、从女权主义角度来看贾宝玉的男女观念，说贾宝玉重女轻男、爱女厌男、爱少女厌成年女人，都反映了反封建的特点，对于这样一些论著，我觉得也很有道理，因为他至少客观上是这样。但是我们如果从弗洛伊德理论来看，贾宝玉他对女性的那种兴趣，我觉得也可以解释，而且中国早就有人描写过这样的男孩子：喜欢女孩子、不喜欢男孩子、不喜欢成年女人。当然女孩子漂亮，女孩子比成年女人漂亮。贾宝玉包括贾宝玉的性关系，研究的人更多了。他和花袭人初试云雨，可不一定，没准，他和秦可卿早就已经、已经了？（大笑）something happened！

还有一个分析，贾宝玉这些都好办，用弗洛伊德怎么分析怎么都对，都可以用这个理论来表现、来研究。我觉得最好玩的——我没有细研究过，这就是贾母跟张道士的特殊关系。但是贾母没有机会啊，她的机会太少了，她的地位、意识形态，她的环境，她生活在封闭的贵族的一个府邸里面，还有她的年龄都不适合和异性哪怕发生仅仅精神相悦这种关系，都不适合。但是，自古以来，中国有火眼金睛的人很多，中国有一个最恶劣的传统就是捉奸，他捉出来了，就是说贾母和张道士。这有一点道理，当然这只是猜测，也并不是一定说贾母和张道士是怎么样，怎么样的可能性非常小，因为他们的技术性的困难太多了，即使他们相悦，他们很难有操作的可能。但他们的关系确实不一样，贾母到张道士那个道观里面的时候，张道士和她的关系是非常的不一般。张道士不过去，王熙凤就说把张道士叫过来，张道士就说小道本该到老太太这边伺候，但来了很多内眷，来了很多女孩，没得到命令不敢擅入。王熙凤的反应是"你这牛鼻子老道少跟我来这一套"，你看他和她的关系非常的不一样。见到贾母以后，他一见贾宝玉就说哎呀，他怎么和国公爷一个稿子——一个模式？这这就很不一样了。《红楼梦》全书里能够和贾母交流，对国公爷——就是贾母的男人，有这种回忆这种怀恋，只有这个张道士一个人，能够这么评论，甚至于说到什么程度呢，说到贾母眼圈都红了。贾母在《红楼梦》练就了金刚不坏之身，她不懂感情，只知道玩、只知道乐，属于超级乐观主义者。《广州日报》昨天说我是超级乐观主义者，我想来想去，贾母也是超级乐观主义者——她动了感情，然后他又问"贾宝玉说了亲没有啊？"贾母说没有啊，你看有没有合适的啊，有合适的话只要人好，门第怎么样，有钱没钱，地位、权势怎么样我们不在乎。这个张道士算什么东西，他怎么敢过问贾宝玉的婚姻呢？他什么地位，他算老几？而且这个话你可以做一个翻译，我觉得对这个话做一个翻译，你可以把他当作没话找话，随便说说，熟悉；你还可以翻译，张道士通过对贾宝玉的婚姻的询问和关怀，表达了“愿天下有情人皆成眷属”这样的意味，眷眷深情，其情眷眷焉。然后，贾母通过说我不在乎门第、只要人好就行，在表白我并不在乎你的地位低，我不是那种人，本老太绝非嫌贫爱富，本老太重视的是人，你明白了吗？本老太从来都是这样。后面张道士的面子就更大了，说，听说哥儿脖子上有块玉，是衔玉而生，能不能让小道看看？他居然敢提出来要看贾宝玉的玉，贾宝玉的玉可是了不得，那是核心啊，那属于核心机密。他不但要看那个玉，还弄了一个什么盘子，当然搞得很精致，把这个玉放上给他们道士传阅。张道士的面子超过了北静王，敢向贾宝玉要玉看的只有北静王，而北静王是荣国府的靠山，各种事上都是靠北静王的。所以，看来贾母和张道士的关系有点不同，这个确实。但是我们无意把它落实凿实，凿实了就没意思了，非得从《红楼梦》描写里猜测出来贾母和张道士曾经拉过手啊，还是摸过脸啊，还是掏过耳朵啊，还是按摩过脚啊，这些毫无意义。

中国自古还有论者，就是说王熙凤和贾蓉之间也有怎么那个，而且到了程乙本时候，还专门加了那么一句，说贾蓉和王熙凤谈成事，然后贾蓉要走了，王熙凤说“你等等”，然后没往下说，真有一点欲盖弥彰的味道。他们互相骂，贾蓉和王熙凤一见面就互相骂，这也是中国文化的特色，所谓一男一女之间有了 something 的时候，见面就可以互相骂：牛鼻子老道，你这个坏小子，你这个混蛋，你这个龟儿子，也就是这层关系。当然还可以从更多地方，比如妙玉不近人情的性格，稀奇古怪的性格和怪癖等等都可以看成是某种潜在的性心理。

说了这两点以后，现在回过头来我要讲一个问题，《红楼梦》是中国的一部古典作品，是二三百年以前的一部大作品。那个时候我们可以设想，曹雪芹他不会有现代伦理观念，所以有一个话我是特别不赞成，胡适的学问是非常之大，但是胡适和高阳这位台湾的历史小说家通信的时候，就批评说《红楼梦》写得不好，根本算不上什么自然主义，说曹雪芹没有受过良好的教育，就指曹雪芹没有在康奈尔大学得过博士学位，也没在深圳大学得过什么聘书。可是我们反过来想想，如果送曹雪芹到美国名牌大学训练，训练完毕以后他最多能当胡适，他也当不成曹雪芹了，写出来的肯定不是《红楼梦》，而是《胡适文存》。胡适还批评"衔玉而生"这个描写，就谈不上自然主义，哪有衔玉而生的，他是用科学的观点、角度，来评论衔玉而生的这个细节。这些包括时间的多重等等，说明什么呢？这些说明一是文本高于方法、高于理论；一是真正天才的文本，或者说叫做本体大于方法，各种方法都适用，都是来处理这个对象的，对象大于方法，本体大于方法，这正是《红楼梦》的可贵之处。曹雪芹可以完全不知道什么弗洛伊德，他可以完全不知道时间的多重概念，但是他的作品里面已经描写到这种感觉、已经描写到这种本体、已经成为这样一个研究的对象。

然后，我们讲一下《红楼梦》对人生的怀疑和追问。这本来不光是现代文论、也是现代哲学的一个很重要的命题。有时候我们把它说成是颓废，就是人生的意义，人生的意义到底是什么？曹雪芹也讲人生的这种荒谬感，讲人生的这种孤独感，讲人生的这种焦虑忧患感，讲人生的这种虚无感等等。这些东西，我们现在不来作价值判断，我们不能用一种消极颓废的态度来构建我们的人生观和价值观。但是这种荒谬感孤独感在《红楼梦》里面却表现得非常突出，尤其是贾宝玉，有些方面也包括林黛玉。

譬如说叹息，这是一个古往今来所有的作家共有的叹息，叹息生命短暂，叹息时间的匆迫，叹息青春的不再，叹息亲人的离散，这是自古以来无数的作家的慨叹。李白有“夫天地者，万物之逆旅。光阴者，百代之过客。而浮生若梦，为欢几何？”这样一种，人生不过如此，不过住一次旅馆一样，不过是匆匆过客罢了，李白就已经感叹不已。陈子昂“前不见古人，后不见来者，念天地之悠悠，独怆然而涕下”，这种描写早已存在。波斯诗人在《鲁拜集》——郭沫若翻译的，全部都是这种叹息，我用五绝重译过其中的一首诗。它的原文是这样的，就是说空闲的时候要多读一些有趣的书，不要让忧郁的青草在心里生长，干杯吧，把杯中酒全部喝尽，而死亡的阴影已经渐渐地临近。我把它译成五绝：

无事需寻欢，
有生莫断肠，
遣怀书共酒，
何问寿与殇。

这并不新鲜，光阴如箭，日月如梭。朱自清的散文，“燕子去了，有再来的时候；杨柳枯了，有再青的时候；桃花谢了，有再开的时候。但是，聪明的，你告诉我，我们的日子为什么一去不复返呢？”但是贾宝玉和林黛玉年纪那么轻，他们想到的都是“一朝春尽红颜老，花落人亡两不知”，起码你得了癌症三期的诊断书再讲嘛，是不是？但是这种对人生的质疑，还有什么贾宝玉喜聚不喜散，林黛玉喜散不喜聚，其实这个喜聚不喜散、喜散不喜聚之间并无区别。林黛玉无非她的意思是说既然聚完以后还要散，既然如此还不如干脆不聚；贾宝玉的意思是咱们先聚，先热热闹闹，忘记这些悲哀，忘记将来的所谓死亡的阴影已经临近，而且贾宝玉在那么小的时候才十几岁，还没有到领取居民身份证的年龄，就想我死了以后化成灰，然后你们这些心疼我的女孩都哭，眼泪把我的魂冲走，从此我再不托生为人，连下一辈子他都否定了。这很奇特。这是小说，这里头有夸张，但在这些对生命的叩问质疑当中，就是他想知道自己的身份、我到底是什么？现在西方讲认同危机，这种认同危机，似乎跟贾宝玉没有关系，和人会死也没有关系，但是在全球化这样一个迅猛的发展时代，一个人越来越不知道自己是谁、越来越找不到自己的身份，确实很有意思。但是，贾宝玉描写本身就有这么一个危机存在，贾宝玉究竟是什么？是一块石头，是一块玉，是一个贵公子，是神瑛侍者下凡，是女娲当年的一块材料，是一个泥猪癞狗。他究竟是个什么东西？他不知道一个人到底能够可以成为什么样，一个人为什么你就是你，我为什么就是我，我为什么不会是你、你为什么不是我。尤其《红楼梦》里头有一个最有趣的东西，但我认为作者的思路奇妙极了，但是曹雪芹没有写好，就是甄宝玉，除了一个贾宝玉还有一个甄宝玉，这个绝了。甄宝玉和贾宝玉长得一模一样，甄宝玉的家和贾宝玉的一模一样，甄宝玉小的时候那些坏毛病——所谓坏毛病和贾宝玉一模一样，但是甄宝玉后来接受了封建主流意识形态教育，学好了变成了孔孟之徒了，变成了有用之材了，进入仕途，仕途经济。而贾宝玉梦见甄宝玉是在什么情况之下呢，他在午睡，睡铺的对面有一面镜子，而镜子里是他的影像，又是一个反的形象，这个描写你看了以后你有一种毛骨悚然之感。你设想一下，如果世界除了你之外，还有一个和你长得一模一样的，遭遇也一模一样，某些方面恰恰相反的另一个人存在，你会不会脊背发凉？人的这种心理就是当他抓不住自己的时候他有这种心情。我曾经讲过一个心理活动，后来他们都不让我讲，他们都觉得很可怕。比如我现在在深圳，我在北京有一个住的地方，我在北京有一个家，我定居在北京，我家里有电话。我最害怕的是，设想一下，我现在在深圳给家打一个电话010——还可以打17908进入IP，少收一点费，然后打通了我家里的电话，电话响，一个人说找谁啊？你谁啊？我王蒙啊！你们要写小说记住就用这个情节开头，写一部恐怖小说。所以他对甄宝玉，可以从另一种意义上讲，就是设想另一个我的另一种方式的存在的可能性，这对人来说既是一种魅力、又是一种挑战、又是一种憧憬。贾宝玉和甄宝玉，不仅仅是从贾宝玉，我们从芳官身上，她有时候女扮男装，她还有胡人的名字，她的法国名字翻译成中文以后是金星玻璃，我们在座的有没有法语老师？请告诉我怎么讲？我下次来请教。这里写得很特别，也很现代，或者也很后现代，后现代一个很重要的说法是说人死了，人死了是什么意思呢？过去尼采说上帝死了，因为认为世界是上帝创造的，地球是世界的中心，后来证明上帝有很多例子并不是这个意思，所以他说上帝死了，上帝已经不管你了。然后人死了，人从环境问题从宇宙才知道，地球不是宇宙的中心、太阳系也不是银河系的中心，这个银河系也并不是宇宙的中心，人类尤其并不是世界的中心，人不能自己充当这个世界的中心，你想这样的一些问题是非常重要的后现代的一个说法，这样就产生人对人自身的一种怀疑。这个怀疑不是我们的目的，我们也不是提倡怀疑，但是这是一个过程，这是一个很难避免的过程，而像这样的类似的萌芽在《红楼梦》已经有过，这是非常惊人的。这也是《红楼梦》的一个和中国其他小说一个不同的地方，中国的其他章回小说往往这样，就是一个忠臣蒙冤，最后又碰上了明主，把奸臣抓起来了，把奸臣都杀了，然后忠臣都当了国之重臣，他们的夫人都封了一品夫人，生了五男二女，男女比例问题很严重！然后皆大欢喜。《红楼梦》不是这样的。《红楼梦》相反，它接触许多生命的体验，这种体验当时还没有一种概念名词，甚至还没有一种语言来加以表述来加以描述。

第四方面，《红楼梦》的文化符号。文化符号也是现在很流行的一种说法，我听过天津南开大学、温哥华大不列颠哥伦比亚大学教授叶嘉莹讲中国的传统诗词，讲文化符号。《红楼梦》里面文化符号很多，因为玉本身就是一个符号，这和中国文化分不开的。她喜欢玉推崇玉，认为玉有一种君子之性，认为玉比较温润，金银要俗气得多，玉显得高雅，从手感，从视觉形象，它的许多特色，你会觉得可贵可爱。白先勇先生也研究《红楼梦》，他有一些非常有趣的观点，他就说这《红楼梦》里头名字能够叫上玉的，是很不容易的，那个小红，原来叫红玉，后来被王熙凤听见，说你玉我也玉，不许你叫玉，小红是没有资格叫玉。《红楼梦》中有资格叫玉的只有贾宝玉、林黛玉、妙玉，再一个就是蒋玉菡了，只有这四个人。玉的符号在《红楼梦》不断地闪现，而且后来变成了一个情节的奇迹，一会儿玉丢了，一会儿赵姨娘和马道婆做妖术做蛊术，暗害王熙凤和贾宝玉，搞得两人都得了神经精神疾患。然后来了一僧一道，说你们自己有宝贝，为什么不用你们的宝贝来治，宝贝是什么？就是这块玉，拿着这块玉在贾宝玉、王熙凤眼前这么晃一晃、转一转，然后病就好了。林黛玉又经常因为没有玉使性子、表示悲伤而痛不欲生；贾宝玉又为了玉而顿足长叹，甚至要摔玉砸玉，然后佳人双护玉，丢玉找玉，乱七八糟的，等等，变成一个情节。没有这玉的情节，好像就勾结不起这个《红楼梦》，但是为什么是这个玉的情节，我到现在还没有读懂，我希望章校长给我讲一课这个玉的问题。贾宝玉一见林黛玉就问"妹妹你有玉吗？"回答说"我怎么会有这样的东西？"贾宝玉立刻两眼发直，"啪"的一下，它不是一种什么好东西，你看妹妹都没有，我为什么有？这写得又可爱又写得神乎乎的，又不像真的，他为什么会构思这样一个情节？我至今还在学习研究，这是最重要的文化符号。

曹雪芹做诗所咏的东西都是文化符号。比如咏菊咏风筝咏花咏海棠，这都是文化符号，这些植物在中国文化里头已经分了三六九等。林黛玉的院子里头是以竹子而且是以斑斑点点的湘妃竹为特色的，显得很清凉、显得很孤高，别人的院子里头那是另外的，是不一样的。他们作的谜语，那些谜语里头都是文化符号，都有很多的暗示，比如关于砚，身自端庄，体自坚硬，虽不如能言，有言必应；元妃的谜语爆竹，一声惊得人方恐，一点它"轰！"很震动，但是它本身已经变成灰。所以有一节写灯谜，写这个贾政一看就说这些小人儿做的这些灯谜，都这么不吉利都这么晦气。所以《红楼梦》里头确实充满了这种文化符号，甚至于每一句诗。也可以反过来说是走火入魔，因为书中每一句诗似乎都有暗示都有符号，都成为谶语，就是好像不知道在哪一点就变成了那种命运的预告；还有服饰、发式，比如把晴雯比作"芙蓉女儿"等等，这些都是这层意思，也都是完全符合当今关于文化符号的理论的。其中还有讲到秦可卿房间里的摆设，写贾宝玉进了秦可卿的卧房，卧房向壁上看来是唐伯虎画的《海棠春睡图》，然后说里边的各种摆设，有武则天当日的宝鼎、飞燕金盘、安禄山的木瓜，等等。所以，刘心武先生他就认为秦可卿来历非凡，你看她房间里头摆的都是什么，都是和皇帝有关，爱妃有关，充满了皇家的气氛。当然这些事不好分析,因为后来有些研究古典文学的朋友给我说,王先生你这个说得不对,你没有好好看那些明清的小说,明清小说的这种描写是陈词滥调,是当时描写的习惯,并不是特别写秦可卿,这个问题我们可以按下不表。我们可以说,它总是流露了作者的一些不好说、不方便说、不想多说的东西,他不说出来以后呢,虽然增加了我们在解读上产生的困难,但是也增加了解读的乐趣。比如海明威有一个理论,说文学就像冰山,四分之一在外头,四分之三应该在水里头,也许《红楼梦》真正做到了。

《红楼梦》的符号重组的可能性,这也是到了现代和后现代所发生的一种文学试验,这种文学试验你可以说是旁门左道,你可以说它是标新立异,也可以说它是走火入魔,就是认为这些文学符号你可以再重新组合一下,就一些篇章章节你可以再组合一下。比如说扑克牌小说,小说写完就像扑克牌一样,然后你再一洗,洗完以后,第一页变八十二页,第三页也可能变,你重新再看,你会获得新的感受,这个是比较另类的想法和说法。自《红楼梦》各种文化符号进行重组,从来没有中断过。曾经很有名的索隐派,而且这个索隐派的人不是小人物而是大家,他的代表者是蔡元培。蔡元培就考证这个《红楼梦》,说《红楼梦》像密电码一样,它里面都有暗语,《红楼梦》它实际上提倡的是反清复明,说里面写的这些事写的都是反对清朝,他讲得是头头是道,同时你又觉得匪夷所思。比如他说袭人写的是崇祯皇帝,为什么是崇祯皇帝,袭人这个袭是怎么写的呢——龙衣,穿龙衣的只有皇帝,否则谁敢穿龙衣;贾宝玉写的是顺治皇帝,他为那么要添胭脂,因为他是顺治皇帝的御玺,胭脂就是红颜色的印油印泥,每天都要添胭脂,因为他每天都要盖章批文,这就是贾宝玉。类似的考证是越来越多，有的并不讲反清复明，但是也说这个《红楼梦》描写顺治皇帝的。因为顺治皇帝在宫中在感情生活上，也很复杂，表面上看他有许多伟大事迹，实际上他的生活很不幸，其中原因之一，就是除了皇帝以外，哪一个男子有这种幸福，这种艳遇、这种际遇，而生活在花园，周围都是少女，就有你一个少男，这简直是美死了，只有皇帝才可能。直到近代、近现代，由于市场的发达，还有人分析《红楼梦》，就是他投合了男人心里想而又不敢说的心理，就是希望一大堆美少女都围绕自己，这又是一种重新的解释。那么现在尤其这几年，引起了相当大的反应的就是刘心武的这种猜谜说。他倒不是反清复明，他说《红楼梦》写的是宫廷斗争，因为刘心武是一个小说家，所以讲得是比较的精彩，也掀起了相当的热潮，当然有人说他说得不对，这也自然，这个我不仔细说。我只说《红楼梦》符号是可以重组的。还有就是分析得更离奇的，认为林黛玉是刺杀雍正的刺客，对一部书能解释得这么神奇，能发挥想象力发挥到这种程度，一方面他可能是不沾边的，另一方面也说明这个文本它提供的可能性太多。所以曹雪芹在后四十回(是高鄂了)，他最后总结说"满纸荒唐言，一把辛酸泪，都云作者痴，谁解其中味"。但既然"谁解其中味"，大家就爱怎么解怎么解吧，所以就变成了这样一个结果。还有过所谓太极《红楼梦》，当然这个受到各方面的嘲笑。有一位先生说《红楼梦》是按照太极图加以结构，然后这本书居然出版了，我们假设这个人叫 ABC 吧，这部书上写道《红楼梦》曹雪芹 ABC 合著，这是发生过的事。还有一种说法就说这个《红楼梦》的实质是讲宇宙史。宇宙是怎样发生的、宇宙怎么样发展的、宇宙怎么样终结毁灭的，这个说法，被红学家斥为胡说八道，我觉得也有一点可爱之处，就是我们从《红楼梦》上升找到它和宇宙相同的东西，就是它既有荣国府时间，又有宇宙时间，我们从《红楼梦》里头可以看到荣国府的从发生到发展到衰败到灭亡，那么他的道理和宇宙的发生发展和衰败是分不开的。《红楼梦》写灭亡也是写得非常精彩的，它不是归咎为哪一个个别的坏人，或哪一件事，只要它是一种趋势他就不可避免。所以我觉得就是这些地方，这个人类重组符号这种努力，成为对人的智力的一个极大的诱惑。

《达·芬奇密码》是近年来最受欢迎的一部影片，它就是用达芬奇的画进行符号重组，认为这里头隐藏着天主教会无数的秘密，所以受到罗马教廷梵蒂冈的抗议，但是你抗不抗议他反正是演了。我写过一篇文章叫《达·芬奇密码和连城诀》，金庸的《连城诀》用唐诗，用唐诗来表现连城剑谱，因为《达·芬奇密码》是用达芬奇的画来表现教派之间的斗争，说明这个诱惑非常大。总之，人老是想把符号重新组合一下，摸索出新的意义来。我还看过一本书，是台湾出版的，很正规，是很高级的出版社出版的，叫《圣经密码》。说是美国情报专家密码解密专家一块儿研究，研究的结果是《圣经》上对所有的事情都有预见，哪年哪年肯尼迪遇刺，哪年中东战争开始，哪年苏联解体，甚至里面还算出中国哪一年解体。这个有点傻，因为还没有解体的事情你不要算，你算的时间已经过了，这证明解密专家不怎么样，你最好算已经发生的事情，生拉硬扯最后你算成了，你这就可以了。所以从对《红楼梦》的各种解读当中，我们就可以看到符号重组的诱惑，和符号重组的可能性。

我们再谈谈《红楼梦》的现实主义。《红楼梦》算不算现实主义的作品？我们可以说算，因为它里面有些地方非常写实，一次吃饭、一次过生日、一次喝酒、一次行酒令、一次游玩，一直到一次冲突，贾宝玉挨打，秦可卿的丧事，贾元春的归省，斗牌、猜谜，都写得非常真实。他们穿的什么衣、吃的什么饭、用的什么餐具、说话的声音，以及每个人的语气、腔调，特别写实，写得真实。但里面也有许多非写实的东西，比如说衔玉而生，比如说他还编了一层又一层的神话故事。女娲补天已经是一个神话故事，那么在天宫里头神瑛侍者给绛珠仙草浇水这又是一个神话故事，有一个贾宝玉又有一个甄宝玉。所以它又不拘泥于写实，风月宝鉴这也不像写实，照正面是一个美女，反面是一个骷髅，这都不像写实。所以你用简单的写实的眼光来要求《红楼梦》这是不对的，它又强调"满纸荒唐言"，它并不说我写的都是实际，但是它又在说事迹情理不敢穿凿，就是说它在人物的逻辑、情节发展的逻辑上，它是很写实、很认真的，我觉得这样一种中国式的写作方法，它并不执著而带有一种相当大的灵动性。再比如说它还有一些处理，这些处理和写实小说的要求是不相一致的，所以有一个争论不休的问题就是"钗黛合一"，作者是喜欢薛宝钗还是林黛玉？以至于俞平伯曾经说这个钗黛实际上性格显著不同，但是他又讲两个人之间有许多相像的地方，他的各种弹词、诗都把两个人合着写，"可叹停机德，堪怜咏絮才"，"停机德"指的是薛宝钗，她像梦那么高的德行；"玉带林中挂，金簪雪里埋"。"玉带林中挂"就指的是林黛玉，这个很浅俗了，玉带也就是黛玉，金簪——宝钗"雪里埋"；他唱的是"都道是金玉良缘，俺只念木石前盟。空对着，山中高士晶莹雪；终不忘，世外仙姝寂寞林"，他把这两个人合在一块儿写，这两个人——从现实上来说——他们的情感、他们的思想方式是针锋相对的，但他们又不是仇人，有些地方还写到他们的姐妹之情、好姐妹，林黛玉后来也很服薛宝钗，觉得薛宝钗在很多地方对人很好很厚道。但你从理念上来说又突出表现了人的两个侧面，林黛玉是性情的自我的，一种深层的一面，而薛宝钗是一种文化的、社会的、注意人际关系的那一面。所以，有人问过我你对林黛玉有什么看法，我说林黛玉感情太深重，如果一个人一辈子被林黛玉爱过一回，最后怕是被逼得跳井，也还是值得的。但是，如果你要是被林黛玉爱着，最后的结果是非被林黛玉逼得跳了井不可，这是跳楼之爱。所以这个薛宝钗和林黛玉的这种关系，我们仅仅用现实主义来解释不十分的满足，因为这里还有一种理念，就是人的两方面，可以说实际一个人很难做到很纯粹的境界。

《红楼梦》里面的有些说法也非常有意思，含义也非常之深，就说“假作真时真亦假，无为有处有还无”，这个对文学的真实，你如果变成了对档案的考证的真实，也就无趣了，真中有假、假中有真，亦真亦假、假假真真，这种中国式的说法和现今的、现代的、现实主义现代主义的自我表现，表现再现的这些争论也都联系得上。当然非现实的描写还有一些，像马道婆的巫术这样的一些东西。

最后我再讲一下《红楼梦》与结构主义和结构现实主义的关系。结构主义和结构现实主义不是一个概念，结构主义是从语言学的研究出发的，认为文学的许多东西其实可以用一个句子或者用一个原型、或者用一个语法加以解释，我觉得这些很好玩(我说得不清楚，因为我对这个没有研究)。《红楼梦》里头有一个非常有趣的现象，写到的人物非常多，这些人物往往形成一种对称，既有相似的又有相反的。譬如薛宝钗和林黛玉这是一个对称，薛宝钗和她哥哥薛蟠又是一个对称，薛蟠和贾宝玉又是一个对称。薛蟠和贾宝玉有很多共同之处，虽然薛蟠那么粗俗，贾宝玉比他高尚得多、比他可爱得多，这是一个对称之处。晴雯和袭人是一个对称，但是晴雯和林黛玉又是一个对称。晴雯和林黛玉好像是一种同一或者近义关系，好像是同义词或近义词，晴雯和这边袭人、薛宝钗它变成了一个反义词的关系。尤二姐和尤三姐又是一个对称。所以《红楼梦》在人物的结构上，是非常与众不同的。

结构现实主义我们知道在拉丁美洲以略萨为代表的《绿房子》等等，有一个很有名的说法即所谓结构现实主义。这个结构现实主义按照我肤浅的理解，就是说对一个事物和环境的描写是立体的，这种立体的描写，他可以有不同的感受，围绕着不同的视觉、围绕着不同的眼光，不同的人物可以有不同的感受，这一点在中国的章回小说里面是没有的，在《红楼梦》里头有。就拿整个的贾府来说，他先有一个贾雨村演说荣国府，后有冷子兴演说荣国府，贾雨村和冷子兴一块儿喝酒、一块儿吃饭，然后就谈起来这个贾家的事情。冷子兴有一个鸟瞰似的对贾家的描写，对贾宝玉的性格分析，从阴阳五行到清浊二气。然后又有一个林黛玉，进入到大荣国府，是由贾雨村把林黛玉送到了荣国府，林黛玉眼中的荣国府。然后又有元妃眼中的荣国府，当然这之前是大观园了，大观园是贾政带着贾宝玉试才题对额，到处题字啦、对联啦、题这个匾，这是一个过程，然后又从刘姥姥这三进大观园，写的都是荣国府，写的都是大观园，这实在是写得很高明，它既是对人物的描写、也是对情节的描写，又是对环境的静态描写。这个大观园你如果要用西洋那个巴尔扎克的办法，一上先写环境，你可以肯定前三章都是讲荣国府的建筑和环境和各种屋子，这个屋子都住了些什么人，每个人和每个人之间是什么关系，那个时候没办法读得下去，这也是一个我至今没完全解决的问题。虽然我多次阅读《红楼梦》，但是我愿意同各位老师同学共勉，把《红楼梦》的结构再研究研究，有时候它还有带一点元小说的味道，作者跳出来说话，贾府里有很多很多的事不知道从何说起，现在我们从最不重要的说起吧，刘姥姥就是这样出场的。本来前面有这么多的事，并没有吸引着读者，他后来又出来一个，刘姥姥这本来和荣国府最没有关系，还带着一个板儿，打秋风，就是穷亲戚找阔亲戚要点钱，骗吃骗喝骗钱，所以我们从《红楼梦》的结构上也可以看出这方面特点。我介绍这些方面的情况，我想说明一个东西，就是我很早就提出来的也有很多红学家不喜欢我这个说法，我说一部杰出的作品它具有一种用不同的文论加以解读的可能。一部杰出的作品有一种耐方法论性，你用不同的方法都从中找得出结论来。从阶级斗争的观点，毛主席说《红楼梦》是阶级斗争，《红楼梦》里一上来就是多少条人命，计算有多少命案，金钏是被王夫人迫害而死，晴雯是因什么而死，秦钟因什么而死，贾瑞算不算是被王熙凤迫害而死，还是性骚扰不成而死，人命多少。然后再说他的账目，你看他快过春节快过年了，如乌尽孝，庄户头子带了多少礼物来，给了他们多少张貂皮多少张熊皮，他们住得离海远，没有什么鲍鱼多少干贝，你用这个角度也可以。王国维他用叔本华的生存的悲剧、欲望的悲剧说也可以，包括你用一些非常现代的观念、一些命题、一些语言，你都可以从《红楼梦》中得到呼应，这实在是一种快乐，也说明《红楼梦》作为中国的一个独一无二的文本，它所提供给我们的这种欣赏和知识，或者说它的可能性还远远没有穷尽。

（王　蒙　文，原载《书屋》2006年第9期）

梦境谁能住

——《绛洞花主》涅槃晬语

鲁迅在厦门为以《红楼梦》为母本编写的最早的一部话剧《绛洞花主》撰《小引》说："百余回的一部大书，一览可尽，而神情依然具在；如果排演，当然会更可观。我不知道剧本的作法，但佩服作者的熟于情节，妙于剪裁。灯下读完，僭为短引云尔。"历经浩劫，新版《绛洞花主》（陈梦韶、陈元胜著，厦门大学出版社2005年版）终于问世，故曰"涅槃"。今年是鲁迅逝世七十周年纪念的日子，《绛洞花主》涅槃后刚"度晬"（闽南话称婴儿满周岁曰"度晬"）。作为文化遗产，《绛洞花主》八十年坎坷的历程，大多已载入书中的系列文章。未及载入者，兹录以述之，谓为"晬语"云尔。

一、海内三劫觅“花主”

二十世纪九十年代初，忽得中国现代文学馆刘麟先生自北京来函，得悉他追寻《绛洞花主》的情形，令人感动。函中述及他出访欧洲时，遇到汉学界学者关注鲁迅作序的《绛洞花主》，欲索阅《红楼梦》最早的这部话剧本。刘先生函云：“承蒙安徽艺术研究所姚静涓同志热情相助，得悉您在广东民族学院任教，十分高兴。您手上存有此书吗？”在此之前，姚静涓同志托艺术研究所赴华南师大访学的同事到广州来找我。接着，姚静涓来函说：“我们找您几乎费了一年时间，终于找到，可喜可贺。”不久，又得刘先生函云：“《绛洞花主》出版遇到困难，与目前正儿八经的作品陷入困境的命运相同……中国现代文学馆不是衙门，但‘清水’二字则当之无愧。它不能为作家排忧解难，实在有说不出的内疚。我们对于令尊在改编上所作的努力深为敬佩，对于这本书也是深为向往的。”

《绛洞花主》一书历劫而生。1981 年第 3 期《新文学史料》“纪念鲁迅诞生一百周年特辑”，人民文学出版社特意组稿十一篇，作者有（按文章编排次序）周海婴、丁玲、萧三、李霁野、唐弢、赵家璧、倪墨炎、陈漱渝、端木蕻良、陈元胜、胡风。我在《鲁迅与〈绛洞花主〉》一文末尾说：“曾有出版部门要求梦韶先生将《绛洞花主》剧本重新写出，梦韶先生也有这样的夙愿。在四害横行、百花凋零之时，梦韶先生藏书毁尽；当他行动自由后，曾托我搞到一部《红楼梦》。目前，梦韶先生年近八旬，精力不支，旧业待整者多，加以编写《汉语大词典》的任务在身，无暇顾及《绛洞花主》剧本的重写工作。希望曾经得到伟大文豪鲁迅的关怀与温暖的这部话剧本的重写工作，将引起有关部门的重视；但愿根据《红楼梦》改编的第一部话剧本《绛洞花主》，将再配上鲁迅《小引》，出现在八十年代的文艺百花园！”文末署明：“1979 年 10 月初稿，1980 年 2 月定稿，”两年后小文在“特辑”刊出不久，可供重新问世的《绛洞花主》新版本（初稿）编讫，出版事宜则困难重重。

《绛洞花主》一书自鲁迅先生作序后，历经三劫。1928 年冬，上海北新书局印出的千册《绛洞花主》未及发行，即遭毁版焚为灰烬，此其一劫。幸有先行寄给作者的两册毛边样本，后来曾在厦门地方日报副刊上连载“节录”的剧本。又因抗战，报社停刊，只连载八幕未完，连同两册样书，均毁于抗日战争烽火，此其二劫。上世纪五十年代，鲁迅《小引》手迹影印件，先后收入唐弢所编《鲁迅全集补遗续编》和陈梦韶著《鲁迅在厦门》（1954 年作家出版社）一书。由于资料流失，作者在十年浩劫后撰写的《回忆鲁迅为〈绛洞花主〉剧本作〈小引〉的经过》一文说：“1952 年，北京人民文学出版社给我来信，说从《鲁迅日记》里，获悉鲁迅先生曾为我写了一篇《小引》，要我把原稿寄去制版影印。”当年的函件，今已失而复得，历史的原貌可以看得更真切。信由“中央人民政府出版总署鲁迅著作编刊社”发出，兹照录如下。

梦韶先生：

我们很早就知道鲁迅先生曾为大著《绛洞花主》作有序文，早拟商借，俾得编入鲁迅先生集内；但因不悉尊址，无从奉函。顷接来示，承允惠借影印，无任感荷。请先生即将原件由邮挂号寄下，我们收到拍照后，当即奉还不误。

此致

敬礼！

鲁迅著作编刊社

信件用编刊社的公函纸毛笔行书竖写。天头印有“中央人民政府出版总署鲁迅著作编刊社”；底边标明“地址：上海武进路三〇九弄二十号 电话：四三三四四号”，均为自右至左排印的红色铅字，信函下款“鲁迅著作编刊社”，加盖蓝色的公章。一纸公函，为鲁迅著作编刊出版事业留下一份珍贵的史料；当年公务员的“文书”，更堪媲美一幅书法佳作，皆具珍藏价值。

《〈绛洞花主〉小引》编入《鲁迅全集》后，广为流传。然而，《绛洞花主》一书却鲜为人知，不被世人所见。《绛洞花主》又经历十年浩劫，此其三劫也。当年由作者剪报装订的铅印“节录本”，凡一百一十七页，一直保存到十年浩劫前夕，后再次遭劫而幸存。十年浩劫期间，遍地文物遭毁；《小引》手迹墨宝连同厦大鲁迅纪念室藏书堆弃墙角，世间情景匪夷所思。详情参见新版《绛洞花主》附录系列文章，兹不赘述。十年浩劫后不久，梦韶先生将失而复得的《绛洞花主》节录本寄给我，并附函说：“节录剪贴本只八幕，是孤本，可珍藏，不必重抄。格式是：‘人物’、‘景地’、‘情节’，然后‘对话’。以后作文，如需要，可以引用。这些‘提要’，是鲁迅亲眼校阅的文字。”这里说的“格式”，是指《绛洞花主》剧本每幕的格式。我曾致函，请梦韶先生回忆剧本每幕的内容提要。《绛洞花主》原稿每幕约八千字，后来在地方日报副刊连载的“节录”本，每幕三四千字，所以说是“提要”。新版《绛洞花主》就是依据存留下来的节录本（孤本）整理出来；后六幕由梦韶先生依据存留幕目，参照《红楼梦》原著，回忆出剧情线索，整理审定，以使鲁迅眼下的《绛洞花主》全剧得以完璧；鲁迅当年审阅后为撰《小引》的这部《红楼梦》最早的话剧本，以此不至于湮没！

《绛洞花主》文本与鲁迅《小引》的关系，犹如脸面：脸之不存，皮安附焉?！如今，《绛洞花主》历经劫难，终于重新问世。甲申年惊蛰后，出版社责编亲自赴广州取书稿，新版付梓之际，我为之撰《跋》，其中书曰：

……“说不完的鲁迅”——鲁迅研究确实是跨越世纪，跨越时代，跨越国界，永在“人间”。鲁迅作《小引》的《绛洞花主》，是我们深入研究鲁迅的红学观、探索《红楼梦》神情的珍贵文本依据；作为中国古典名著，《红楼梦》的神情颇值得世人深入研究与探索。红学研究和文学评论的许多文章，时常引用鲁迅《小引》。有了《绛洞花主》文本依据，则可避免漏洞百出。中国现代文学馆刘麟先生在上世纪九十年代出访欧洲遇到汉学界关注《绛洞花主》一书时的尴尬，亦可释然矣。

二、梦境谁能住

《红楼梦》人物形象塑造的特点，是刻画“真的人物”。这种“真的人物”，鲁迅说“和从前小说叙好人完全是好，坏人完全是坏的，大不相同”。实际上，就是《红楼梦》第二回借贾雨村之口说出的“正邪二气”“搏击掀发”之际产生的人，这种“正邪两赋而来”的人，“上则不能为仁人为君子，下亦不能为大凶大恶”。曹雪芹肯定了这类人物，因为他们“纵然生于薄祚寒门”，“亦断不至为走卒健仆，甘遭庸夫驱制”。贾宝玉出生在“公侯富贵之家”，属于这类人物中的“情痴情种”，“置之千万人之中，其聪俊灵秀之气”，或“其乖僻邪谬不近人情之态”，都无不具有丰富的社会内容和典型意义。《绛洞花主》剧本的改编，注意到了原著人物形象塑造的这种特点，从而再现出《红楼梦》人物形象的神情。

鲁迅《〈绛洞花主〉小引》说：“在我的眼下的宝玉，却看见他看见许多死亡；证成多所爱者，当大苦恼，因为世上，不幸人多，惟憎人者，幸灾乐祸，于一生中，得小欢喜，少有罣碍。”《红楼梦》里，紫鹃获准跟着惜春修行之后，给宝玉磕头；宝玉念了声：“阿弥陀佛！难得难得！不料你倒先好了！”袭人痛哭不止，说“愿意跟了四姑娘去修行”。宝玉笑道：“你也是好心，但是你不能享这个清福的！”这一切说明，宝玉出家的“主意定了”；他认为出家是“好事”，是“小欢喜”。宝玉说的“享这个清福”，与地藏庵的姑子说的修行人“虽说比夫人小姐们苦多着呢，只是没有险难的了”，同是一个意思。出家人“没有险难”，享受“清福”，这是佛家宣扬的“六根清静”的境界。有人不理解这点，说曹雪芹的“食尽鸟飞独存白地”是社会的，续作者写成了自然的。其实续作第一百二十回描写的“白茫茫一片旷野”，配上“一僧一道夹住宝玉”，“只听得他们三人口中不知是那个作歌”的歌词，可谓“自然的”一片白茫茫大地化入了“社会的”真干净！作为《红楼梦》十二支曲的总结，《飞鸟各投林》一曲里“好一似食尽鸟投林，落了片白茫茫大地真干净”的意境，便借此梦幻似的画面展现在读者面前。

所谓“独存白地”，这“真干净”的社会是什么呢？无论是曹雪芹，还是续作者，我们都不能苛求于他们！“我所居兮，青埂之峰；我所游兮，鸿蒙太空。谁与我逝兮，吾谁与从。渺渺茫茫兮，归彼大荒！”（第一百二十回）

他们追求的“真干净”的社会，如是而已。第二十二回“听曲文宝玉悟禅机”，黛玉续两句偈语正是：“无立足境，方是干净。”然而，这种追求却是反抗污浊的封建社会的表现。上世纪八十年代三十六集电视连续剧，改编成贾宝玉最终“抱着破瓢、拄着棍子”，沿路行乞。难道这就是“落了片白茫茫大地真干净”的意境吗？出家为僧尚且有所“追求”，沿路行乞却追求些什么呢？还是鲁迅先生说得对：“然而僧人却不过是爱人者的败亡的逃路，与宝玉之终于出家，同一小器。但在作《红楼梦》时的思想，大约也只能如此；即使出于续作，想来未必与作者本意大相悬殊。”

贾宝玉的终于出家，“是爱人者的败亡的逃路”，固然有消极的一面，亦有反封建的积极意义。宝玉曾对林妹妹说过：“你死了，我做和尚。”然而，倘若以“做和尚，守信誓”为终极目的，未免扩大了宝黛爱情悲剧消极的一面。那么，剧本结尾应该如何处理呢？《绛洞花主》全剧终时，舞台后布景天空出现一对联句：梦境谁能住？韶光自在流！——这对联句，是清末著名诗人、曾任厦门大学教授的陈衍（石遗）老先生于 1924 年秋撰书，题赠给梦韶先生的。第一句“梦境谁能住”，是“人生若梦”的注脚，带有消极的意味；第二句“韶光自在流”，是“自强不息”的注脚，含有积极意义。梦韶先生在 1926 年春编撰《绛洞花主》剧本时，念及贾宝玉出家做和尚有消极一面，也有反抗封建桎梏的积极一面，于是编入这一对联句，作为全剧最后的总结语。演出时，用黄色电灯泡，组成两行十个字，高悬在舞台布景之中。当年在厦门大学曾与鲁迅共事过的哲学教授缪篆（子才）观看演出时，啧啧连声赞道：“其味无穷，发人深省！”

梦韶先生说：《绛洞花主》是要解决“社会家庭问题”的话剧本，具有积极的意义。《红楼梦》宝黛爱情悲剧故事，亦可劝告世间做父母的人们，不要干涉垄断儿女的婚姻，要反对封建桎梏。当年送请鲁迅审读的《绛洞花主》书稿，封面竖排题署：

社会家庭

绛洞花主

三、问题剧

鲁迅《小引》说："现在，陈君梦韶以此书作社会家庭问题剧，自然也无所不可的。"正是就稿本封面所署的书名说的。对封建包办婚姻，鲁迅先生有着切身体验。他在厦门的日子里，念念不忘的一位心上人，有《两地书》为证，更由此生发出一段鲜为世人所知的佳话故事。

鲁迅先生居然有一位"妹妹"，她的照片被鲁迅从当年的北平，南下带到厦门，这是《绛洞花主》编剧者身历亲闻的故事。梦韶先生写于1936年11月22日的《鲁迅在厦门的鳞爪》一文说："我和鲁迅相识，是在一九二六年秋天，他到厦门大学来讲《中国小说史》，我那时虽已出了厦大校门，可是还时常跑去听他讲书；尤其在每日下午，当太阳衔山，秋蝉噪树时候，厦大集美楼上，鲁迅先生住的一间宽旷寝室，常有我的踪影。记得谁在谈话中，把我编的一本《绛洞花主》剧本，当他面前说出来了。他说须得一看。我把稿本送去，照例客气了一下。他鼓励似的说：'写文章的人，只求自己能够努力地、忠实地，把要写的话写出来，便算尽了我们的天职了，人家看不看，喝彩不喝彩，那有闲工夫去理他！'他欣然为《绛洞花主》作序文……"厦大集美楼上的这间"宽旷寝室"，同时也是鲁迅的研究室、著作室和会客室。北面有两个大窗门，可以遥望闽南名胜南普陀寺。在这两个大窗门前端：东边放一只两层的茶几，茶几上面有时摆着一盘茶果，茶几中层经常放置三本相册；西边放下一只写字桌，桌上放着笔砚印泥盒等文具，还有一只闹钟。有一次，翻阅茶几上的相册，抖落一帧夹在相册里的照片，是一位青年女郎。梦韶好奇地问"是谁"，鲁迅先生爽快地回答："我的妹妹。"多少年后，梦韶先生看到鲁迅和许广平夫人的照片，才恍然大悟：鲁迅当年说的"妹妹"，竟然就是时在广州高第街许家的广平女士！1932 年 11 月，鲁迅到北京探望母病期间，寄沪致许广平信共七封，信末落款或"迅"或"L"，其中 20 日、26 日两封则自称"哥"。世事沧桑，梦韶先生未及留下有关佳话故事的文字记录。倒是从《鲁迅在厦门的鳞爪》一文，我们尚能看到一些历史的影子，兹照录如下相与析：

我们的大文豪鲁迅先生，已溘然长逝，和这世界作永远的诀别了。

他的死耗传到厦门，正在我奔走法庭，忙于草状时际。我对于他的死，感到万分怆凉，然而一直至今，还没得抽空写点"哀悼"、"纪念"文字，去哭吊他！

…………

这位文豪——鲁迅先生——自未会面以致会过了面，前后给我两个哑谜。第一个哑谜是他的姓名。以前我只知道他姓鲁名迅，直到一九二六年秋天，在厦大通告牌上，才发现他是姓周名树人。第二个哑谜是：他的年龄。我曾问过他的贵庚，他分明告诉我五十九岁。这回他死，我满以为他是个年近古稀的老翁了，谁知翻遍报纸，查尽杂志，都报道"他才五十六岁"！

我不相信我会听错，也决不相信鲁迅先生会乐于撒谎。我相信，他那蓬蓬松松半年才剪一次棘球似的头发，和他那副枯瘦长满髭鬚的面容，使他踌躇：假使他告诉人们自己是四十六岁，会招引人们疑惑。他故意将自己年龄说减十岁的。

他的性情非常爽快，又非常乖僻。在临行几天，厦大同学开送别会，一位同学致欢送词，把“夫子温良恭俭让”一句子贡称赞老师孔子的话，搬来褒扬这位大文豪。他的答词是：“我不敢当！说不定我明儿，会变成一个小偷，或一个土匪的。”临走前夕，我不免俗，带点“鸡丝面”去送行。他推让了半日，终不肯接受。我恼了说：“这东西太粗俗吧！”他于是笑着说：“既是这么诚意，我便收下了。”

他如今死了，在这世界上，我们再也找不着他，然而他的音容，将永远地、永远地铭刻在人们的记忆里！

——这篇“悼念”鲁迅的文章，原载《闽南文艺协会会报》，1936年11月29日刊出，文末附有鲁迅先生为《绛洞花主》所写《小引》最后一段的影印手迹。后来，编入鲁迅先生纪念委员会1937年初版《鲁迅先生纪念集》。作者撰文的11月22日，距鲁迅逝世仅一个月又三天，文章说对大文豪之“溘然长逝”“感到万分怆凉，然而一直至今，还没得抽空”“去哭吊他”！悼念文字行间，活现出鲁迅生前的音容笑貌：鲁迅先生的“性情非常爽快”，自当涵盖“我的妹妹”之爽快回答。这位“爽快”的大文豪，同样赞赏《绛洞花主》全剧终时的一对联句：梦境谁能住？韶光自在流！这，自有《小引》墨宝与《绛洞花主》文本为依据矣。

四、红楼“奥秘”与《阿 Q 剧本》

《绛洞花主》全剧熔铸入《红楼梦》原著的精华，使得《红楼梦》的“神情依然具在”，这是鲁迅对《红楼梦》原著与《绛洞花主》剧本的真切体验与真切分析。一位著名的文学评论家说过：“任何优秀的评论家，他都应该在作品的境界里去进行认真的体验，和作家作品发生一种心理对位效应”，“才能体味到作品中的奥秘，从而对作品作出真切的分析”。由此察之，在审阅《绛洞花主》剧本时，鲁迅在《红楼梦》的境界里又进行一番真切的体验；两位不同时代的文学伟人——鲁迅与曹雪芹，在《红楼梦》这部不朽的文学巨著的“境界”里，发生了一种珍贵的“心理对位效应”。于是，鲁迅先生借助《绛洞花主》剧本，把他体味到的《红楼梦》的“奥秘”，撰写在《小引》里，提出“《红楼梦》的神情”这一命题。《红楼梦》的情节结构主线、主题思想、人物形象塑造，都是这一命题的要点。《红楼梦》的价值，鲁迅早在《中国小说的历史的变迁》指出：“在中国底小说中实在是不可多得的”，不仅是“其中所叙的人物，都是真的人物”，而且“自有《红楼梦》出来以后，传统的思想和写法都打破了”。鲁迅对《红楼梦》的思想内容与艺术价值，给以高度评价。

红楼“奥秘”值得世人尤其是文化学者们的探索与揭示。一部百万言的小说问世后，竟至于使后人对它的研究形成一门学问——红学，这无论在中国文学史上，还是在世界文化之林都是不可多见的。红学固然包括对作家生平、身世的研究（所谓“曹学”），也包括对有关版本的研究等，但对《红楼梦》原著的思想内容与艺术价值的研究，实乃红学研究的总方向。“《红楼梦》的神情”这一命题，也是针对《红楼梦》戏剧改编的历史状况而言的。清代乾隆、嘉庆年间，京都“人家案头必有一本《红楼梦》”，“京版《红楼梦》流行江浙，每部数十金。至翻印日多，低者不及二两”（参见郝懿行《晒书堂笔录》、毛庆臻《一亭考古杂记》）。《红楼梦》传世后轰动之大，流传之广，由此可见。然而，同治年间却成了“禁书”，被列入《收毁淫书局章程》书目之一。《红楼梦》改编的戏曲，却冲破封建桎梏仍然流传，以致同治年间博览多闻的戏曲家杨恩寿数访《红楼梦》未得，“所见者仅陈厚甫先生所著院本耳”（参见杨恩寿《坦园丛话》卷三《原事》）。查禁《红楼梦》的年代，却尚能见到陈锺麟厚甫填词的戏曲《红楼梦传奇》（即陈著“院本”），更可见红楼梦戏曲在民间流传的情形。清代红楼梦戏曲，大多是根据片断故事情节改编成一部戏。陈厚甫《红楼梦传奇·凡例》感叹《红楼梦》“头绪较繁”，“殊难照应”。清代流传下来的十部戏曲，今人阿英编入《红楼梦戏曲集》。这些红楼梦戏曲正如鲁迅《小引》指出：“都是为了演者而作，并非为了剧本而作。又都是片断，不足统观全局。”清嘉庆年间，江苏太仓吴镐（荆石山民）填词、黄兆魁订谱的戏曲剧本《红楼梦散套》共十六折，具有首尾，却正如鲁迅《小引》所说“陈旧了”。清代流传下来的这十部红楼梦戏曲，或“违背了《红楼梦》原著的意趣”，或“远远没有传达出原著人物的神情”，或“剪裁原书处，往往点金成铁”，“都不够成功”（参见陆树仑遗作《从红楼梦戏曲谈〈红楼梦〉的改编问题》，载《扬州师院学报》1984 年第二期）。正因为如此，鲁迅在上世纪二十年代阅审《绛洞花主》剧本后，称赞说百余回一部大书《红楼梦》的神情依然具在！

篇幅浩瀚，内容丰富的一部古典名著大书，要改编成剧本，首先碰到的是怎样把握原著的主题思想、怎样撷取原著的情节结构主线等等问题。如果不是对《红楼梦》原著“熟于情节，妙于剪裁”，并撷取原著情节结构主线来作为剧情主线，那么，怎么能够做到《红楼梦》的神情“依然具在”呢？《绛洞花主》剧本，可以映照出《红楼梦》的神情，窥见红楼“奥秘”。我国现代话剧在上世纪“五四”时期有了新的发展。1921年5月，由沈雁冰、郑振铎等人在上海组织的民众剧社《宣言》提出：“当看戏是消闲的时代现在已经过去了”，戏剧“是推动社会使之前进的一个轮子，又是搜寻社会病根的X光镜；他又是一块正直无私的反射镜”。鲁迅曾在1919年8月译成日本作家武者小路实笃《一个青年的梦》剧本（1922年7月上海商务印书馆出版，《文学研究会丛书》之一；1927年由北新书局重印）。1922年冬，北平创办人艺戏剧专门学校，鲁迅被聘为校董。鲁迅重视戏剧的社会作用，他在《绛洞花主·小引》首先就讲到《红楼梦》的社会价值：“单是命意，就因读者的眼光而有种种。”他说：“经学家看见《易》，道学家看见淫，才子看见缠绵，革命家看见排满，流言家看见宫闱秘事……”《红楼梦》的神情“铸入”《绛洞花主》剧本中，无论作为文学剧本，还是据以排演，《绛洞花主》话剧本的社会意义，当然都是“可观”的！鲁迅关注新文学事业，看到《红楼梦》这部最早的话剧本，欣慰之情油然而生。当青年作者将剧本送请鲁迅指教时，鲁迅先生“灯下读完，僭为短引云尔”。

梦韶先生《鲁迅在厦门的鳞爪》一文说：“他欣然为《绛洞花主》作序文，我也决心为他的《阿Q正传》编剧本。”这是《阿Q正传》最早的话剧本，书名就叫《阿Q剧本》；全剧六幕：第一幕“自己的优胜”，第二幕“恋爱的悲剧”，第三幕“生活的问题”，第四幕“静修庵脱险”，第五幕“衣锦还故乡”，第六幕“人生大团圆”。梦韶先生家藏的一册《阿Q剧本》，我曾阅读过。十年浩劫，藏书毁尽，《阿Q剧本》亦未能幸免！关于这部剧本，梦韶先生给我的信中说："我编的剧词，多照鲁迅原文，或就原词修订，或补充新词，人物也只限于《阿Q正传》中的，不像后出的剧本，连孔乙己也收入。"沈鹏年辑《鲁迅研究资料编目》（上海文艺出版社）辑有《阿Q正传》剧本三种，包括陈梦韶编《阿Q剧本》和后出的两种：田汉改编《阿Q正传》（五幕剧），1937年10月戏剧时代出版社；许幸之改编《阿Q正传》，1939年8月中法剧社版。1929年间厦门新文艺社出版陈梦韶的一本新诗集，在附录的"新文艺丛书"介绍中，有《绛洞花主剧本》、《阿Q剧本》简介各一件。前者已附新版《绛洞花主》一书图版重新问世，兹录后者聊备一读：

五、阿Q剧本

鲁迅教授的阿Q正传，久已脍炙人口，国外译本，不下四五种，其受人欢迎，可见一斑。一九二八年四月间，梦韶先生把该书编为社会悲喜剧；一九二九年春，又把该剧重行编作。全书计三万余言，运笔浑厚简练，情节新颖悦人。读者一读此剧，便能从谐笑中感出同情的愤慨，诚不愧为现代剧本文学最富有悲喜情感的杰作。新文艺社出版。

《阿Q剧本》后来改由上海华通书局出版。有人说田汉改编的五幕剧《阿Q正传》是"独具风格的通俗喜剧"，那么，《阿Q剧本》则是一部"社会悲喜剧"。鲁迅离开厦门赴广州的第二年，1928年4月间《阿Q正传》最早的话剧本，便诞生在鲁迅足迹所至的厦门岛，此事并非偶然。《阿Q剧本》和《阿Q正传》原著同诞生在二十世纪二十年代，也从一个侧面反映出鲁迅名著《阿Q正传》在社会上、在读者中的巨大反响。1928年间，《阿Q剧本》由编剧陈梦韶亲自导演，在厦门市由一群青年学生首次演出，并起过一定的影响。剧中小尼姑的扮演者李昭彩，即当代著名音乐家、曾任中国音乐家协会主席的李焕之先生。十年浩劫过后，为寻访《阿Q剧本》一书，我曾经致函请他回忆有关当年演出情况。1980年9月3日李焕之复函说："我还记得陈敦仁老师亲自召集演出的同学开会，给我们讲解鲁迅这篇著作的思想内容以及他编剧的意图。至于具体讲了些什么，也无从记忆了。"

1982年暑假，我归厦门故里，获悉尚有人收藏《阿Q剧本》的消息，便催促父亲陈梦韶先生以编剧者的名义，致函无锡市吴海发先生，终于访寻到《阿Q剧本》一书。封面有一幅阿Q头像的彩色画，不知出自哪位画家的手笔。扉页是一幅阿Q的舞台形象照片，并附说明文字："第一次扮饰阿Q的吴剑秋君"。吴剑秋，即吴淳，后往南洋谋生。这是阿Q最早的舞台形象剧照，弥足珍贵。藏书者在扉页留有题记，兹录于下：

阿Q剧本，我见过田汉写的，见过佐临写的，见过袁牧之写的，而这个剧本从未见过。陈著剧本出版最早，在鲁迅活着的时候，颇有纪念意义。

剧本是一九六五年暑假在无锡旧书店寻得，很意外，很高兴，我锐意穷搜，为研究作一资料，太好了。

陈先生是厦门大学毕业的，鲁迅先生曾在厦大教过他。解放后，陈先生著《鲁迅在厦门》，资料较齐全。

海　法

一九六六年元月二十日

大年夜补记于家中

海法，即吴海发先生，他的藏书题记写得很简洁中肯，有如此见识者，《阿Q剧本》一书才得以幸存至今。

近八十年前，陈梦韶先生给吴剑秋、李焕之一群青年学生演员讲解《阿Q剧本》的"编剧意图"是什么呢？《阿Q剧本》卷首有编剧者的《写在本剧之前》一文，对此有明确的说明：对于《阿Q正传》"呐喊出来的呼声"，"《阿Q剧本》负有把这种呼声传布出去的使命"。《写在本剧之前》其实是早期研究《阿Q正传》的一篇文章。当年在厦门首演时，给李焕之他们讲解鲁迅原作的思想内容，在篇中可寻找到有关文字记录。在"革命文学"论争中，有人提出"阿Q的时代已经死去"，鲁迅是"时代的落伍者"云云。就在这时，《阿Q正传》的第一部话剧本在厦门编讫并演出，且在"知识的青年们"当中起过一定的影响，其意义不言自明。《写在本剧之前》一文还就中国现代话剧的结构诸方面做了探索，其中说："有的人以为新剧普通都分为三四幕，至多不能逾过五幕；但是《阿Q剧本》至少非六幕不足以表现阿Q生活的精彩部分。""五四"以后，中国话剧主要是独幕剧，多幕剧很少，而且是比较简单的多幕剧，多幕剧的实践与探讨，促进了中国现代话剧艺术日趋成熟。一出话剧的幕目多少，应以表演的内容需要而定。在《阿Q剧本》之先，《绛洞花主》已打破早期话剧在形式上的框框套套，全剧十四幕（外加"序幕"）铸入古典名著《红楼梦》的精华，从而备受鲁迅先生的赞扬。红楼"奥秘"与《阿Q剧本》，都值得载入新文学史册以为借鉴！

（**陈元胜** 文，原载《书屋》2006年第12期）

东西方的两种伟大心灵景观

——曹雪芹和陀思妥耶夫斯基

刘剑梅（以下简称梅）：你把贾宝玉比成道中的基督和释迦牟尼，比成释迦，较好理解。释迦牟尼出家前是个快乐王子，但有佛性，最后终于告别宫廷。但基督的教义与佛教不同，也与曹雪芹的世界观、人生观不同，这该怎么解释？

刘再复（以下简称复）：把贾宝玉比作未成道的基督，只是个比喻，是为了更形象地说明宝玉具有基督心肠，和爱一切人宽恕一切人的基督似的大爱大慈悲精神，并不是说，宝玉就是基督，所以我是留有余地说他还是“未成道”，离基督还远。但我至今仍然觉得，宝玉的情怀与基督的情怀相似得令人惊讶，这在中国真是难以想象。例如基督大爱覆盖一切，也覆盖敌人。基督没有敌人，连把他送上十字架的人也宽恕,你想,把铁钉钉进自己的手掌,把自己钉上十字架,这是何等的残暴,可是基督宽恕他,连这种人都能宽恕,还有什么不能原谅?不能宽恕?贾宝玉也正是这样的人,他没有敌人。贾环诬告他,让他差点被父亲打死,但他不怪贾环。贾环刻意用滚烫的油火弄瞎他的眼睛,虽未得逞,但烧伤他的脸,对此,宝玉也宽恕,不让王夫人去祖母那里告状,连想烧伤自己眼睛的人都能原谅,还有什么不能原谅?这不是基督精神是什么?基督的大爱不仅覆盖敌人,而且覆盖社会底层最没有地位的妓女,所以他制止人们对妓女扔石头。宝玉也是如此,他不像薛蟠那样嫖娼宿柳,但他把妓女也当人看。《红楼梦》中唯一的妓女形象是云儿,在冯紫英家的聚会上,宝玉也和她平等唱和,一点也无歧视,这都是不可思议的平等态度。本来,这是基督才能抵达的精神水平,但宝玉抵达了,因此,把宝玉比作未成道的基督,并不牵强。但比喻总是有缺憾的,宝玉与基督又有很大差别。最重要的差别有三点:第一,基督讲拯救,宝玉则"闲散"(逍遥)。第二,基督是上帝之子,灵魂在此岸世界也在彼岸世界,宝玉原是一块多余的石头,通灵入世后只认此岸世界;基督是神,宝玉是人。第三,基督的十二弟子全是男性,自己也不近女色,宝玉则与金陵十二钗正册、副册的女子全都相好,而且是少女的崇拜者。

梅:《红楼梦》一开始就讲"色空",受释迦思想影响最深。宝玉的骨子里是"佛",所以他自称"丈六金身"。因此,宝玉与基督的区别便是佛教精神与基督精神的区别。但佛教也讲救苦救难,为什么你说宝玉不讲拯救,只是逍遥呢?

复:佛教有许多宗派,大乘的重心是普度众生,小乘的重心则是自我修炼。《红楼梦》所呈现的佛教精神主要是禅宗的精神,尤其是慧能的精神。慧能很了不起，他实现了无须逻辑、无须实证、无须概念范畴仍有思想的可能，他的思想根本不是救世，而是自救。《六祖坛经》讲了那么多佛理，关键的一点是佛性就在自性中，不能靠救世主，只靠自己心中对佛性的开掘。说得彻底一点，是说“我即佛”，“佛即我”。我觉了，便是佛，我迷了，便是众，一切取决于自己，全部在于能否自看、自明、自救。宝玉也是如此，他不喜欢读圣贤之书，正是不指望圣贤的拯救，而是自己努力去守持赤子之心。他喜欢黛玉，正是因为黛玉从根本上帮助他守持这种生命的本真。贾宝玉的生活状态是“快乐王子”的逍遥状态，逍遥不是放荡，不是轻浮，不是什么都不思索，不关怀。他的逍遥是对功名的放下，是对权力和权力欲望的放下；基督放不下，但慧能放得下，宝玉也放得下，差别很大，但不能把基督与慧能变成势不两立的价值体系，两者可以相通。一个主张不能放下，是因为他想拯救；一个主张放下，是因为它想解脱，两者都有关怀，都讲慈悲。慧能提醒大家要放下教条(不立文字)、放下名缰利绳，放下妄念、执著、分别和各种欲望，这是对人生要义的根本性提醒，是对生命价值的根本性导引，他要我们放下的终成虚空的妄念、烦恼、幻相和一切沉重的外在之物，并不是要我们放下良心和赤子之心，反之，恰恰是要我们提升生命，提升心灵。宝玉的心灵为什么那么单纯，那么可爱，就是他无师自通地懂得该放下哪一些不该放下哪一些：秦钟病了，他放不下；晴雯病了，他放不下；秦可卿、尤三姐、鸳鸯死了，他为什么那样悲伤、痛苦，就是放不下，他的关怀何等之深。

梅：宝玉的“情”非常丰富，但这种情并不是占有，而是关怀，是对他周边人的关怀。只是他没有力量拯救他人，只能关怀与同情，这也是大爱。

复:前几天我们讨论《红楼梦》的精神内涵包括“欲”、“情”、“灵”、“空”四维,欲和情的最大区别是欲指向利己,情指向利他。钱穆先生说,欲讲收入,情讲付出,方向相反。不能“付出”,不能给人温馨的关怀,算什么情,无论是亲情、爱情、友情、世情,都得付出,都得有对他人的关怀,宝玉的性情,正是这种老是牵挂他人的性情。这在某种意义上,也是救赎,给人一点温馨和火光,可能就会重新点燃起生活的信念,这种拯救意义也是深邃的。

梅:1991年,我在芝加哥大学旁听李欧梵教授的课程时,看你能认真地阅读刘小枫的《拯救与逍遥》,这部著作我也读过,写得很有文采,也进入许多根本性问题,尤其是中国文化与基督教文化的差异问题。我印象特别深的是他把贾宝玉这个“新人形象”和陀思妥耶夫斯基笔下的梅思金公爵作了比较。刘小枫以其基督教的神圣价值尺度来看贾宝玉和《红楼梦》,给予许多尖锐的批评,不知你是否支持这种批评?

复:小枫的《拯救与逍遥》,我确实认真阅读过。其中比较曹雪芹与陀思妥耶夫斯基的一章,我更是阅读多次,并认真思索,刚才和你谈论救赎与自救,心里也想着小枫的观念。有小枫的这本书和他提出的问题,我们才能深化对《红楼梦》的思索,这应当感谢他;我对荷尔林德的关注,也是得益于此书。二十年前的思路就这么的开阔,很不简单。尽管我也极其尊重基督教,但总是无法认同把“拯救”与“逍遥”视为绝对对立的两极,更无法认同用“拯救”的神圣价值尺度整个地否定庄子、慧能、曹雪芹的逍遥价值与“放下”态度。贾政以孔夫子为参照系,把宝玉视为异端,小枫则以上帝的神圣价值为参照系,把庄子、慧能、曹雪芹视为异端。我把《红楼梦》视为异端之书,是肯定异端;小枫把曹雪芹视为异端,是否定异端,庄、禅、曹雪芹虽然没有上帝偶像与神的偶像，但和基督一样，有对个体生命的衷心尊重。在对生命的尊重与护卫的根本点上，庄、禅、曹与基督教是相同的。当然，庄禅思想也有它的负面价值，尤其是后期禅宗所出现的犬儒倾向即狂禅妄禅等根本失去思想的严肃，但是也不能把基督神圣价值视为唯一的绝对的价值。中世纪严酷的宗教专制法庭，正是把神圣价值视为唯一的价值，把其他价值视为异端。

梅：刘小枫先生在书中好像也设置一个宗教法庭，把庄子、慧能、曹雪芹都进行了审判。

复：小枫是在论辩，在说理，不是在审判，但也有相当尖锐的批判。但他对中国文化精华确实批判得过于严厉，尤其是对《红楼梦》。还有一点，他对基督教文化，尤其是对陀思妥耶夫斯基在其作品中呈现的东正教文化，又过于肯定，缺少必要的批判与质疑。我非常喜欢陀思妥耶夫斯基，一直认为他和托尔斯泰是人类文学史上无可争议的两座巅峰。青年时代我醉心托尔斯泰，出国后更醉心陀思妥耶夫斯基，这可能和我人生之旅中前期更关注文学的社会性，后期更关注作品的灵魂性有关。林岗和我合著的《罪与文学》把陀思妥耶夫斯基作为重要论述对象，也是在说明文学的灵魂维度。我们在论证中说，中国因为没有大宗教的文化背景，所以文学作品较多"乡村情怀"，缺乏"旷野呼告"，即缺少灵魂的诉说，所以也就缺少"崇高"风格和灵魂的深度，我们只是作客观分析，很少价值判断。我们还认为，鲁迅不能接受陀思妥耶夫斯基的"忍从"是可以理解的。面对黑暗，面对压迫，面对苦难，总不能仅仅去拥抱黑暗，忍受苦难，总要有所抗争，有所不满，有所愤怒。但是，陀思妥耶夫斯基却要人们忍受苦难，以为苦难正是通向天堂必要的阶梯，苦难的深渊正是地狱的出口，这一点鲁迅无法接受，我和林岗也无法接受。

梅：刘小枫觉得曹雪芹正好相反，他逃避苦难，空有审美的情怀，他说："陀思妥耶夫斯基的情怀在一开始就指向受难的人类，指向尘世的不幸，而曹雪芹的情怀首先指向的是适意的处境能否有一个完满的性情。""宗教的情怀必得担当现时的苦难，这首先要求个我有一种放不下的心肠和自我牺牲的精神。对于审美情怀来讲，'放不下的心肠'恰恰是审美去向的障碍；至于自我牺牲精神，就更是格格不入。"他还认为，曹雪芹处于一个价值混乱、颠倒的时代，但他却把沉沦于世的人们所面临的一大堆困惑一笔勾销，适性得意地构筑"桃花源"和"红楼世界"。

复：《红楼梦》揭示那么多人间黑暗，揭示"贾不假，白玉为堂金作马"、"东海缺少白玉床，龙王来请金陵王"等骄奢淫逸，揭示贾赦、贾珍、贾琏等豪强权贵的胡作非为，等等，这怎么能说是面对一大堆困惑一笔勾销呢？曹雪芹的审美情怀，具体呈现于文本中，不是建构一个适情得意的不见人间苦难的桃花源，而是建构一个有美也有丑的审美张力场，在此审美场中，有光明，也有黑暗，那些美丽可爱的青春生命一个一个被逼上死路，就是黑暗。"晴雯到底犯了什么大罪？"这就是宝玉面对黑暗的抗议。曹雪芹不仅面对苦难和面对黑暗，而且对制造苦难与黑暗的泥浊世界发出抗议。如果让陀思妥耶夫斯基来面对这一切，他倒是可能只有"忍受"、"忍从"的劝说。我一直记得刘小枫对俄罗斯精神的礼赞，他说："对世界的恐怖和动荡，对人类面临的价值空虚，俄罗斯精神能贡献出什么？俄罗斯精神永远抛弃了愚昧，经受了无数苦难，善于忍受。"引号里的话，正是陀思妥耶夫斯基的话[1]。曹雪芹面对苦难是揭露，是哭泣，是叩问，陀思妥耶夫斯基面对苦难则是要人们"善于忍受"。而小枫在批评曹雪芹的同时，却赞赏这种“善于忍受”的精神。对于这两位文学大师，小枫真是太偏心于欧洲的一位了，太苛求东方的一位了。其实，曹雪芹的审美情怀，只是超越政治权力关系与功名利禄之场的清醒的意识，他不卷入现实权力斗争的漩涡，不在漩涡中去救苦救难，既不当救世主，也不当牺牲者，只当黑暗世界的观察者，是证人与呈现者，这不仅无可非议，而且正是作家最适当的角色与位置。

梅：但是，你注意到了没有？刘小枫在推崇“善于忍受苦难”的思想时，是申诉了理由的。这理由就是爱的理由。陀思妥耶夫斯基的经典语言是：“为了爱，我甘愿忍受苦难”[2]，刘小枫强调的也是这一点，他说：“所谓拯救，并不是乞求一个来世的天国，而是怀着深挚的爱心在世界上受苦受难。无辜者的苦痛，就是我的苦痛，世界想使爱毁灭，就让我与爱一起受难。”所以他批评贾宝玉似的自我解脱，认定“自我解脱、成为顽石都在强化世界的苦难”。陀思妥耶夫斯基拒绝“桃花源”，也拒绝“自我解脱”，他笔下的“新人”不是像贾宝玉那样离家出走，或者妙玉、惜春、紫鹃、芳官那样去当尼姑，而是像《卡拉马佐夫兄弟》里的阿廖沙，“毅然返回苦难的深渊，流着眼泪亲吻苦难的土地”[3]。《卡拉马佐夫兄弟》第三部第一卷“阿廖沙”最后一段，写的正是阿廖沙返回苦难深远的那个瞬间。这段散文诗我每次读后都眼泪汪汪。我再朗读一遍：

……

他在门廊上也没有停步，就迅速地走下了台阶。他那充满喜悦的心灵渴求着自由、空旷和广阔。天空布满寂静地闪烁着光芒的繁星，宽阔而望不到边地罩在他的头上。从天顶到地平线，还不很清晰的银河幻成两道。清新而万籁俱静的黑夜覆盖在大地上，教堂的白色尖塔和金黄色圆顶在青玉色的夜空中闪光。屋旁花坛里美丽的秋花沉睡着等待天明。大地的寂静似乎和天上的寂静互相融合，地上的秘密同群星的秘密彼此相通。……阿廖沙站在那里，看着，忽然直挺挺地仆倒在地上。

他不知道为什么要拥抱大地，他自己也弄不清楚为什么他这样抑制不住地想吻它，吻个遍，他带着哭声吻着，流下许多眼泪，而且疯狂地发誓要爱它，永远地爱它。“向大地洒下你快乐的泪，并且爱你的眼泪……”这句话在他的心灵里回响。他哭什么呢？哦，他是在欢乐中哭泣，甚至就为了在无边的天空中向他闪耀光芒的繁星而哭，而且“对自己的疯狂并不害羞”。所有从上帝的大千世界里来的一切线索仿佛全在他的心灵里汇合在一起，这心灵为“与另一个世界相沟通”而战栗不已。他渴望着宽恕一切人，宽恕一切，并且不是为自己，而是为一切人，为世上的万事万物请求宽恕，而“别人也同样会为我请求宽恕的”，——他的心灵里又回响起了这句话。他时时刻刻明显而具体地感到有某种坚定的、无可摇撼的东西，就像穹苍一般深深印入了他的心灵。似乎有某种思想主宰了他的头脑，——而且将会终身地、永生永世地主宰着。他倒地时是软弱的少年，站起来时却成了一生坚定的战士，在这欢欣的时刻里，他忽然意识到而且感觉到了这一点。阿廖沙以后一辈子永远、永远也不能忘却这个时刻。“有什么人在这时候走进我的心灵里去了”。他以后常常坚信不疑地这样说……

这段崇高瞬间、神圣瞬间的描述动人心魂，这是人类文学史上最著名的诗意瞬间之一。与此相比，我总觉得贾宝玉撒手悬崖、离开出走的瞬间没有如此动人。

复:这段散文诗似的文字,我也特别喜爱,不知读了多少遍,文字所呈现的阿廖沙确实有崇高感,确实异常动人。基督从十字架下来复活之后,并没有回到天国,而是回到苦难的人间和弱者一起承受不幸,这当然是一种伟大精神,阿廖沙扑向大地拥抱大地的那一刹那,天上世界与人间世界就在他的心灵里打通,也正是基督精神的呈现。陀思妥耶夫斯基原想以阿廖沙为主人翁写出上下两部长篇,可惜写完第一部不久便去世了。阿廖沙就是陀思妥耶夫斯基笔下的基督(圣徒),整个小说的结尾就是他修炼成道下山,在一群孩童的欢呼声中去拯救苦难的世界。作为文学作品,《卡拉玛佐夫兄弟》无疑是人类文学史上最伟大的经典之一。但我们现在应当进入的真正问题是:能否以阿廖沙为参照系而否定东方的另一种基督似的人物贾宝玉,陀思妥耶夫斯基所颂扬的"忍受苦难"的精神是不是应当成为一种绝对精神和绝对价值尺度?曹雪芹在《红楼梦》中所表现的"返回本真"的精神是否应当成为"返回苦难"的对立项?这些问题涉及东、西两大文化的差异,涉及基督教文化与庄禅文化的差异,恐怕论辩一辈子也不会有结论。但是,我还是要从评论《红楼梦》的立场对于上述的真问题讨论一下。除了"忍受苦难"这一点要进行一些叩问之外,我想把讨论的重心放在贾宝玉与阿廖沙的比较,通过比较,我们也许会更了解贾宝玉的心灵指向。

梅:那么,我们就从"忍受苦难"是否应当作为一种绝对精神说起,为了爱,它是否拥有绝对的理由。

复:陀思妥耶夫斯基是想把"忍受苦难"作为绝对精神。但是,细读一下《卡拉玛佐夫兄弟》的小说文本,就会知道这是一部复调小说,同时存在着理性与神性的双音，甚至有野性与神性的双音。理性的载体是伊凡（阿廖沙的二哥），野性的载体是德米特里（大哥），阿廖沙则是神性的载体。伊凡作为西方理性的呈现者，也正是神圣绝对精神的质疑者，他的质疑也有充分理由。他曾经激情澎湃地给阿廖沙讲述一个故事：某乡间中有一八岁的男孩子，他在玩耍时仍了一块石头，不小心打伤了一个将军的狗的一条腿。将军放出全部猎犬，当着母亲的面，把男孩撕成碎片。讲完这个故事，伊凡问阿廖沙："假如大家都应该受苦，以便用痛苦去换取和谐，那么孩子跟这有什么相干呢？如果有人是在一个备受折磨的小孩无辜的血泪上建立起全人类幸福的大厦，你能容忍这种行径吗？"阿廖沙回答："不，我无法忍受。"伊凡笑了。陀思妥耶夫斯基是个非常伟大的作家，尽管他张扬"忍从"、"忍受苦难"，并让阿廖沙来体现这种精神，但他并不是一个传道士，更不是设置宗教法庭去作精神裁判，而是在作品中设立一个双音对话的思想论辩场与张力场，所以他让伊凡申辩不能忍受苦难的强大理由：当孩子被猎犬撕成碎片、受此血腥苦难的时候，你高举着爱的旗帜，那么，请问，为了爱，你是让孩子的母亲（或兄弟们）忍受猎犬的撕咬、吞下悲惨的眼泪，还是告诉母亲和兄弟们：你们必须抗议与抗争，我们不能忍受这些吃人的黑暗动物，阿廖沙心灵充满爱与悲悯，伊凡的内心何尝不是洋溢着爱的眼泪。他也是一个倾听良心呼唤的、充满人道精神的理性主义者，坚信在这个世界里，只要还有孩子被将军的猎犬随意撕咬，人间便没有爱可言。李欧梵说在人生之旅中有三本书给他以深刻的影响，其中有一本就是《卡拉玛佐夫兄弟》，而"伊凡的心灵，真是为我大开眼界"[4]。他所说"大开眼界"，大约是伊凡还讲述的西班牙宗教大法官的寓言，但是，他讲的猎犬的故事不也使我们"大开眼界"吗？这个故事，是伊凡的故事，也是陀思妥耶夫斯基灵魂隐秘深处的故事，这是他血脉深渊中的另一种声音与呼唤：无法忍受苦难的声音与呼唤。尽管这种声音没有成为陀思妥耶夫斯基思想的“主旋律”，但毕竟是他灵魂复调中的一支歌，一支要从“忍受苦难”的体系中挣扎出来、突围出来的歌。陀思妥耶夫斯基自己尚且如此，我们这些中国的读者也与文学评论者更无须把他“忍受苦难”的精神绝对化和标准化。当然，也不必拿陀氏之尺来丈量曹雪芹和他的《红楼梦》。

梅：你提醒注意陀思妥耶夫斯基小说中灵魂的双音，对我很有启发。弗洛伊德曾说，《卡拉马佐夫兄弟》是迄今为止最壮丽的小说。它的思想确实丰富复杂极了。舍斯托夫《在约伯的天平上》说陀思妥耶夫斯基有两种视力，巴赫金则说有多种声音，都看到“最壮丽小说”的内在张力。就此而言，《红楼梦》与《卡拉马佐夫兄弟》极为相似，也是最壮丽的小说，也是灵魂复调的小说，拥有思想张力场的小说。你在《罪与文学》中把林黛玉和薛宝钗的思想分歧，解释为曹雪芹灵魂的悖论，一是重秩序、重伦理、重教化；一是重个体、重自然、重自由，两者都符合充分理由律，两者各自呈现出中国文化的正、负血脉。看来，文学的大经典，其思想都不会太“本质化”。

复：林黛玉和薛宝钗作为曹雪芹灵魂的悖论，有时分歧，有时合一，所以，说“钗黛分殊”是对的，说“钗黛合一”也是对的。《红楼梦》第四十二回，描述她们两人化解情感纠葛，归于和谐，此后黛玉再也没有把锋芒逼向宝钗，但是其心灵方向和差异却是无法改变的。《红楼梦》比《卡拉马佐夫兄弟》出现得早，陀思妥耶夫斯基于1880年11月写完第一部，不久就去世了；曹雪芹于1763年(乾隆二十七年)去世，《红楼梦》也没有写完，但遗稿比《卡拉马佐夫兄弟》早了一百多年。这两位伟大作家除了我们刚才说的其代表作都有灵魂的张力场之外,还有许多极其相似的地方。要说清这些相似点,大约需要几部学术专著,我们今天只能涉足几处。这种比较,不仅是两部最壮丽小说的比较,而且是两颗最伟大心灵的比较,甚至也是东西方两大文化体系的比较。

梅:这真是激动人心的题目,光是思索就会使我们感到无比幸福。

复:你有这种幸福感真使我太高兴了。天底下最美丽的东西,归根结蒂是人的心灵,这两位作家虽然信仰不同,但都有一颗人世间最柔和、最善良、最仁慈的伟大心灵,这是任何知识体系都无法比拟的心灵。这两颗心灵都是极为敏感,尤其是对于人间苦难都极为敏感。陀思妥耶夫斯基被苦难抓住了灵魂,曹雪芹也被苦难抓住了灵魂,只是他们一个倾向于拥抱苦难,一个倾向于逃离苦难。这两位天才的眼里都充满眼泪,无论是感激的眼泪,还是伤感的眼泪,都是浓浓的大悲悯的爱的眼泪。他们两人创造了两座世界文学的高峰,风格不同,但都告诉我们:创造大文学作品,无论是守持什么立场和"主义",都应当拥有大爱与大悲悯精神。一切千古绝唱,首先是心灵情感深处大爱的绝响。

梅:贾宝玉和阿廖沙、梅思金公爵的心灵也极为相似,都是极端柔和的大慈大悲的心灵。要说他们"不食人间烟火",那是他们完全不能接受人间相互杀戮的战火硝烟,完全不能接受仇恨的火焰。

复:幸而有曹雪芹,幸而有陀思妥耶夫斯基和托尔斯泰,幸而有莎士比亚、雨果、歌德这些从古到今的伟大作家,他们通过自己的天才,为人类社会树立了心灵的坐标,如果没有这些心灵的火炬,这个世界就会黑暗的多。很可惜陀思妥耶夫斯基写完《卡拉马佐夫兄弟》的上部就去世了，以阿廖沙为主角的另一部没有写出来，所以我们现在所见到的阿廖沙形象还比较单薄，没有伊凡和米里德里那么丰厚，也没有贾宝玉那么完整。但仅以未完成的阿廖沙来说，他与贾宝玉多么相似，两个都是天使般的人物，两个都没有常人惯有的生命机能：没有仇恨的机能，没有嫉妒的机能，没有算计的机能，没有贪婪的机能，没有撒谎的机能。老卡拉马佐夫，那么冷酷、专横、贪婪，那么奸猾与厚颜无耻，谁都厌恶他，最后被私生子斯麦尔佳科夫所杀，而亲儿子德米特里、伊凡也有杀他的念头，只有阿廖沙，世上唯一的一个，不责备他，他宽恕一切人悲悯一切人，包括被世人视为恶棍的父亲。这不是孝道，而是为不幸父亲承担罪恶的大心灵。对于格鲁申卡，那个世人眼里的放荡女人，也只有阿廖沙真正对她尊重，正如格鲁申卡说的："他是世上第一个怜惜我的人，唯一的这样的人"，当阿廖沙去看她时，她禁不住突然跪下，疯狂地说："小天使，你为什么不早些来呀！……我一辈子都等待着你这样的人，等待着，我知道早晚总有那么一个人走来宽恕我。我相信就是我这样下贱的人也总有人爱的，而且不单是为了那种可耻的目的！……"贾宝玉也是如此，在他心中，不仅没有任何敌人、仇人，也没有任何"贱人"、"下人"，甚至也没有任何"坏人"、"小人"，那些被常人视为"身为下贱"的下人，他却看到她们"心比天高"。那些被世人视为劣种、人渣的贾环之流，他仍然视为兄弟，正如阿廖沙是唯一不责备老卡拉马佐夫的人，他是唯一不责备赵姨娘和贾环的人，所以阿廖沙、贾宝玉都被世人视为怪种。其实，他们的"怪"，正是世人无法企及的宽容与慈悲。

梅：从精神气质上说，贾宝玉和《白痴》里的梅思金公爵极为相似。梅思金这么一个善良到极点的贵族，被世人视为"白痴"，正像贾宝玉这样一个聪慧、仁厚到极点的贵族子弟被视为“呆子”、“孽障”，他们两人都和他们所寄身的现实社会格格不入，总是要被嘲笑。贾宝玉比梅思金幸运的是有一个大观园，一个喜欢清水的鱼可以寄身的池塘。

复：我曾读到诺贝尔文学奖的获得者、著名德语作家赫尔曼·海塞关于陀思妥耶夫斯基的一些评论，极为精彩。关于梅思金，他的描述和评论，简直就是对贾宝玉的叙述。我念段给你听：

……白痴以不同于他人的方式思维着，这并非是说他的思维比别人缺乏逻辑，而更多地耽于天真的幻想，他的思维就是我所称的“魔化”思维。这个温文尔雅的白痴否认他人的全部生活、全部思想、全部感觉、全部世界与现实。在他看来，现实全然不同于他们的现实，他们的现实对于他则完全是虚幻的。在这方面，他是他们的敌人，因为他看到的和要求的是一个崭新的现实。

梅：也许是因为我总是沉浸在西方学院的逻辑、分类等方法上，因此对庄子《齐物论》和禅的不二法门总是无法理解。

复：无论是庄还是禅，他们都拒绝既定的价值尺度与价值形态。所谓“空”，便是超越已有善恶、是非、因果、爱憎的无概念、无价值判断的无我之空。因此，空不是虚空，而是悬搁妄念、妄心（分别心）也是悬搁价值形态的净空，即剩下清静自性、清静本心。按禅的说法，出于本心（清静之心）即可成佛。梅思金和贾宝玉的“白痴”、“呆子”思维方式确实如赫尔曼·海塞所发现的那样，是一种消解对立两极的神秘体验，也就是说，在清静的本心中，万物万有皆平等存在，光明与黑暗、善与恶、福与祸、生与死皆平等存在，一切都取决于你的本心。海塞说梅思金“扬弃文明”，这正如老子、庄子、慧能、贾宝玉扬弃知识和圣贤，(“弃智绝圣”)，在思维方式上完全相同。

梅思金与其他人的不同之处在于，他既是一个“白痴”和“癫痫患者”，但他同时又是一个极有悟性的人，他比其他人更靠近和深明无意识的世界，在他看来，体验的最高境界乃是瞬间的妙悟与凝视(他本人曾有过几次这样的体验)，是在刹那敞亮中与大化冥合、浑然一体，从而领悟和肯定世界上存在的一切的魔化之力，梅思金的本质即在于此。他具有魔化的力量，但他不仅从典籍中去研究、赞叹和吸纳神秘的智慧，而且实际地体验了神秘的智慧(尽管只是在罕有的瞬间)；他不仅生发过许多奇思妙想，而且还不止一次地达到魔幻的临界点。在此时此刻，一切都得以肯定，无论是最古怪的念头，还是与之相反的念头都成为真实的。

人类文化意义上的最高的现实就是世界之被划分为光明与黑暗、善与恶、自然与命令。至于梅思金的最高现实乃是对一切定理之相反相成、对对立两极之平等存在的神秘体验。归根结底，白痴主张一种无意识的母权，从而扬弃文明。不过，白痴并没有打碎法则的石板，他只不过是把它翻转过来，指出在石板的背面还写着相反的东西。

白痴，这个仇恨秩序的人，这个可怕的破坏者，他并不是作为罪犯而出现的。他是一个可爱的、矜持的人，天真而优雅、真诚坦荡而慷慨大度，这就是这部令人可怕的小说的奥秘。

贾宝玉和梅思金一样，也以不同于他人的方式思维着。人们都把世界划分为善与恶、真与假、是与非、两极对立，但贾宝玉和梅思金的思维确是“对对立两极在平等存在的神秘体验”，赫尔曼·海塞大约不知道，在中国叫做“齐物论”，叫做“不二法门”，在《红楼梦》里叫做“假作真来真作假”，在贾宝玉的潜意识里，便是没有尊卑之分、等级之分、上下之分、输赢之分。在等级森严的帝王统治、贵族专制的社会里，这种思维方法当然要被视为“魔”，视为“怪”，视为“孽障”，所以，在贾政眼里，他的儿子只是个“混世魔王”。

梅：关于贾宝玉与梅思金公爵，夏志清老师曾作过比较，说得很精彩，被许多人引用。他说：

维思特(Anthony West)先生在评论这部小说的两种英译本的那篇卓越的文章中曾把宝玉比作德米特利·卡拉玛佐夫。但我认为虽然这两个都有深受折磨的心灵，宝玉却缺乏德米特利的那种尘世间的感情和活力，没有表现出他那种在爱与恨间，在极端的谦卑与反叛之间的永恒的犹疑不决。宝玉的坦白，他的天真和优柔，他的理解和怜悯的能力，他更像陀思妥耶夫斯基的另一个主角，米希金公爵(Prince Myshkin)。两个人都处于一个被剥夺的世界，在这个世界里怜悯的爱被怀疑为白痴(描述这位中国英雄的重要的字是“呆”和“痴”)。两个人都发现这个世界的痛苦是不堪负荷的，结果就忍受着阵阵发作的精神错乱和麻木无情。两个人都是同两个女人有关系，而都未能满足她们的期望。米希金公爵作为一个白痴的结束，因为纳斯塔西亚(Nastasya)死后，他发现在一个贪婪与淫欲的世界里基督之爱是不会有效的；当宝玉最后从其呆痴中脱颖而出时，他已认识了爱情的破产，但很典型地他弃绝世界以担负起一个隐者的无感情。

刚才听你引述赫尔曼·海塞的话,把梅思金称为"秩序的破坏者"可以给夏先生做个补充,即贾宝玉和梅思金确实都有破坏的一面,反叛正统理念的一面。但千万不要把他们说成是"革命者",他们只是对传统价值的否定。海塞还说梅思金天真而优雅,真诚坦荡而慷慨大度,这些评语也完全适用于贾宝玉。他们两人都是天真的正统价值理念的否定者,也正是在这个意义上,林黛玉也成为贾宝玉的知音,而薛宝钗则未能成为贾宝玉的心灵同道。薛宝钗的思维方式在正统的眼睛里是最正常、最符合规范的方式,她不是秩序的破坏者,而是秩序的忠诚儿女。

复:贾宝玉和梅思金确是都极为天真,说得更为彻底一些,都是混沌未凿的孩子。你注意到了吗?在描写大观园时,曹雪芹曾用"混沌未凿、天真烂漫"八个字来形容这个世界。梅思金和贾宝玉都是大观园女儿合众国的公民,都是赤子,这是他们的根本相似之处。海塞所说的思维方式,还属于头脑,而赤了状态,则属于心灵,这是更深层的共同点、共通点。这两个小说主人公的相同点,也是曹雪芹和陀思妥耶夫斯基这两位伟大作家的共同点。他们都是伟大赤子。《红楼梦》作为灵魂自叙性小说,贾宝玉就是曹雪芹灵魂投影,贾宝玉天真的孩子状态就是曹雪芹的心灵状态。而陀思妥耶夫斯基也是如此,梅思金和阿廖沙就是他的人格投影和灵魂化身。而陀思妥耶夫斯基这样进行自我描述,他说:

我是时代的孩童,直到现在,甚至(我知道这一点)直到进入坟墓都是一个没有信仰和充满怀疑的孩童。这种对信仰的渴望使我过去和现在经受了多少可怕的折磨啊!我的反对的论据越多,我心中的这种渴望就越强烈。

我不知道我忧伤的思想何时才能平息？人只有一种状态是命中注定的，他心灵的氛围是天和地的融合。人是多么不守规矩的孩童；精神本性的规律被破坏了……我觉得我们的世界是沾染了邪念的天上神灵的炼狱。我觉得，当今世界具有消极的意义，因而崇高的、优雅的高风亮节成了讽刺。如果有人进入这图画，和整体的印象与思想不协调，总之，完全是无关紧要的的，那么结果将会如何？画面被毁坏了，存在便不可能了！

可是眼看着宇宙在一层粗糙的表皮包裹下受苦受难，明明知道只要意志的一次迸发就能将它打破并与永恒完全融合，了解这一切并作为卑微的创造物而存在……太可怕了。

这两段话虽是他早期写的，后期他的信仰已由怀疑走向坚信，但他的孩子状态都永远没有变。作为“时代的孩童”，他从塑造梅思金到阿廖沙，其天真状态一直如此。

梅：曹雪芹和陀思妥耶夫斯基到了后期即进入写作其代表作的时候，灵魂负荷都很沉重，尤其是陀思妥耶夫斯基，但是，他们自始至终都是“时代的孩童”，创作时没有功利之思，只有心灵之火，这是他们成功的原因。这种相同点，让我想起一个问题，为什么一个谈“空”，一个谈上帝，但都会与孩童联系起来。老子说“圣人皆孩儿”，好像是个四海而皆准的真理。

复：按照佛教的学说，“我”空了，佛才能进来；我腾出净洁的空间，佛才有立足之处。同理，只有当我“无”时，上帝才能进来，如果我的心胸塞满权力欲、财富欲、功名欲，上帝固然可以拯救，但要格外费力，是否救得成，也未可知，把“空”与“无”理解为虚无主义是不对的。“空”，是看破物质的幻想，并非精神的空虚。“空”时的心灵不仅最为清净，尤其最为充盈，扬弃虚妄之物恰恰赢得新的实在。曹雪芹和陀思妥耶夫斯基把自己的理想人物都塑造得像个孩童赤子，自身也像孩童赤子，就因为孩童未被世间流行的价值形态所充塞，也未被固有的思维方式所驱使，他们的心灵还是一个未曾被权力、财富、功名所侵占的“空”场。

梅：贾宝玉与阿廖沙（还有梅思金）有许多共同的根本之处，但确实也有很不同的地方，他们的思想差异反映着作者不同的大文化背景和大文化立场。

复：不错。曹雪芹与陀思妥耶夫斯基是中华民族与俄罗斯民族最有智慧的伟大儿子，他们分别负载着这两国民族文化精华最丰富又最深刻的宝藏。两个民族的灵魂内涵是什么？到这两位伟大作家的作品中去寻找就知道了。如前边我们在谈论美学时说，曹雪芹把生命价值视为最高价值，把青春生命视为最高的美。至美的生命即是极限，林黛玉与晴雯的生命即是价值极限，所以曹雪芹唯一牵挂的是美好的青春生命，其他价值形态都要建立在充分尊重这种个体生命的基石之上。《红楼梦》的全部情、全部爱都投入个人生命之上，除此之外，没有更高的情与更高的爱。这种爱是情爱，是亲爱（亲情），但又是波及一切生命的世情，包括对不情物与不情人的兼爱，也是博大的爱，贾宝玉都体现着这种爱。把贾宝玉说成无情的石头，说成只忙于构筑自己的桃花园，恐怕太冤枉了这位“怡红公子”。而陀思妥耶夫斯基所谓基督教的忠诚信徒，他并不把个体生命价值视为最高价值。在他的价值体系中，有一种高于生命价值的圣神价值，这就是上帝所代表的最高价值，生命是上帝所创造的，上帝的圣爱才是最高的覆盖一切的爱。为了实现这一最高价值，个体生命可以牺牲，可以忍受苦难，可以放弃个体的一切欲望，包括情爱的欲望。阿廖沙体现的正是这种价值观，所以他的目标不是“复归于婴儿”，不是守持赤子状态就满足，他还要复归苦难的大地，亲吻不幸的人间，永远背着十字架在充满荆棘的世界上苦行苦旅，这无疑比贾宝玉更为崇高。但是这种价值观必须有一个前提，就是确认上帝的存在，有了上帝的存在，才有陀思妥耶夫斯基及其理想人物的价值逻辑链条，即上帝——圣爱——拯救——牺牲——忍受苦难——拥抱苦难的大地。《卡拉马佐夫兄弟》所以能打动全世界的心灵，就是凭借这一价值逻辑。我也从心底深处仰视这一逻辑，但又清醒地意识到，我们的中国文化没有上帝这一前提，也不可能拥有上帝所派生的价值逻辑链条。中国文化只有一个“人”的世界，没有“神”(即上帝)的另一个世界。我和林岗合著的《罪与文学》，苦苦追索的正是在没有上帝的条件下，我们良知的源泉与根据在哪里？是不是没有上帝，我们的良知就无所附丽。思索的结果，我们找到《红楼梦》，找到另一种圣经，这就是把个体生命视为最高价值的圣经，把青春生命视为最高美的圣经。这部经典极品虽未能把“崇高”范畴推向极致，却把“柔美”范畴推向极致，它虽不是刚性史诗，却是柔性史诗。我和林岗在全书的论证中，拒绝褒此抑彼，拒绝在曹雪芹与陀思妥耶夫斯基这两者之间作出高低价值判断，认为拯救固然有充分理由，逍遥也有充分理由；阿廖沙返回大地拥抱苦难大地拥有充分理由，贾宝玉逃难大地告别苦难大地也有充分理由。

梅：你认为贾宝玉最后离家出走，不能像阿廖沙那样承担苦难的理由是什么？

复：理由是自救。他无力当救世主，连最心爱的几个女子都救不了，还能救世界吗？晴雯、鸳鸯、林黛玉等已当了牺牲品了，他如果真想去拯救，也只能多一份牺牲品。在确认世界无法拯救，自己也无力拯救时，自救便有了理由。守护生命的尊严，守护生命的本真状态，拒绝与泥浊世界同归于尽，这难道不是巨大的理由吗？贾宝玉的出走，既是反叛，也是自救。曹雪芹正是因为自救，才赢得逍遥之境，才赢得精神价值创造（写作《红楼梦》）的时间和心境，才获得其生命的意义。没有放下世俗的负累，如何提起注满血泪与智慧的如椽大笔？"五四"以来，在革命即拯救和解放全人类的名义下，山林文化、隐逸文化被声讨被围剿，逍遥之境没有存在的合理性，作家的自由就从这里开始丧失。

梅：这两年，我一直留心现代隐逸文化的命运，结果发现中国现代社会、现代文坛没有隐逸文化的立足之境。中国古代还有放任山水的自由，《儒林外史》中还有王冕的逍遥自由，而现代社会则没有这种自由。周作人、林语堂、废名等都想当现代隐士，结果隐士梦都破灭。中国现代文化的苦难负荷太重，不允许"象牙之塔"的存在。你曾告诉我，象牙之塔的毁灭是中国现代文化的一大现象。所谓象牙之塔，其实就是逍遥之境、独立创作之境，它的毁灭，固然有权力的作用，但更多的是拯救国家的道义压力。

复：你说得对。象牙之塔并不仅是为了自适、为了虚度时日，而是构筑一个属于自己的精神王国进行潜心的创造。扫荡这种王国，就不可能有《红楼梦》，所以我既能理解陀思妥耶夫斯基的荒漠之境，也能理解曹雪芹大观园的逍遥之境。

梅：我能理解你这些观念。多年来，你自己就在拯救与逍遥中徘徊，在宗教与审美中徘徊，在神性与理性中徘徊，在理性与感性中徘徊，在神主体性与人主体性中徘徊，在孔子与庄子中徘徊，在屈原与陶渊明中徘徊，在耶路撒冷与雅典中徘徊，在鲁迅与高行健中徘徊，在基督与慧能中徘徊。最近这几年，你感到拯救无力，感到所谓“改造世界”不是你力所能及，因此你的天平便往逍遥一端倾斜。虽然你对陀思妥耶夫斯基和曹雪芹都衷心仰慕，对其文学成就都给予最高的礼赞，但在灵魂的出路上，你却往曹雪芹这一端倾斜。我们不是教徒，虽格外尊重宗教，但不必有宗教式的思维，不必有一个终极真理的决断与结论，不必有“二者必居其一”的立场。我们是文学的信仰者，我们重视过程而不重视结论，我们就生活在悖论中，生活在提问中，生活在张力场中。我们不把《卡拉马佐夫兄弟》看作基督教教义的形象演绎，也不把《红楼梦》看作佛教理念的形象转达。我们只把他们看作伟大的文学作品，作品文本的本身就充满悖论，就充斥各种不同的声音。小说传递给我们的是“复调”，是双音与多音，不是终极真理的绝对命令。所以你在《罪与文学》中借助陀思妥耶夫斯基说明文学的灵魂维度和“崇高”审美范畴是符合学理的，而借助曹雪芹说明文学的生命本体价值和“柔美”审美范畴也符合学理。我们比较贾宝玉与阿廖沙，也不是去做道德价值判断，而是探讨他们相同和不同的生命内涵和美学内涵。

复：你对我的描述大体上是准确的。现在我更牵挂个体生命，无论是对自己还是对待他人，所以也完全能够理解贾宝玉那种对于生命尊严和诗意生活的追求。对于陀思妥耶夫斯基，我从他身上知道了什么叫做“灵魂深度”，至今仍然陶醉于他的深度描写。但是，我又无法接受他的那种“忍受苦难”的“灵魂负荷”，更不会与讴歌苦难产生共鸣。我的第一人生不断走向知识，第二人生则不断走向生命，凡是进入生命深层的伟大文学作品，都让我倾慕与醉心，都援助和提高了我的心灵。所以，无论是对于陀思妥耶夫斯基，还是对于曹雪芹，我都充满感激。

注释：

〔1〕(俄)陀思妥耶夫斯基:《书信集》，人民文学出版社，第 151 页。

〔2〕(俄) 陀思妥耶夫斯基:《中短篇小说选》下卷，人民文学出版社 1982 年版，第 336 页。

〔3〕刘小枫:《拯救与逍遥》，上海人民出版社 1988 年版，第 336 页。

〔4〕李欧梵:《西潮的彼岸》，台北时报文化出版事业有限公司 1975 年出版，第 145 页。

（**刘再复　刘剑梅** 文，原载《书屋》2008 年第 6 期）

《红楼梦》与西方哲学

(一)雅典与耶路撒冷

无论是讲述《红楼梦》文学，还是讲述《红楼梦》哲学，我都使用一种有别于考证与论证即实证的方法，这就是“悟证”的方法。悟的思维方式被禅宗特别是被慧能推向了极致，最后从方法论变为本体论，断定“悟即佛”。但我是学人，不是僧人，仍然把悟作为方法，并且把它看做是不仅属于禅宗、而且也属于庄子、甚至是属于中国哲学的有别于逻辑论证的一种普遍性方法，这就是直觉、直观的方法。这种方法没有思辨过程，即无须“证”。但为了解说与讲述，也为了把宗教性之悟与学理性之悟区分开来，我便使用“悟证”一词(正如宗教与宗教学不同，宗教只讲信仰与情感，悟即可以，而宗教学则要有所证),“悟证” 也可以称作直证，即无须逻辑中介的直接把握;论证也可以称作曲证,即需要逻辑思辨这一中介的间接把握。关于这两种不同“证”的方法,贺麟先生讲得十分清楚。他说:

证明也有两个意义:第一,直接的证明,第二,间接的证明。直接的证明由体验去证明,如求仁得仁,知天即天知,见道即道之自觉。间接的证明,是理智的证明,也是外在的证明,由前提推结论,由因证果。直接的证明又名先天证明,间接的证明是后天的证明。黑格尔指出总体的推论是直接证明,形式的证明是间接证明。直接证明在某种意义下不是推论,也不是证明,而是一种直觉或体验。直证上帝,直证本体都是超理智的。康德反对用形式的间接的方法证明上帝存在,因为他认为上帝存在的问题非理智的而是信仰的问题。[1]

直证与曲证,实证与悟证的区分,背后是两大知识类型、两大真理体系的区分,即实在性真理体系与启示性真理体系的区分,也是希腊理性精神和希伯来神性精神的区分，雅典知识类型与耶路撒冷知识类型之分。文学更接近宗教,它诉诸信仰与情感,而不是诉诸理智与理性,它不同于科学,呈现的不是实在性真理,而是启迪性真理。因此,它对真理的把握方式乃是本体性的直接把握,也就是直证、悟证,而不是曲证、实证。

说“悟证”法门属于对启示性真理的把握,属于类似直证上帝的本体性证明,属于耶路撒冷的知识类型,只是说《红楼梦》的哲学方式和我的阅读方式属于耶路撒冷,并不是说《红楼梦》的精神内涵整个属于耶路撒冷,与上帝-基督教文化相通。从哲学内涵上着眼,可以说《红楼梦》既不属于耶路撒冷，也不属于雅典，它完完全全属于中国文化。小说中的哲学张力场不是雅典与耶路撒冷的对峙，而是儒家道统哲学与庄禅异端哲学的对峙和只属于曹雪芹的其他对峙内涵。用耶路撒冷的参照系来看《红楼梦》哲学，可以看到以下四点巨大的差别：

(1)基督教文化属于“有”的哲学，《红楼梦》属于“无”的哲学、“空”的哲学。整部小说是“无为有处有还无”，即有和无的矛盾、冲突、徘徊、彷徨，但其对宇宙、世界、人生的本体性把握，基督属有，曹雪芹属无。前者以上帝为宇宙本体，后者以“空”为宇宙本体。在基督教哲学体系中，不仅上帝是个神圣巨大的存在，而且上帝创造了这个地球，这个人间以及这个地球上的各种生命，都具有实在性。而《红楼梦》受佛学尤其是受庄禅哲学的影响，则认定世界、人生来自空而归于空，来自无也归于无，“质本洁来还洁去”，最后的故乡是白茫茫一片真干净的无，“好了歌”具有多重暗示，其哲学暗示是世界与人生，最后了于无，止于无。“来兮止兮”，本来无一物，最终也无一物。所有的物，所有的色，包括金银、娇妻、权力、功名等都是幻影幻相。总之，基督教是直证上帝之有，《红楼梦》则直证诸相之无，前者以上帝为独一无二的最高境界，《红楼梦》则以“无立足境”的空空境、无无境为最高境界。

(2)基督教文化和《红楼梦》文化都是大爱的文化，其哲学又都是“以情为核”的哲学。但基督教的爱是“圣爱”，情的总根是天父天主之情，人间一切温情都源于此。而《红楼梦》的爱与情，却全然是人间之情，其情感系统(恋情、亲情、友情、世情等等)，全与圣爱无关，全源于人与人的相关互动，即情感不是神性的产物，而是人性的产物。因此，一旦心爱的人消失，主人公贾宝玉就会产生大哭泣，大悲情，确知消失之后不可能进入神圣之爱的怀抱之中。

(3)基督教哲学与《红楼梦》哲学都有罪感，即都有罪的哲学意向。基督教所定义的罪是因为人离弃了父亲(天父)而破坏了人与上帝的关系从而也破坏了人与人的关系。因此，这种罪乃是因忘恩负义引起的内疚。失去天父也就失去存在的根据，因此可把这种罪定义为存在之罪，降生下来就有罪。而《红楼梦》没有这种原罪感，但也有歉疚感，其罪的原因是欠了泪-欠了情，没有情就没有存在的价值，这种罪乃是历史之罪，是“我的过去”欠了债，犯了罪。因此，两者的忏悔内容也不同，基督的忏悔是为了救赎，属于拯救灵魂的神性内容；曹雪芹的忏悔则是思念与慰藉，属于抚慰灵魂的人性内容。

(4)基督教与《红楼梦》都面对苦难，都有大慈悲精神。但基督教以苦为乐，认定拥抱苦难才是走向天堂的路径，因此接受苦难，甚至沉迷于苦难并以苦难为幸福。因为具有这种返回大地与苦难生命共负罪责的精神，因此，产生了自我牺牲的崇高感。而《红楼梦》也正视苦难，正视血腥的现实，却不以苦为甜，不以苦难为幸福，而是期望摆脱苦难，超越苦难。因此，《卡拉玛佐夫兄弟》中的阿廖沙返回苦难的大地，而贾宝玉则离家出走，逃离苦难的大地。但贾宝玉的原型——《红楼梦》作者本身，他的逃离只是逃避人间的卑鄙、污浊与黑暗，这之后他用一种看破幻相的最清醒的意识观照人间，他的逃离并非溃败，也非放弃关怀，而是赢得心灵自由进行精神价值的创造。

(二)《红楼梦》与叔本华的悲观主义哲学

第一个认定《红楼梦》是一部哲学大书并第一个以德国哲学为参照

系评论《红楼梦》的是王国维。这位先知型的中国人文天才用叔本华的悲剧论解说《红楼梦》，发现《红楼梦》的悲剧并非几个蛇蝎之人所造成而是人与人的共同关系即共同犯罪的结果，王国维把《红楼梦》的评论一下子提高到形而上水平。

我还要补充和强调的是，从文学上说，《红楼梦》是部大悲剧，而从哲学上说，则与叔本华的悲观主义相通。

曹雪芹是一个悲观主义者，鲁迅说《红楼梦》"悲凉之雾，遍被华林，然呼吸而领会者，独宝玉而已"。《红楼梦》的确布满悲凉之雾，它对世界是悲观的，对人是悲观的，对情爱是悲观的。无论是甄士隐对《好了歌》的注解，还是《红楼梦》预示命运的总结曲：为官的，家业凋零；富贵的，金银散尽；有恩的，死里逃生；无情的，分明报应；欠命的，命已还；欠泪的，泪已尽，都极为悲观。曹雪芹认定，人生没有意义，说到底只是为他人作嫁衣裳而已，这个世界到头来是"白茫茫大地真干净"，什么也不剩。没有谁可以充当救世主，没有人可以挽救美好生命的毁灭和世界的堕落，无论是儒、是道、是释都挽救不了改造不了那个金玉其外、败絮其中的荒诞社会。正是这种彻底的悲观主义，所以《红楼梦》的思想才深刻，才不制造任何幻相、任何乌托邦，才一反中国大团圆的老套，如实地呈现美好的生命一个一个被浊泥世界所吞没。受悲观主义哲学的影响，《红楼梦》文本中设置了冷子兴一开篇就说贾府"一代不如一代"。三只冷观贾府的冷眼：一是冷子兴，二是秦可卿，三是妙玉，他们都带出悲观的结论。秦可卿在临终前托梦对王熙凤说的那番话，全是"盛筵必散"、"诸芳散尽"、"登高必跌重"、"树倒猢狲散"的悲观预言；而妙玉偷听林黛玉弹琴更是预感到断裂之声的不祥之兆，三者全是曹雪芹的悲观主义眼睛。《红楼梦》有大梦，但没有肤浅的乐观主义和肤浅的浪漫气息，这正是他有一种与叔本华相似的哲学意向。第三十六回中，贾宝玉在批判“文死谏，武死战”儒家道统的同时这样说：“……我此时果有造化，趁着你们都在眼前，我就死了，再能够你们哭我的眼泪，流成大河，把我的尸首漂起来，送到那鸦雀不到的幽僻去处，随风化了，自此再不托生为人，这就是我死的得时了。”后来他又说：“我想这个人，生他做什么？天地间没有了我，倒也干净。”这种话，简直与叔本华如出一辙，而且说在叔本华之前。叔本华正是说，“人最大的错误是被生下来了”，不仅生下来为多余人（如同补天时多余的石头）是错误的，而且压根就不应该生，出生就是错，这是对人生多深的绝望。难怪贾宝玉要对同到尘世来走一回的知己林黛玉说出如此至痛至伤之语：“原是有了我，便有了人；有了人便有无数的烦恼生出来：恐怖，颠倒，梦想，更有许多复得。”

曹雪芹悲观主义的彻底性不仅仅表现在对生的怀疑，而且认定人性不可改造。这一点，高鹗在续书中很了不起地领会了，保留了贾宝玉在与薛宝钗结婚之后的那一场辩论，他表明了这样的观念：古圣贤说过，“不失其赤子之心，那赤子之心又有什么好处？不过是无知，无识，无贪，无忌。我们生来已陷溺在贪、嗔、痴、爱中，犹如污泥一般，怎么能跳出这般尘网？……既要讲到人品根柢，谁是到那太初一步地位的？”

在叔本华看来，世界只是表象，人也只是一个进行表象者而已，并没有实在性，这与曹雪芹的空为本体、诸色乃是幻相的色空哲学完全一致。由于世界是人的表象幻相，因此现实世界的存在同人的梦境就没有多大区别。于是，东、西方这两位智者便不约而同地道破一个悲观主义哲学，这就是人生乃是一场大梦。叔本华说：“人生和梦都是同一本书的页子，依次连贯阅读就叫做现实生活。”曹雪芹就说“悲苦千般同幻渺，古今一梦尽荒唐”，整部《石头记》，也不过是人生一梦而已，因此，两个划给人生的句号便是“归于空”(佛教理想)或“归于梵天”(叔本华推崇的印度教理想)。

王国维的天才正是他敏锐地感觉到叔本华与曹雪芹的哲学相通，而且是在悲观主义哲学上相通。尽管他的论述的主要语汇是悲剧，不是悲观主义，也未能完全穿透与把握叔本华、曹雪芹悲观主义的彻底性内容，但他毕竟是“第一个吃螃蟹的人”(鲁迅语)，毕竟为我们打通并嫁接了东西方的悲观主义哲学血脉使得我们今天有了再认识的可能。而王国维自己最后也投湖自杀，用自己的行为语言，表明他自身也是一个彻底的悲观主义者，一个对世界对人性看得很透很空的怀疑主义者。

(三)曹雪芹与尼采贵族主义

欧洲在二十世纪上半叶兴起的现代主义思潮，始作俑者其实是十九世纪的叔本华与尼采，也就是说，德国哲学是现代主义思潮的故乡。如果说，西方文艺复兴活动是第一次对人的发现，那么，现代主义思潮则是第二次对人的发现。但两次发现的内涵完全不同，第一次发现是发现人的崇高，人的伟大，人的了不起；第二次发现则是发现人的荒诞，人的渺小，人的混沌与卑劣。《红楼梦》作为一部“人书”(聂绀弩语)，它兼有两者的最深邃内容。

在现代主义思潮的源起中，叔本华与尼采都对西方理性系统进行了一次大解构，也是对基督教文化的大解构。他们发现，人并不是理性的载体，反之，恰恰是非理性、反理性的载体，人的本身的问题极大，而且常常混乱得不可理喻。叔本华发现人是欲望的生物，欲望的人质，而尼采则发现，人已变成没有力量的“末人”，奉行的完全是非人的奴隶道德与弱者道德，这位最后连自己也疯掉的大哲学家的整个哲学体系所暗示的“真理”是：我们感受到的宇宙和世界，乃是强者驾驭的，历史的列车是强者开动的，那些上等人即那些贵族的精英便是强者。强者有强者的道德谱系，弱者有弱者的道德谱系。世界这部大车如果要继续开动下去，就得向弱者、向下等人开战，拒绝一切为弱者、为下等人说话的哲学，包括基督的哲学。基督的道德是奴隶道德，基督哲学是下等人哲学，所以不可接受，所以要宣布“上帝死了”。

尼采对叔本华的意志哲学进行发挥，把世界的本质、生活的本质、存在的本质归结为“权力意志”，把世界、生活和一切存在物都视为权力意志的表现。权力意志不仅是永恒的战斗力量的源泉，而且是判断界定善恶的唯一尺规。他断定，人之中一切增强权力意志和权力本身的事物便是善，而一切虚弱的事物便是恶，他的“超人”理想正是把权力意志发挥到极端的理想。超人本身也正是权力意志在人类世界中的最高产物。这种权力意志哲学当然没有悲悯感与大慈悲精神。

尼采去世之后，第一次世界大战发生，接着又是第二次世界大战，地球上奉行理性的土地竟然出现纳粹、奥斯维辛集中营、古拉格群岛等等。在这一历史行程中，一方面纳粹利用尼采向弱者宣战的权力意志哲学，产生巨大的破坏效应；另一方面历史事实又说明现代主义哲学具有它的不可抹杀的深刻性，人本身确实有问题，确实没有理性。以尼采为坐标，我们可以看到作为中国最伟大的贵族文学的《红楼梦》，其思想与尼采根本不同。最重要的区别在于，曹雪芹本身是贵族，也具有贵族的精神气质，但反对贵族特权，完全拒绝上等人与下等人的人格分别，反抗的恰恰是权力意志。在贵族社会里，贵族与平民的尊卑贵贱界线极为严格，尼采想要守持的正是这一界线，但是曹雪芹恰恰打破这一界线。他没有经济平等的乌托邦，但有人格平等的理想。他把"齐物论"与"不二法门"贯彻到作品精神内涵中，让主人公的价值标尺完全超阶级、超等级、超尊卑(甚至超性别)、与"超人"理念完全相反。那些处于贵族社会最底层的奴隶，即那些丫环、戏子们，在他的心目中，几乎等同天使，主人公贾宝玉甚至颠倒地位，把自己视为"神瑛侍者"，服务于一切美丽的青春少女，包括为奴隶的小丫环。曹雪芹打破尊卑的态度，其哲学基石是禅宗"不二法门"，即不分别的哲学，齐物也齐人的哲学，最彻底的平等哲学。这种哲学，向古看是庄子哲学；向今看，是托马斯·杰斐逊在美国《独立宣言》开篇上写着的"人人生而平等"的哲学，这是和尼采超人哲学极端对立的另一种哲学。

尽管与尼采相比，曹雪芹显得很冷静，但他与尼采一样，也是一个大解构者。如果说，尼采解构的是西方理性哲学对世界对人的基本理解，那么，曹雪芹解构的则是儒家道统对世界对人的基本规范。尼采看到现代社会大辉煌下贵族精神瓦解的可能性，而曹雪芹则看到大辉煌下贵族社会崩溃的可能性，两人都是现存秩序现存理念的"槛外人"(异端)。还有一点相似的是，无论是尼采还是曹雪芹，都把哲学、文学表述视为生命存在方式本身，换句话说，都是通过自己的感性语言描述自身的体验。尼采也是个天才，他有足够的力量建构宏大的哲学体系，但是，除了《悲剧的诞生》具有传统哲学讲述的形态之外，几乎没有一部著作使用传统的逻辑论证的哲学方式。他显然是害怕自己活泼的喷射式的丰富思想被束缚在内封闭的符号系统之中，因此，他宁可用随想录等接近文学的方式来表达他的哲学思索，这一点，使得这两位天才相通，他们的哲学都不是僵死的经院哲学，而是充满生命活力、充满生命蒸气的哲学。

(四)曹雪芹与斯宾诺莎的泛神论

如果王国维当年对欧洲哲学的理解不是仅局限于康德、叔本华，而是还能注意到生活在十七世纪的斯宾诺莎，而且又能把斯宾诺莎和曹雪芹联系起来思索，那将会对《红楼梦》的哲学获得一些更新的认识，至少会发现两人在哲学方法与哲学思想上均有相通之处(曹雪芹出生于1715年，即在斯宾诺莎去世1677年后的第三十八年出生)。甚至会像郭沫若那样把庄子与斯宾诺莎连在一起而把曹雪芹与斯宾诺莎放在一起思考，从而发现他们都是泛神论者，即把自然视为神，把神视为自然。十六世纪中叶至十七世纪，欧洲出现了培根、笛卡尔、霍布士等具有全新宇宙观的哲学家，也出现了布鲁诺、波墨等泛神论者，斯宾诺莎和他们一样，否认人格神上帝的存在，否认天使的存在，认定上帝就在自然之中。他在其代表作《伦理学》中把实体、神、自然、宇宙四者等同起来，强调作为万物本源的神就是自然。郭沫若在《女神》中讴歌“三个泛神论者”：庄子、斯宾诺莎(郭译为斯皮诺莎)及印度佛教之前的优婆尼塞图。此外，他还自己说明，他之所以会接近歌德，其重要原因也是因为歌德具有泛神论思想[2]。他还对歌德的泛神论思想作了五点概括，这些概括，有益于理解《红楼梦》的泛神论，因此我们略去第一点而引述于下：

二、……他的泛神思想。泛神便是无神。一切的自然只是神的表现，自我也只是神的表现。我即是神，一切自然都是自我的表现。人到无我的时候，与神合体，超绝时空，而等齐生死。三、他对于自然的赞美。他认为自然是唯一神之所表现。自然便是神体之庄严相，所以他对于自然绝不否定。他肯定自然，他以自然为慈母，以自然为友朋，以自然为爱人，以自然为师傅。他说：我今后只皈依自然。只有自然是无穷地丰富，只有自然能造就伟大的艺术家……一切的规矩准绳，足以破坏自然的实感，和其真实的表现！他亲爱自然，崇拜自然，自然与之以无穷的爱抚、无穷的慰安、无穷的启迪、无穷的滋养。所以他反抗技巧，反抗既成道德，反抗阶级制度，反抗既成宗教，反抗一切的学识。以书籍为糟粕，以文字为死骸，更几乎以艺术为多事。四、是他对于原始生活的景仰。原始人的生活，最单纯，最朴质，最与自然亲睦。崇拜自然、赞美自然的人，对于最原始生活自然不能不发生景仰。所以他对于诗歌，则喜悦荷默和莪相。在井泉之旁，觉得有古代之精灵浮动。岩穴幽栖，毛织衣，棘带，是他灵魂所渴慕着的慰安。他对于农民生活也极表同情："自栽白菜，菜成拔以为蔬，食时不仅尝其佳味，更将一切种之植之时的佳日良辰，灌之溉之从而乐其生长之进行时的美夕，于一瞬间之内复同时而领略之。"他说，这种作为人的单纯无碍的喜悦，他的心能够感受到，真是件快心事。要这种人才有真实的至诚，虔诚的努力，热烈的慈爱，能以全部精神灌注于一切，是刹那主义、全我生活的楷模！五、是他对于小儿的尊崇……[3]

如果郭沫若讴歌的三个泛神论者，第三个的名字改为曹雪芹，那么读者也不会有异议，因为曹雪芹完全与斯宾诺莎、歌德的泛神论思想相通，在《红楼梦》全书中贯彻着连自己也未必意识到（如同庄子）的泛神论的宇宙观、哲学观。这明显地表现为：

（1）全书故事起于自然（大荒山、无稽崖、三生石畔等），终于自然（宝玉离开社会走入云端），基本情节是“自然（石头）的人性化”和“人性的自然化”（宝、黛人化之后追求自由自然），关于这点，下文再细说。

（2）小说开篇的女娲，类似创世的上帝，但不是全知全能的上帝，更不是主宰世界与主宰人类命运的上帝，也不是圣爱的源泉，因此，她不是被信仰的人格神。《红楼梦》立足于禅宗哲学，以“悟”代佛，以“觉”代神，觉即神，我即神（此点与歌德的泛神论也相通）。

（3）《红楼梦》始终有一种对不可言说的终极真实的敬畏。这一真实在小说中时而是“空”，时而是“无”，时而是“天地”，时而是道与自然，归根结底，是对宇宙本体的敬畏。换句话说，是对一种于冥冥之中产生万物万汇的相当于创世主但又不是创世主的天道即宇宙秩序的敬畏。也可以说，这是对天、地、人和谐共在的“天人合一”的天地宇宙境界的敬畏。这一秩序与境界相当于神，但又不是神，因此可称泛神。

（4）全书充满对大自然的向往、同情与仰慕，主人公贾宝玉常与星星对语，也常和鱼儿鸟儿说话，林黛玉更是常常对花流泪，葬花如葬己，物我无分，与自然合一。

（5）对以刘姥姥为符号的农民及其栖居的乡村质朴土地充满悲悯与爱意，连最能算计的泼辣女人王熙凤也没有偏见，她不仅善待刘姥姥，而且把唯一的女儿（巧姐）托付给她，最后巧姐儿复归于土，圆了“牛郎织女”之梦。

(6) 小说以大量篇幅描写男女主人公的原始出身与儿童时代生活，贾宝玉童言无忌，讲了许多“女子水作，男人泥作”的天言天语，更是把“女儿”(青春少女)直接视为与释迦牟尼、元始天尊同一级的“神”，把神“泛”入儿童生命与青春生命。

放下歌德，另有一点值得特别注意的是哲学视角上斯宾诺莎与曹雪芹相似。笔者在《红楼梦的哲学内涵》中说，《红楼梦》有一种哲学视角，这就是大观视角。这种视角不是以肉眼、俗眼即人的寻常眼睛观物，而是用“天眼”(《金刚经》概念)、“道眼”(庄子概念)、“宇宙极境之眼”(爱因斯坦的眼睛)观物。《红楼梦》中空空道人、茫茫大地、癞头和尚、跛足道人的空眼也是这种眼睛，正因为以空见色，才清醒地看到世界与人性的荒诞，追名逐利的无意义。斯宾诺莎本是以磨镜片为生，他不仅成为光学家，而且发明了一种形而上学的望远镜与显微镜，即“从永恒的范型之下”(Under the form of elemity, Sub-specie aeternitatis)观认万物万相的方法，通常被称作第三种知识(绝对客观知识)直观法。爱因斯坦说从宇宙极境看地球，地球不过是一粒尘埃，正是站立于宇宙永恒范式之下直观天地万物的方法。斯宾诺莎把执著我见的知识称作第一知识，把共同概念形成的理性知识称作第二知识，把宏观思维把握下的绝对客观知识称作第三种知识。他的永恒范式直观之眼，正是穿越各种幻相看透事物本质的天眼、道眼、佛眼，也正是曹雪芹的大观眼睛。至此，可以看到曹雪芹与斯宾诺莎两个惊人的相似之点：①排除上帝人格神而以宇宙自然的永恒共在范式为广义之神，并以对这一共在范式的敬畏取代对人格神的敬畏。②排斥我执法执而立足于永恒范式的精神制高点大观直观一切物性人性。斯宾诺莎出生在曹雪芹之后，如果他生活在中国，也许会从《红楼梦》中找到自己的哲学例证，尤其是发现曹雪芹有一双自己所追求所想建构的大观眼睛。

（五）《红楼梦》与马克思的历史唯物论

二十世纪下半叶，以马克思为参照系解说《红楼梦》是中国当代学术史上的重大现象。对于这一现象，绝对肯定与绝对否定都是不妥的。马克思不仅是伟大的政治经济学家，而且是欧洲近代最伟大的哲学家之一。他的哲学具有一种“唯物”的彻底性。这个“物”不是常人所理解的那种物件、物色、物种，也不仅是现实物质世界。在历史唯物论的框架内，它是区别于心、区别于意识、区别于思想的人类的历史实践活动。它不仅认定人是历史的存在物，而是认定人类的历史是人类从事阶级斗争、生产斗争和改善生产工具的科学实验的历史。既然人是历史的结果（文化也是历史的结果），那就无法离开具体的历史场合即时代的社会形态来认识人及人的各种活动。上世纪从五十年代到七十年代的《红楼梦》评论，其主流就是用马克思的历史观与哲学观对《红楼梦》的把握，即以马克思的理念作为参照系认识《红楼梦》。在此参照系之下，就发现《红楼梦》是封建时代政治、经济、文化、人情的百科全书，或者说是那个时代的一面巨大的镜子。这并没有错，确实《红楼梦》所见证的历史状况和文本中所蕴藏的时代信息（包括政治信息、经济信息、文化信息以及那个特定时代的日常生活信息，心理信息等），其丰富的程度，是任何历史著作无法比拟的，但是，这些无比丰富的信息不是封建与反封建的阶级斗争这种本质化的概念可以涵盖与描述的。《红楼梦》除了包含着时代性的历史内容之外，它作为文学作品，又有超时代、超历史的更为广阔也更为永恒的宇宙语境与人性内容。小说中的生存困境、人性困境、心灵困境以及父与子等种种冲突，也不是一个时代里两个阶级的冲突，而是永恒的生存问题与人性问题的争论。也就是说，其困境与问题的内涵不是属于时代之维，而是属于时间之维。王国维说《红楼梦》不是历史的，而是宇宙的，关键就在于这部小说拥有无限自由时空的框架，它无始无终，无边无际。《红楼梦》的永恒价值，正是它负载的是永恒性的人性内容。

在这些矛盾冲突中，反映到哲学中，有一个哲学究竟是“心为本体”还是“物为本体”的巨大冲突，这是《红楼梦》文本本身所显示的巨大冲突，也是马克思最为关注的哲学的第一基本问题。如果用马克思的哲学观来阅读《红楼梦》，那只会发现《红楼梦》的哲学观与唯物论格格不入。《红楼梦》可说是唯心论的集大成者。老庄的自然本体论，佛家的空无本体论，禅宗的心性本体论，王阳明的心学，全都被《红楼梦》吸收容纳，并化为自己的哲学之魂。王阳明彻底到“心外无物”，慧能彻底到“不是风动，不是幡动，而是心动”，全被曹雪芹所认同。心是世界的本源、宇宙的本质，心外的一切都是幻相幻影，都没有实在性，这是《红楼梦》的哲学基本点。关于这点，《红楼梦》文本毫不含糊地作了表述。第一百一十七回《阻超凡佳人双护玉，欣聚党恶子独承家》贾宝玉见到索玉的癞头和尚，就要把玉还他，对着阻拦的袭人，他说：

如今不再病的了，我已经有了心了，要那玉何用！

袭人急着哭喊后，宝钗也来阻拦，此时，贾宝玉又对着她们说：“你们这些人原来重玉不重人哪。”贾宝玉在离家出走之前对袭人宝钗所说的话，是他最后的大彻大悟的宣言，这一宣言是批判性的，又是充分哲学性的。玉是物，而且是至贵之物，但在贾宝玉的价值观里，最宝贵的是心而不是物，“有了心了”，这才是根本。

但是，如果借此就本质化地断定曹雪芹是绝对唯心主义者，则又是简单化。尤其是小说文本中所见证的现实与历史，更不能说是唯心主义哲学所支撑。曹雪芹比任何一个同时代的作家都更加客观、更加透彻地呈现现实生活状态。无论是曹雪芹还是马克思，都是天才，一个属于十八世纪(曹)，一个属于十九世纪(马)。天才人物均极为丰富，包括哲学思想，也极为丰富，在西方的哲学史上，马克思是若干最伟大的哲学家之一，而曹雪芹哲学也将在未来被充分发现。过去以马克思主义为参照系解说《红楼梦》，虽有些偏颇，但不能说不可以以此为参照系考察这部伟大小说。以往的解说的问题主要有两个：(1)把马克思主义简化为阶级斗争观念，然后把这一观念强加给小说文本，以致使薛宝钗等也蒙上“封建阶级”的不白之冤，倘若马克思还在，他也会对这种滥贴阶级标签的现象进行驳议。(2)只注意马克思主义关于人与社会形态关系的理论，未注意马克思关于人与自然关系的思想，即自然的人性化与反异化等极为深刻的论说。如果注意后者并以此为参照系，我们会发现，贯穿《红楼梦》全书结构的两大情节流程，正是马克思早已揭示的“自然人性化”和“人性自然化”过程。马克思在著名的《1844年经济学—哲学手稿》中，有两段经典性的论述早已被中国的学者广泛引用，可惜没有人把它用来解说《红楼梦》的哲学意蕴，我们不妨再重温一下这两段论述。第一，关于“自然的人性化”：

男女之间的关系是人与人之间的直接的、自然的、必然的关系。在这种自然的、人类的关系中,人同自然界的关系直接地包含着人与人之间的关系,而人与人之间的关系直接地就是人同自然界的关系,就是他自己的自然的规定。因此,这种关系以一种感情的形式、一种显而易见的事实,表明属人的本质在何种程度上对人说来成了自然界,或者,自然界在何种程度上成了人的属人的本质。因而,根据这种关系就可以判断出人的整个文明程度。[4]

第二,关于"人性的自然化":

共产主义是私有财产即人的自我异化的积极的扬弃,因而也是通过人并且为了人而对人的本质的真正占有;因此,它是人向作为社会的人即合乎人的本性的人的自身的复归,这种复归是彻底的、自觉的、保存了以往发展的全部丰富成果的。这种共产主义,作为完成了的自然主义,等于人本主义,而作为完成了的人本主义,等于自然主义;它是人和自然界之间、人和人之间的矛盾的真正解决,是存在和本质、对象化和自我确立、自由和必然、个体和类之间的抗争的真正解决。它是历史之谜的解答,而且它知道它就是这种解答。[5]

关于这两大论点,我国当代的美学家李泽厚作了最透辟的阐释并以此建构了他自己的美学理论基石。他把美的根源界定为"自然的人化",包括外自然的人化与内自然的人化,前者产生外部工艺技术体系,后者产生属于人类的新感性即心理情感本体，尤其是美感（如自然的眼睛变成审美的眼睛）。而“人的自然化”则是人性的复归即反抗异化对人性的剥夺。李泽厚把马克思这两大哲学命题带入美学，并吸收康德的主体论哲学的成果，指出实现两化的中介乃是人类的主体性实践，即历史积淀的实践活动。这就扬弃了康德的以“判断力”为中介的论点，而沿着历史唯物论前行与深化。如果我们尝试一下用马克思两大论点来解释《红楼梦》，也会发现这部伟大小说蕴含着“两化”的哲学内涵。

《石头记》乃是一部以石头为象征的大自然人性化的传记史记。这块石头是女娲补天时淘汰掉的石头，后来“通灵”即赢得了灵性人性而进入人间，这一大框架正是大自然的人化。林黛玉的前身绛珠仙草，也是自然的符号，她化为人到人间还泪，也是自然的人性化。从石头变成贾宝玉，从仙草变成林黛玉，即从木石变成恋人，这是自然人性化的第一内容（即外自然的人化）。而宝玉、黛玉到了人间之后，又完成了一个内自然人化的过程，这就是从三生石畔的自然关系变成人的社会性关系，其自然感官也变成审美感官，宝、黛都是诗人，但他们降生时的第一声啼哭并不是一首诗，其生命的过程乃是诗化过程。诗化过程是人化的高级阶段，人类追求诗意栖居便是追求这一诗化的高级过程。内自然的人性化是自然人化的第二内涵。关于这一点，贾宝玉的历程极为典型，他的内自然有一个明显的由情欲上升为情感的过程，即逐步淘汰动物性、把性欲转化为爱情的过程。他在年少时和袭人初试云雨，吃鸳鸯脸上的胭脂，注视宝钗丰满的胸部（还妄想能移到黛玉身上）等等，都是性欲的表现。后来这一切都被提升，愈来愈倾心于真情真性，他特别敬爱林黛玉从不劝他走国贼禄鬼之路，这意味着把心灵的相通视为第一要义，也说明文明程度进入更高级的阶段。马克思说人的自然界在何种程度上成了人的属人的本质是判断文明的尺度，宝、黛的爱情所以感人所以精彩，正是它反映极高水平的文明程度。

关于“自然的人性化”在《红楼梦》中的呈现，一经点破并不难理解。不过，如果从这一角度来审视《红楼梦》还会发现一些有趣的现象，即有些人物的人性化尤其是充分人性化非常难，例如薛蟠、贾环、贾蓉等，身上的动物性几乎压倒人性，这些人在身体上完成了人的进化，但在心灵上并未完成，也就是说，并未完成从欲到情的人化进程。薛蟠和他的妻妾的关系大体还是自然关系而非“人的本质”的关系，他自始至终未能从“滥淫”提升为“意淫”，未能从“滥情人”变成“有情人”。每个人物的人性化程度不同，造成不同的性情性格，也就是个性。

与“自然人性化”相反的命题是“人性自然化”，即人的本性的复归。这又是《红楼梦》的重大精神内涵。庄禅的哲学主题正是人的自然化。庄子发现机器会产生“机心”即会发生人的异化，这是哲学史上的重大发现，很了不起的对于人性异化的发现。两千多年前此一发现，应是那个时代的思想制高点。而曹雪芹的《红楼梦》则发现对色的疯狂追求，包括对功名、财富、权力等等的追求，也把人推向人的本真本然之外。如果说庄子提醒的是人被物役的异化现象，那么，曹雪芹则更为具体地见证了人被功名所役、被财富所役、被权力所役、被书本所役、被道统所役、被科场所役，甚至被自我所役等各种异化现象。贾宝玉的精神正是不为物役的精神，正是守持和回归到生命本真本然的精神。

讲述至此，笔者想强调说，《红楼梦》关于“自然的人性化”与“人性的自然化”的整体思路，乃是一部完整的美学，而且是诗化与故事化的美学。以往的《红楼梦》研究与美学研究尚未充分注意到这一美学宝库。《红楼梦》中有艺术学、诗学，有各种关于诗、关于画、关于音乐的见解，但这是《红楼梦》美学的局部。曹雪芹美学乃是"自然人化一人性自然化"的通观美学（或称大观美学），是美的发生学与发展学，即对美的产生与本质进行把握的美学。因此，《红楼梦》美学大于《红楼梦》艺术学。曹雪芹的美学观，又是曹雪芹的宇宙观、世界观与价值观。掌握了"自然人化一人性自然化"的美学思路，便掌握了《红楼梦》的第一哲学要点，除此之外，笔者还想说明，关于自然的人性化与人性的自然化的思想，还可以推及到美学之外的其他领域，尤其是教育领域。对美国的教育产生巨大影响的美国著名哲学家杜威就接受黑格尔的对立统一辩证法，主张手段与目的的合一，理想与行为的合一（知行合一），人文和自然的合一，即自然应当人文化，人生也应自然化。他的"学校如社会"的思想，正是这种哲学的延伸。我国近代以来，王国维、蔡元培等所提倡的美育代宗教，也并非仅仅是艺术教育，而是"自然人化一人性自然化"即生命充分人文化、充分人性化的教育。

（六）曹雪芹与海德格尔的死亡哲学

笔者在《红楼梦的哲学内涵》中认为，曹雪芹在思索人生时，有一思路与他去世之后近两百年才出现的海德格尔的"未知死，焉知生"的思路相通，即首先面对一个无可逃遁的必然，这就是人必有一死，正如宴席必有一散，然后再思考如何生。他在小说里揭示，无论身份、地位、权力、财富有多大差别，但最后都要化为《风月宝鉴》中骷髅的那一面，"纵有千年铁门槛,终需一个土馒头”,最后的实在是坟墓。能够面对必死这一定律,对人生的安排与设计就完全不同,这种思路与孔夫子的“未知生,焉知死”思路相反,在哲学上变成一种对峙的理念。笔者在《红楼梦的哲学内涵》中强调的是曹雪芹与海德格尔相同的一面,而不同的一面尚未涉足,此时想做点补充。

海德格尔强调的是,存在只有在死亡面前才能充分敞开。他指出,在死神威逼下的时刻,生命最为真实。中国古话说,人之将死,其言也善,也是说在死亡面前更能说真话,生命更真实,《红楼梦》中秦可卿、晴雯等在临终时说的那些话的确是最真实的。可以说,句句都是肺腑之言。这一点,海德格尔与曹雪芹又是相通。但是两者却有一种“态度”上的巨大区别,简要地说,海德格尔哲学在死神面前鼓动的是赴死的悲壮,而曹雪芹呈现的则是对死的感伤。据已揭开的历史事实发现,在第二次世界大战的战场上,德国的许多士兵身上都携带着海德格尔的哲学小册子。这不是因为海德格尔“这个人”当时的政治立场站在希特勒一边,而是海德格尔这种哲学乃是赴死的哲学,即士兵的哲学。这一哲学的中心点是礼赞毁灭、鼓动毁灭、在毁灭中实现存在意义的哲学。而曹雪芹完全不是这样。主人公贾宝玉看到生命一个一个死亡,他也一个一个为之感伤,特别是对于青春生命的死亡,更是悲痛不已。尽管晴雯、尤三姐、鸳鸯等均有赴死的勇敢,即赴死时全然没有“畏”,但她们也满腔悲愤,而见到她们死亡的大爱者更是悲伤欲绝。柳湘莲为尤三姐之死而从此了断尘缘,贾宝玉为晴雯之死而撰写且歌且哭的《芙蓉女儿诔》,为鸳鸯之死也痛哭一场。面对死亡的痛惜,背后是对生命的极端珍惜。贾宝玉来到人间,一面看到人间地狱般的黑暗与荒诞,另一方面也看到地狱中的一线光明,这就是青春女儿所展示的至真与至美，他为自己能与她们相守相处而感到无穷的快乐，因此，他在看破功名利禄的同时又珍惜每一天每一刻，喜聚不喜散。无论是诗社的聚会还是平常与恋人、丫环、戏子朝朝夕夕的相处，都使他从内心深处感到生活的美，其珍惜之情处处表露出来。《红楼梦》的色空哲学虽看空看破，但阅读之后并不会让我们消沉下去，因为蕴藏于整部小说中的是对生命的珍惜，是对生与爱的眷念。

在海德格尔的哲学里，读不出“珍惜”，谈不上“眷念”，看不到死亡后的感伤。因此，同样是“未知死，焉知生”的思路，一个是绝情主义哲学，一个则是伤感主义哲学，天差地别。德国近现代哲学，除了海德格尔，其实尼采也是肯定与讴歌毁灭，尼采哲学在二战中同样被纳粹所利用。希特勒那种为了达到自己的目标不惜用铁靴践踏无辜花草的“气势”，正是建立在尼采那种绝对权力意志的哲学之上。尼采哲学正是鼓动在尸首与废墟上站立起“超人”形象的哲学，这与中国那种“天地之大德曰生”的哲学方向完全相反。中国儒家哲学重视“生”是世所公认的。而庄子哲学，虽然有“生死同状”的命题，但也“道是无情却有情”，处处以寻求人生“至乐”的天地境界为最高境界，并不以悲壮赴死为最高境界。庄子的源头《道德经》，曾被人视为“兵书”，以为它与海德格尔相通，然而，这也错了。老子固然也涉及兵事，但其大前提是反战的，它明明写道，“兵者，凶器也”，“大兵之后，必有凶年”，明明主张“胜而不美”，以“丧礼”对待胜利。老子崇尚的是水之至柔，不是火之至刚，强调的不是争，而是不争。不要争，不要战争，不要轻易送死，不要崇拜毁灭，这才是老子道德经的主旋律。《红楼梦》与中国哲学的灵魂完全相通。因此，曹雪芹虽也面对死亡思索人生，但不像海德格尔那样，认定唯有在死亡面前存在才充分敞开，他创造的哲学是存在在爱的面前才充分敞开。

还有一点是众所周知的，海德格尔推崇荷尔德林，把这位被埋没于历史尘土中一个多世纪的重要诗人与哲学家重新开掘出来，并把荷尔德林的“人类应当诗意地栖居于大地之上”作为自己的一个哲学指向。笔者在《红楼四书》中也多次把荷尔德林与曹雪芹作了比较。认为这两位身处地球东西不同方位的文学家都向往着诗意的栖居，都属于隐逸性诗人。整部《红楼梦》所追求的“梦”，就是诗意恋情、诗意栖居和诗意生命永存永在的梦。

但是，曹雪芹与荷尔德林的文化背景与哲学基点又有区别，这里的关键是荷尔德林具有上帝神圣价值的宗教背景，而曹雪芹则完全是中国文化背景，包括本属于佛教的禅宗，也是中国文化化了的无神论背景。关于荷尔德林不同于中国庄禅的要点，刘小枫在二十年前已经揭开。小枫说：

……荷尔德林的担忧与陶渊明的担忧是不是判然有别？这两位大诗人对现实的畏惧是不是判然有别？一个要维护“热忱的关注”，维护“纯粹的爱”，一个要“去情无累”，不喜不惧；一个害怕冷却，一个渴望冷却。毫不奇怪，这两位大诗人要返回的本源呈现为两个截然不同的境界。陶渊明要返回的是无象无迹无知无情的原始自然本体，返回混沌未开的本然性自然；荷尔德林要返回的是浸透着爱的温柔的神性本源，返回神灵光照的超自然性的家园，这是两种截然不同的审美之路。

这种本质上的差异也体现在对大自然的崇拜上。陶渊明所崇尚的自然是本然性的大自然，本然性的天地形态，在那里，和谐和宁静是自然性本的和谐。荷尔德林所崇尚的自然是神性化的大自然，有神灵居住的天地形态，在那里，和谐和宁静都体现出神圣的温馨和神性的光照。自然的宁静和恬美的本质中因而有超自然性的意味，它不仅给人自然性的慰藉。[6]

应当说，小枫非常准确地指出荷、陶的根本区别，因而也非常准确地为我们说明了荷尔德林与曹雪芹“诗意栖居”的不同的文化内涵与哲学基点。小枫对诗化的界定的前提是现实世界之外另有一个世界，也就是说，其前提是神与人绝对分离的两个世界，诗意的根源只能在神世界中产生，没有神的存在，人世界的诗意便只是空想。但整个中国文化恰恰只有一个世界，一个“人”的世界，一个没有神的此岸世界。中国文化中所讲的良善、仁爱、纯真，全都产生于此岸世界，并非另一个世界的惠予，那么，是不是可以说，在中国数千年所讲的一切爱都是假的。天地人合一的本然性秩序都没有诗意？换句话说，是不是只有“拯救”才有诗意，逍遥就没有诗意？这个问题涉及中国大文化体系的总评价，可能永远争论不休。但笔者一直对此采取中性立场，一方面肯定圣爱确实可以惠临人心与召唤人心，可以产生诗意。而中国所建构的相当于神即比人的地位更高、比世俗诸境界更高的天地境界，同样可以惠临人心与召唤人心，同样可以产生诗意。我这样说，用的标尺不是神性的标尺，也不是世俗的标尺，而是合目的性的标尺，即合人的解放，人的幸福，人的存在充分敞亮。只要符合这一标尺，便有诗意。

本文还想要强调另外两点：(1)《红楼梦》告诉读者，在上帝缺席的生存环境中，实现诗意的栖居更为艰难。或者说，有了诗意栖居的大梦之后，实现这种梦更为悲苦。鲁迅说："人生最苦痛的是梦醒了无路可以走。"在中国的语境中，诗意栖居的梦不是上帝设计好的天堂，而是现实土地上的存在方式；而这种方式的创建之路，又不是上帝规定好的，要自己去寻找；即使找到路，又只能靠自己的肩膀与双脚而无法仰仗上帝的肩膀和天使的翅膀，安身立身全靠自己，也就是要靠自己去自明，自救，自安，自立，"天行建，君子自强不息"，全部诗意就在自强不息的悲剧性前行中。这种没有神的指引、全靠自己身心负重的前行，比靠圣爱庇护的前行，自然更加坎坷，更加痛苦，其悲剧性也更加深刻。贾宝玉、林黛玉、妙玉、香菱等，都向往诗意栖居，但他们的灵魂不能上天，身体不能复活，生命不能不朽，他们争取自由与自然面对着父权专制，皇权专制，族权专制，没有上帝提供的惠予，全得靠自己去争取，包括瞬间性的天堂——建立在现实土地上的大观园，还有那些暂时可以赢得快乐体验与自由体验的诗社诗园，也全得靠自己创造。贾宝玉的诗意栖居之梦需要爱情去滋润，也需要友情去滋润，但是，这种情谊总是被摧残。他们无法靠上帝的圣水滋润，只能靠自己的泪水滋润，这种从内心深处涌流出来的带着更多伤痛也带着更多不屈不挠的艰辛的生命泉流，难道不带诗意吗？它难道不也可歌可泣吗？"念天地之悠悠，独怆然而涕下"，这种仰望上苍而面对人生的悲怆之情，浸透着《红楼梦》，曹雪芹的十年辛苦，借林黛玉意象所完成的还泪写作并创造了属于中国的"文学圣经"，这一过程以及巨著文本，全都布满诗意。

(2)《红楼梦》发现了一个具体的就在每个人身边的诗意源泉，这就是"女儿"(青春少女)身上所负载、所蕴含的诗意。这些生命，不是天使，但她们都带有天使的超世俗的美，因此她们在太虚幻境中都入了"册"。

她们是现实的人，但又站立于现实泥浊世界的彼岸，她们就在附近，就在我们身边。《红楼梦》揭示，主人公只有在“女儿”这些诗意生命面前，存在才充分敞亮，在地球上只有一次的栖居才有光彩。这些青春少女提供的爱，不是圣爱，但是她们的眼泪与微笑所象征的爱，既让灵魂获得居所，又让时间化作虚无。

总之，中国文化有自己的诗意尺度、诗意源泉，《红楼梦》写出了海德格尔、荷尔德林未必充分发现的那些巨大的深渊般的诗意生命与诗意生活。正因为如此，《红楼梦》才成为具有巨大原创性的经典作品。

注释：

〔1〕《贺麟选集》，吉林人民出版社 2005 年版，第 252 页。

〔2〕参见《郭沫若论创作》，上海文艺出版社 1983 年版，第 218~219 页。

〔3〕《郭沫若作品经典》第六卷，中国华侨出版社 1997 年版，第 156~157 页。

〔4〕(德)马克思《1844 年经济学—哲学手稿》，参看何思敬译本，人民出版社 1963 年版，第 85 页。

〔5〕(德)马克思：《1844 年经济学—哲学手稿》，人民出版社 1979 年版，第 73 页。

〔6〕刘小枫：《拯救与逍遥》，上海人民出版社 1988 年版，第 252~253 页。

（**刘再复** 文，原载《书屋》2009 年第 2 期）

第四辑

愁断寸肠君安知

尘埃落定话「三国」

自明清以来，大众对于国史最熟悉的段落，莫过于“三国”；最津津乐道的历史故事，可能是“桃园结义”、“三顾茅庐”、“赤壁大战”；最倾注爱憎情感的历史人物，大约为刘备、诸葛亮、关羽、曹操。这可以称之“三国文化效应”，而引发此种效应的，主要得力于元末明初罗贯中所写的讲史小说《三国演义》。

《三国演义》既不像《东周列国志》那样对史事作忠实的通俗铺陈，也不像《封神演义》那样恣意虚构，将殷周鼎革写成神话，而是“据正史，采小说”，全书讲述的基本史事和历史演变大势(从东汉末年黄巾起事，到群雄蜂起，演为三国鼎立，终至三国归晋)，均“据实指陈，非属臆造”，但题材取舍、人物描写、故事演绎则广纳传说野史素材，并借助艺术虚构，以达成妙笔生花，脍炙人口。在受众那里，《三国演义》往往被认作三国信史，故清代史家章学诚称《三国演义》"七分实事，三分虚构，以至观者往往为之惑乱"。章学诚讲的观者"惑乱"，就是艺术真实与历史真实两者间的矛盾性给读者带来的困惑与混淆，本文试图理清此种"惑乱"。

一、大体反映历史真实的文本：陈寿编纂的《三国志》

《三国演义》"七分实事"，依据的主要是西晋陈寿《三国志》及南朝宋裴松之《三国志注》。作为中国"正史"之一的《三国志》是一部关于魏、蜀、吴三国鼎立时期的纪传体国别史。其中《魏书》三十卷，《蜀书》十五卷，《吴书》二十卷，共六十五卷。作者陈寿(233–297)，曾任蜀汉东观秘书郎等职。三国归晋以后，任著作郎等职。280 年，晋灭东吴，结束分裂局面，陈寿集合三国官私著作，撰魏、蜀、吴三书。三书本独立成篇，称《国志》(魏志、蜀志、吴志)，南朝宋始合称《三国志》。

《三国志》虽然尊魏为正统，却以魏、蜀、吴三国各自成书，如实记录三国鼎立、互不统属的局势，符合三国历史实际。值得一提的是，陈寿的父亲为马谡参军，失街亭以后，寿父和马谡一起受罚，马谡被诸葛亮投进大狱，死在狱中，寿父处髡刑，被逐出军营。而陈寿编撰《三国志》，对父亲只字未提，因此，寿父在历史上连名字都没有留下。对于惩罚寿父的诸葛亮，陈寿评价颇高，足见其史笔公正。

陈寿死后，晋惠帝下诏"河南尹、洛阳令就家写其书"，使得《三国志》普及中原民间。《三国志》叙事精炼，素称良史，然有叙事简略之短，南朝宋文帝时，史家裴松之(372–451)奉旨为其作注，博引群籍一百四十余种，以补缺、备异、惩妄、论辩，注文多出本文三倍。陈寿《三国志》及裴松之注，大体提供了三国信史。

二、罗贯中及其《三国演义》

《三国演义》全称《三国志通俗演义》（英译名：*The romance of Three Kingdoms*），意为“三个国度的传奇故事”，它是中国古代第一部长篇章回小说，与英雄小说《水浒传》、神魔小说《西游记》、世情小说《红楼梦》同列四大名著，是讲史经典之作。小说描写公元三世纪以曹操、刘备、孙权为首的魏、蜀、吴三个集团之间的矛盾和斗争，其彰显的军政谋略、树立的艺术典型（智慧如诸葛亮、忠勇如关羽、奸滑如曹操）为后世津津乐道，其正邪分明的价值观、追求大一统的历史观对社会的雅俗两层面均产生深远影响。

三国故事在晋代即在民间流传，唐初三国故事已“得之于道路，传之于众口”，更多有三国人事进入唐诗（见于李白、杜甫、杜牧等的作品），杜诗《蜀相》的“三顾频烦天下计，两朝开济老臣心。出师未捷身先死，长使英雄泪满襟”更传诵千古。宋、金、元“说三分”已编入话本，又登上舞台，金、元演出的三国剧目达四十多种，桃园结义、三顾茅庐、赤壁之战、单刀赴会、白帝城托孤等故事皆已成篇。说书人、戏剧工作者长期取材，演绎铺陈，使“说三分”内容愈益丰富。

元末明初罗贯中（约 1330—约 1400）依据陈寿《三国志》和裴松之注提供的基本历史架构，综合民间传说和戏曲、话本，倾注自己的社会人生感悟，创作出构思宏伟、颇具史诗品格的《三国志通俗演义》，现存最早版本为明嘉靖年间刊刻，俗称“嘉靖本”，二十四卷，二百四十则。清康熙年间，毛纶、毛宗岗父子辨正史事、删削论赞，增添自己的评论，修订为今日通行的一百二十回本。

综上可见，《三国演义》源出众手，然功成于罗贯中。从一些文献记载获悉，罗贯中曾参加元末农民战争，明代王圻的《稗史汇编》称罗贯中为“有志图王者”，清代徐谓仁称其曾入张士诚幕中。身历元末割据战争，目睹朱元璋、陈友谅、张士诚辈角逐天下，使罗贯中真切体验改朝换代间的群雄纷争，亲历“分久必合、合久必分”的时代变故，这对他理解三国、表现三国大有助益。而晋唐两宋以来的尊刘贬曹思潮，则养成罗贯中的正统观，《三国演义》将其尽情挥洒。

三、从《三国志》的“曹魏正统”到《三国演义》的“蜀汉正统”

中国的专制帝制延绵两千余年，朝代兴替频繁，统治集团为了维护本集团的利益并排斥其他派别的争夺，秉持天命观，援引宗法礼教，论证本集团政权的神圣性与合法性，“正统论”顺势而生。“统”指统治体系；“正”相对于“伪”。所谓正统，指合法的统治体系。

正统观是一个历史范畴，在不同的历史阶段，正统观颇有差异。晋承魏统，一统天下，西晋陈寿修《三国志》，以曹魏为正统，以蜀汉、孙吴为偏统。

表现之一，《三国志》的《魏书》卷一记曹操，题“武帝操”；卷二记曹丕，题“文帝丕”；卷三记曹睿，题“明帝睿”，体例、规格同于《史记》、《汉书》的本纪。而《蜀书》和《吴书》则有传无纪，以《先主传》记刘备，《吴主传》记孙权。

表现之二，刘备、孙权先后称帝，《三国志·魏书》皆不记。《蜀书》、《吴书》有载，却特别标明"黄初"某年某月，而"黄初"是曹丕称魏帝的年号。

表现之三，陈寿对曹魏奠基人曹操给予充分肯定。《三国志·魏志·武帝操》对其功业才德作这样的评断："太祖运筹演谋，鞭挞宇内，鉴申、商之法术，该韩、白之奇策，官方授材，各因其器，矫情任算，不念旧恶，终能总御皇机，克成洪业者，惟其明略最优也；抑可谓非常之人，超世之杰矣。"尽写曹氏的雄才大略，一派开国君主气象。

视曹魏为"篡伪"，尊蜀汉为"正统"，发端于东晋，肇因于偏安江南的东晋自比蜀汉，而将占据北方的诸政权（前赵、冉魏等）比拟曹魏。东晋史家习凿齿所撰《汉晋春秋》即以蜀汉为正统。这种观念延及唐代。北宋情形有变化，《四库全书总目提要》的"三国志"条称："宋太祖篡立近于魏，而北汉、南唐迹近于蜀，故北宋诸儒皆有所避而不伪魏。"司马光的《资治通鉴》沿袭陈寿《三国志》，述三国史事用魏国纪年，但民间尊刘贬曹的情绪仍在发酵，苏东坡谈及当时市井"坐听古话"（听讲历史故事）："至说三国事，闻刘玄德败，频蹙眉，有出涕者；闻曹操败，即喜唱快。"足见俗众爱刘憎曹的情绪。时至南宋，态势又变："高宗以后，偏安江左，近于蜀，而中原魏地全入于金，故南宋诸儒乃纷纷起而帝蜀。"朱熹及门人撰《通鉴纲目》，力陈"帝蜀""伪魏"之义，将《资治通鉴》述三国史事用魏国纪年改为蜀汉纪年，从"辨名分，正纲常"出发，扬刘抑曹。

梁启超说"正统之辩，昉于晋而盛于宋"，是恰当之论，而《三国演义》的创作正值南宋以下正统观盛行之际，又对正统观的传扬起到推波助澜的作用。清代康熙帝"御批"《通鉴纲目》，肯定朱熹的正统观，当然也是对

《三国演义》正统观的推崇。

《三国演义》的正统观，集中表现在斥责曹操、赞颂刘备上。

作为一部文学杰作，《三国演义》没有将曹操简单化。作品抒写曹操剿黄巾、讨董卓、除袁术、破吕布、灭袁绍、定刘表、平定北方，文韬武略，知人善任，气度恢宏，不愧为杰出的政治家。官渡之战，以少胜多，更显示军事才能。作者借郭嘉之口将曹操与袁绍相比，赞曹有"道"、"义"、"治"、"度"、"谋"、"德"、"仁"、"明"、"文"、"武"等"十胜"，必定战胜袁绍。《三国演义》对曹氏功业战绩及识士用人之明的描写，与历史人物曹操大体相符，但对曹操挟天子以令诸侯、谋魏公魏王位、僭越专权则猛烈抨击，揭露曹氏"托名汉相，实为汉贼"。

在汉末三国天下大乱、群雄割据情势下，"挟天子以令诸侯"，是明智而有效的谋略，为当时有识之士所共见。较早提出此一方略的，是袁绍的谋士沮授，时在初平元年(190)，袁绍被关东诸牧守推举为讨伐董卓的联军盟主，沮授向袁绍建策："迎大驾(指汉献帝)于西京，复宗庙于洛阳，号令天下，以讨未复。"

这是"挟天子以令诸侯"的最初提法，不过另一谋士郭图认为汉室难复，不如勿迎汉天子，袁绍拒绝沮授建策，采纳郭图之议，以后献帝被曹操掌控，北方诸雄臣服，袁绍追悔莫及。

曹操集团确定"挟天子以令诸侯"谋略，在初平二年(191)收揽黄巾部众、建"青州兵"以后，谋士毛玠建策："今天下分崩，国主迁移，生民废业，饥馑流亡，公家无经岁之储，百姓无安固之志，难以持久……宜奉天子以令不臣，修耕植，畜军资，如此则霸王之业可成也。"曹操实行此一谋略，奉天子获义战之名，得以建立扫平北方的大业。

孙策经营江东，谋士张纮建议："据长江，奋威德，诛除群秽，匡辅汉室，功业侔于桓、文，岂徒外藩而已哉！"亦取类似韬略，不过孙吴无天子可挟，只能打出"匡辅汉室"旗帜，以求齐桓、晋文那样的霸主功业。

刘备早期流徙于陶谦、袁绍、曹操之间，兵力单弱，又无地盘，却自诩帝胄之后，以复兴汉室为己任。诸葛亮为其献"信大义于天下"的方策，三分天下，进而夺取中原，"霸业可成，汉室可兴"，仍然是奉天子以令不臣的套路。

总之，"挟天子以令诸侯" 是东汉末至三国间唯一可行的军政策略，有识见的群雄都采用此谋，并非曹操这个"奸雄"的"奸计"，但《三国演义》对其力加抨击，全然是站在刘汉正统立场上作出的政治评判。

为达成对曹操的贬斥，《三国演义》更对曹操竭尽道德谴责，书中穿插大量情节，如杀吕伯奢、梦中杀近侍、割发代首、血洗徐州、借粮官头平息兵怨、哭祭袁绍、借刀杀祢衡、妒杀杨修、赤壁横槊赋诗、大宴铜雀台等，表现曹操性格的奸诈、伪善、诡谲、狠毒、残暴。史书上本有曹操"酷虐变诈"的记载，关于杀吕伯奢，《魏志》等史书有两种载录：一为吕氏子侄欲害曹操，曹仗剑杀之；二为吕氏子侄磨刀杀猪宰羊，曹误杀吕家诸人，但《三国志》及《三国志注》并未渲染这一情节，而《三国演义》则调动各种表现手法，突现曹操"宁教我负天下人，休教天下人负我"的人生哲学，尽写其"乱世奸雄"性格，从谴责曹操"篡伪"的角度，将正统观发挥到极致。

《三国演义》的正统观集中表现在尊崇蜀汉"正统"，这大有别于《三国志》。《三国志·蜀书·先主传》论刘备，并未强调其宗室正统性，而是从刘备实在的优长与缺陷评议之："先主之弘毅宽厚，知人待士，盖有高祖之风，英雄之器焉。及其举国托孤于诸葛亮，而心神无贰，诚君臣之至公，古今之盛轨也。机权干略,不逮魏武,是以基宇亦狭,然折而不挠,终不为下者。”

既肯认刘备与刘邦相类,有英雄气度,并称颂其与诸葛亮君臣契合,为旷古美谈,同时又指出其谋略不及曹操,功业较狭窄,这是对历史人物刘备允当、公正的评价。

《三国演义》则在《三国志》提供的基本史实基础上,用全书近三分之二的篇幅描写刘备集团的事业,对刘备极尽美化之能事:一是抒写其正统性,反复强调刘备乃是“皇叔”、“帝胄”,以“复兴汉室”、“上报国家,下安黎庶”为己任,以对比曹操的篡伪性;二是渲染其仁德性,极写刘备宽厚爱民、克己复礼,兼及刘备集团诸英雄(诸葛亮、关羽、张飞、赵云等)的忠、义、仁、智、信,以对比曹操的奸雄性。

《三国演义》把刘备视作政治上的“真”(正统)与道德上的“善”、“美”的统一体,与书中塑造的“假”(名为汉相,实为汉贼)、“恶”、“丑”的曹操形成强烈反差。《三国演义》第六十回写刘备对庞统说:“今与吾水火相敌者,曹操也。操以急,吾以宽;操以暴,吾以仁;操以谲,吾以忠;每与操相反,事乃可成。”

这既是讲刘备的策略,同时也道出了《三国演义》黑白对应、善恶比照的塑造人物技法。

《三国演义》描写“完人”刘备的努力,在一定程度上反映了中国老百姓对“仁君”的盼望之切,但艺术上却颇有失误,正如鲁迅所言:“欲显刘备之长厚而似伪。”

应当指出的是,尽管《三国演义》对刘备及蜀汉偏爱有加,用力将其抬上正统庙堂,而又必须遵循历史的基本框架:三国之中,蜀汉始终最为弱小，蜀汉君臣又多有失误，关羽的失荆州乃至走麦城、刘备彝陵之战的举措大谬、诸葛亮的失街亭等等，作品也都有较充分的表现。刘备虽口称忠于汉室，实则却无时不在想着称孤道寡，汉献帝尚在位时，自己便自行汉中称王，献帝刚一去位，便迫不及待地称帝，蜀汉最终被曹魏所灭的史实，小说也浓墨重彩地予以表现。这都显示，《三国演义》浓厚的“尊刘反曹”的正统观，并未改变其对历史基本历程的反映。这种正统观的“理想”与魏、晋完成一统大业的“实际”之间的矛盾性，构成《三国演义》的悲剧色彩，增添其动人之处。

四、历史人物与艺术形象的同与异

《三国演义》刻画了近两百个人物，其用力尤深的是诸葛亮、曹操、关羽，毛宗岗称之“三奇”，又称“三绝”：诸葛亮“智绝”、关羽“义绝”、曹操“奸绝”，加上刘备的长厚与仁德、周瑜的倜傥与狭隘，在我国乃至日本等汉字文化圈已经家喻户晓，妇孺尽知，老百姓已很难分辨这些艺术典型与历史人物实际状况之间的差异。这里有一个历史真实与艺术真实辩证关系的问题。

《三国演义》塑造的艺术形象既有一定的历史依据，又作了相当程度的文学虚构，采取移花接木、添枝加叶、夸张虚拟等等手法，以达成对人物褒贬扬抑的效果。前已讨论曹操、刘备，以下再议关羽、诸葛亮、周瑜，略考其在信史《三国志》与小说《三国演义》中呈现形象的联系性与差异性。

（甲）关羽事迹辨析

关羽勇武善战，乃“万人敌”，性格坚毅（“刮骨疗伤”时面不改色，谈笑自若)，忠于刘备(离曹追刘)，皆载之信史。然关羽并无显赫战绩，还有刚愎自用、丧失荆州的大过失，在三国历史上，算得一个二流人物，置于中国古史全局，不过三、四流军人。《三国志·蜀书》中的关羽传篇幅不大，与典韦、张辽、张飞、赵云、马超、吕蒙等传不相上下，远少于周瑜、鲁肃等传，这种处理与关羽的历史地位相当。然在《三国演义》中，关羽却被浓墨重彩，大加渲染，千里走单骑、过五关斩六将、单刀赴会，成一勇武无敌、忠义盖世的头等英雄。清顺治间，上谕追谥关羽为"忠义神武关圣大帝，以褒扬盛烈"，乾隆更赞颂关羽"当时力扶炎汉，志节凛然"，又在谥号加添"灵佑"二字，还在上谕中斥责"陈寿于蜀汉有嫌，所撰《三国志》多存私见"。在民间，广建"关帝庙"，与"孔庙"并祭，孔、关抬举为文、武两圣，尽享馨香崇拜，这与《三国演义》塑造关羽形象直接相联系。

以下比较《三国演义》与《三国志》中关羽事迹的异同，窥探关羽崇拜的生成机制。

(一)桃园三结义——《三国志》没有关于刘备、关羽、张飞三人结义的记载，只是说他们"寝则同床，恩若兄弟"。且关羽年长于刘备，若义结金兰，兄弟次序当为关、刘、张。《三国演义》则大力铺陈刘、关、张三结义，且作为全书首回——"宴桃园豪杰三结义，斩黄巾英雄首立功"，以下多回又一再强化三结义，第八十一回"急兄仇张飞遇害，雪弟恨先主兴兵"，表现刘、关、张"不求同年同月同日生，只愿同年同月同日死"的"义气"，使之成为贯穿全篇的一条红线。

(二)青龙偃月刀——关羽的兵刃是长矛，《三国志·蜀书·关羽传》记关羽杀颜良，用语为"策马刺良于万众之中"，这一"刺"字正是用长矛杀人的专用字。而《三国演义》第一回详写关羽兵器"青龙偃月刀"的打造过程，后面的章回又一再渲染此刀的神威。《三国演义》用力表现的兵器还有吕布的"方天画戟"和张飞的"丈八蛇矛"。其实史载吕布的兵刃也是长矛，张飞的兵刃并非丈八蛇矛，而是一般的矛。《三国演义》中英雄使用华美锋利的武器，烘托英雄形象，显然是采自讲史艺人和戏曲作者的塑造。

（三）三英战吕布——据《三国志》，公孙瓒没有参加讨伐董卓的联盟，所以当时追随公孙瓒的刘、关、张三人也未曾参加伐董之役，也就不可能有虎牢关三英战吕布一幕。

（四）斩华雄——《三国志·吴书·孙坚传》载，孙坚参加讨伐董卓，"大破卓军，枭其都督华雄等"。《三国演义》第五回浓墨重彩描写关羽"温酒斩华雄"，显然是将孙坚事迹移花接木到关羽身上，是从讲史艺人的创作中汲纳过来。

（五）斩颜良，诛文丑——"刺颜良"确系关羽，诛文丑的却是曹操。

（六）过五关，斩六将——关羽离开曹操后，直接从许昌南下往汝南投奔刘备，并未发生过五关、斩六将之事。

（七）华容放曹——在华容道拦截曹操的是刘备，但是刘备晚到，所以曹操得以跑掉。此事与关羽无涉，而《三国演义》铺陈出"关云长义释曹孟德"故事，为的是烘托关羽的义薄云天。

综观《三国演义》关羽之壮举，多为移花接木或虚构。

（乙）诸葛亮用兵如神吗？

《三国演义》三十六回至一百零四回写诸葛亮，以六十八回篇幅（占全书一百二十回一半以上）描绘孔明，塑造一个运筹帷幄、决胜千里的大军事家形象。

历史上的诸葛亮有战略眼光，擅长政务治理，而用兵、战阵非其所长，陈寿对孔明有“亮将略非长，无应敌之才”、“瞻惟工书，名过其实”的批评。陈寿编定《诸葛亮集》后上表晋帝，表中评价诸葛亮有“逸群之长，英霸之器”，又指出孔明“治戎为长，奇谋为短，理民之干，优于将略”。《三国志·蜀书·诸葛亮传》的评语称诸葛亮为“识治之良才，管肖之亚匹矣。然连年动众，未能成功，盖应变将略非其所长欤”！

陈寿以为诸葛亮民政强于军政，是恰如其分的评价。而《三国演义》所述诸葛亮的军事成就，多为移花接木，转自他人。

火烧博望坡——此乃刘备所为，发生在建安七年，而建安十二年，诸葛亮才出山。

草船借箭——此乃孙坚、孙权父子所为，分别发生在跨江击刘表和濡须之战。

借东风——冬至时日，多有东南风，此乃曹操遭遇之天灾，非诸葛所借或预测。

赤壁之战——诸葛亮智激孙权是史实，其他诸如舌战群儒、智激周瑜、群英会、识破苦肉计、庞统献连环计等均为虚构。破曹的主要指挥者是周瑜，诸葛亮只是敲边鼓。

三气周瑜——从赤壁之战结束到周瑜病逝的两年间，诸葛亮正在零陵一带筹集军需，未与周瑜见面，三气周瑜纯系艺术虚构。

《三国演义》中的诸葛亮事迹，仅三顾茅庐、隆中对有史实依据，其他多为移花接木。鲁迅称《三国演义》“状诸葛之多智而近妖”，一语破的。

(丙)周瑜的器量

《三国演义》刻画的周瑜才华出众，风流倜傥，然而却心胸狭窄，尤忌诸葛亮智谋胜己，有“既生瑜，何生亮”的感叹，终因褊狭而丧命。然而，这并非真周瑜。《三国志》载，刘备评价周瑜“器量广大”，“文武筹略，万人之英”。孙权赞其有“王佐之资”。程普评价周瑜说：公“与人交，若饮醇醪，不觉自醉”。陈寿评价周瑜“性度恢郭”。另外洪迈、苏东坡等宋代名士对周瑜的人品也给予甚高评价，《前赤壁赋》“雄姿英发”的“千古风流人物”之盛赞，也是给周瑜的。《三国演义》渲染周瑜狭隘，是为了映衬诸葛亮的智略恢弘，此为中国小说、戏曲惯用的“扬抑法”。

遭此类似待遇的是鲁肃。《三国志》载，鲁肃“思虑宏远”，“有过人之明”，初见孙权即建策：鼎足江东，北拒曹操，待机剿除黄祖，进发刘表，竞长江而有之，然后建号称帝，以图天下，战略眼光与诸葛亮“隆中对”水平不相上下。而《三国演义》中的鲁肃老实忠厚，屡屡被诸葛亮玩弄于股掌之上，这当然也是为着衬托诸葛亮的智谋高超。

蒋干中计——蒋干劝降周瑜而未果，返回曹营，称赞周瑜雅量高致。此事发生在赤壁之战前，蒋干、曹操中计，纯属虚构。

五、小结

总观《三国演义》对魏、蜀、吴三个集团的描写，大体符合史事格局，反映了由汉而魏、由魏而晋的政权更替统系，可见作者重统而不违史，保持了对《三国志》的承袭关系，故嘉靖本《三国演义》题署“晋平阳侯陈寿史传，后学罗贯中编次”，是基本恰当的（需指出：陈寿是“晋平阳侯相”，而非“晋平阳侯”），但人物形象刻画、细节描写多有虚构，以服务于拥刘贬曹的需要，突出斥奸颂仁、誉忠责篡的政治诉求，其艺术效果是强烈的。

法国历史传奇作家大仲马说，他把历史当作挂衣服的钩子，衣服则是他缝制的。大仲马的《铁面人》、《三个火枪手》、《基度山恩仇记》分别写路易十四时代、路易十五时代、后拿破仑时代，其鲜活的人物形象、跌宕起伏的故事情节给人以艺术享受，我们不必也不应当从这些小说获得关于路易十四时代、路易十五时代、后拿破仑时代的信史，不会因《铁面人》而相信路易十四是冒充的继位者。对俄法战争史有精深研究的托尔斯泰所著《战争与和平》，不仅严格遵照历史真实框架，而且十分讲究细节真实，上自沙皇亚历山大宫廷、贵族家庭，下至行伍士卒，乃至由农民组成的游击队，皆能还原历史场景，可以作为十九世纪初叶俄国社会的百科全书看待，但不必也不应当将这部小说当作俄法战争的信史，彼埃尔、安德烈、娜塔莎不能以真实历史人物视之；书中对拿破仑充满厌恶，所刻画的装腔作势的拿破仑未必是历史真实的拿破仑。

总之，应当把握信史与史传文学的联系性与差异性，把握历史真实与艺术真实的辩证关系。当然，不同的史传文学与信史的接近程度不同，《战争与和平》、《彼得大帝》比《铁面人》、《三个火枪手》接近信史一些；《东周列国志》比《三国演义》接近信史一些，艺术感染力也差了许多。《三国演义》习称“七实三虚”，有“真三国，假封神”之说，而我认为尚没有达到“七实”，凡精彩情节（过五关斩六将、蒋干盗书、借东风、三气周瑜、长坂坡之类）都是虚构的，不过都还挂在三国历史这个钩子上，我们只能以文学作品欣赏之，从中获得某种历史感和美学享受，而不可求信史于《三国演义》，也不应当以信史标准苛责小说《三国演义》，正如不能以过高的生动性、典型性要求史书《三国志》一样。

（**冯天瑜** 文，原载《书屋》2009年第9期）

红楼漫论（五题）

对宝玉的“多称现象”

顽石玲珑认未真，各将褒贬称斯人。
入山远近高低视，方识千姿万态春。

一个人生在特定的环境中，家庭成员和社会上各种人对其都有个称呼；当这个人成为各种人关注的焦点时，人们凭各自的尊卑亲疏关系和情感程度，作出多种称呼，我们可以名之曰“多称现象”。生在贵族大家庭中的宝玉就有这种“多称现象”，对他或詈斥，或嘲谑，或尊崇，或俏骂，其称呼大多以比喻表述。作家通过“多称”特指的语义符号，既反映各种人际关系，又展示人物内在精神的多重组合。

“多称现象”在中国古典小说的人物描写中是少见的。《水浒传》中及时雨宋江、智多星吴用、霹雳火秦明之类的绰号，只能让性格行为定格在一个层面，即使有多重性格的人物也只能以一个诨名限定，如黑旋风李逵、豹子头林冲等等，所以“多称现象”不同于人物的绰号，它包含了性格精神的多种寓意。

宝玉在家长口中是什么样的特殊称呼？“畜生”、“蠢物”、“孽障”、“混世魔王”、“祸胎”、“呆根子”，这些称呼既有疼爱之心，又有恼恨之意，足以画出宝玉“行为偏僻性乖张”的傻狂形象。

在仆人眼里宝玉是“小祖宗”、“爷”，在众清客眼里是“我的菩萨哥儿”，袭人称他“皇天菩萨小祖宗”、“呆根子”(显然是种昵称)，玉钏称他“凤凰”，赵姨娘称他“活龙”，园中老婆子竟称他为“老人家”……这样富贵尊荣的公子哥儿，只有用最崇敬的比喻来称呼了。

最有意思的是黛玉对他的一种称呼——“我命中的天魔星”，她对宝玉交织着又爱又恨又怨的复杂感情，这与贾母说他们“不是冤家不聚头”的含义是一致的。

在诗社为每人起别号时，宝钗给宝玉取名为“无事忙”、“富贵闲人”，他还有个别号叫“绛洞花主”(周汝昌先生从戚序本上考证出“主”应是“王”)，这些别号倒是宝玉的真实写照，不夸大褒贬，稍有讥讽，俗中见雅，宝玉也乐于接受。

对宝玉的“多称现象”不是小说中的孤例。贾母在众人眼里也有各种称号：多数人称她为“老太太”，刘姥姥称她为“老寿星”，凤姐称她为“老祖宗”，僧尼称她为“老菩萨”，都能切合身份，措辞得体，各尽其妙。对凤姐的称呼，也同样颇具特色。所以，《红楼梦》中“多称现象”可以说是人物的多视角展示，宝玉、贾母和凤姐的多称，正是他们在大观园中处于众星拱月的显赫地位所致。

上述的“多称现象”，实质是一种特殊的语言符号系统。俄国符号学家洛特曼说：“一个语言符号如果在一个国家或民族中使用得长久了，它就会结合了这个国家和民族的许多历史文化背景，就成了一个文化的语码。”对宝玉的“多称现象”，我们的确能看出《红楼梦》的一些历史文化背景。其一是浓厚的佛教色彩。“畜生”、“孽障”、“菩萨”、“魔王”、“冤家”等都是佛教名词，这种宗教观念千百年来已积淀在人们的深层意识之中，佛教词语与汉文化词语已融为一体了。黛玉所说的“天魔”，为欲界之王，其率无量之眷属，常障害修佛道之人，从这个称呼中也可窥见宝玉形象的某个侧面。其二是对族权的无尚崇敬。“祖宗”之称，正是封建宗法社会权力至上的一个象征，在贾府只有贾母和宝玉能高居此地位。其三是对神话传说的敬畏心理，如称呼中的虚幻现象“龙”、“凤凰”，从这些历史文化背景上多侧面地描写人物，正是作家天才创造力的表现。当然，人物如果缺乏丰富的个性和复杂的精神内涵，就不会出现“多称现象”，也不能深刻展示国家和民族的历史文化背景了。

念佛语言符号化

念佛村婆万谢恩，老尼口舌污空门。

潇湘一语卿休笑，多少惊魂伴泪痕。

佛教从东汉时从印度传入中国，至宋、明以后，已渗透到社会各个阶层,并产生广泛深入的影响。

本文所说的念佛指口号阿弥陀佛。阿弥陀佛意为无量寿、无量光,是大乘佛教的佛名,为佛教宗派之一的净土宗的主要信仰对象,信徒专念"阿弥陀佛"名号。《陀经》说,念此佛名号,深信无疑,就能往生西方"极乐世界"的净土,后来所谓"念佛",多指念阿弥陀佛或观音菩萨名号。由于这是最短最容易受持的经咒,所以这项修行方法简单易行,中唐以后在社会各阶层中广泛流行。唐代有本笔记叫《宣室志》,内容宣扬佛法,说到"群鱼俱呼佛号,鸡蛋亦喊观音",证明生灵皆信佛教,反映中唐时自皇帝到士夫,从官宦到百姓信佛的盛况。明末净土宗的莲池大师说:念一佛名,换彼百千万亿之杂念也。指出念佛的作用可以排除妄想杂念,是断绝烦恼的最快速的方法,一直坚持下去,便达到"即念即空,居然本体"的禅境,这是《楞严经》中的重要观点。

从《红楼梦》中我们也可以看到清代的佛教与社会生活的密切关系。刘姥姥说他们那里庙宇最多,可见在农村佛教也很盛行。作为贵族家庭的贾府,为了贾妃省亲,专门聘买了十二个小尼姑,还在大观园中建了个栊翠庵;办秦可卿丧事,请了一百零八个和尚做斋事,灵柩还停厝在庙中。另外,僧俗之间常有来往,甚至还有感情纠葛。

佛教对社会的广泛深入影响,必然会反映到风俗习惯、文化心理及语言习惯等方面来,尤其是本土文化对佛教词语的吸收更为突出。《红楼梦》的主旨为空即是色,色即是空,所以字里行间到处见到梦幻、孽障、轮回、禅关之类词语;而像"无中生有"、"无我"、"缘分"、"天网恢恢"、"一尘不染"等词,已融入了汉语词汇,人们在使用时似乎已忘了它们的佛教文化源头。

小说中用得最多的佛教词语是“阿弥陀佛”。这个词的使用可以看出几个特点：首先，用此词语的都是女性，她们不分贵贱、老幼、文野，从中尤可看出佛教对女性的深刻影响。其次，阿弥陀佛的涵义极广，如表示惊叹、感佩、喜悦、庆幸、遂愿、委屈、罪过、无奈、虚饰等等，可以说几乎没有一个汉语词汇能有如此的多义性和含混性。一个外来宗教词语的符号化，造成内涵无限延伸的有趣现象，是中外文化交融的一个生动例证。

《红楼梦》中写到念阿弥陀佛的人至少有近二十个，念得最多的是刘姥姥。她到贾府，见周瑞家的答应为她引见凤姐，就不住地念佛，见到螃蟹宴如此靡费也念佛，听到宝玉说若玉这样的人虽死不死也念佛，“阿弥陀佛”成了她表示感激、惊叹、醒悟等众多意思的口头禅。贾府送了很多东西给她，“平儿说一样刘姥姥就念一句佛，已经念了几千声佛了”，一个乡下老妪的朴素、感恩，似乎只能如此表达了。

而出自空门的老尼净虚却是口中念佛，心存歹毒，她求凤姐破坏了一桩婚姻，从中牟利，结果害了一对男女的性命，“阿弥陀佛”在她嘴里只是个掩盖罪恶的幌子。《西方确指》中觉明妙行菩萨说，念佛最忌讳的就是夹杂。夹杂，心就不清净，不是净念了。而净虚之作为竟是不净不虚之勾当，确是有污空门。

令人好笑的是黛玉也爱说此佛号。一次宝玉与她嬲笑时突然头疼，她说：“该，阿弥陀佛！”当宝玉病危转安时，她急忙念了声阿弥陀佛，还受到宝钗的嘲笑。黛玉并不信佛，念佛只是一种口头禅，意在表达难于明言的复杂情感，因为“阿弥陀佛”已经语言符号化了，已经渗透到她的潜意识之中了。

杀风景:诗情画意的颠覆

晒裤花间足污泉,焚琴煮鹤更痴颠。

若无画意诗情伴,享尽荣华也枉然。

"杀风景"是个俗语,意思是有损美好的景物,败人兴致。李义山《杂纂》卷上举例十二则,曰"花间喝道"、"看花泪下"、"苔上铺席"、"斫却垂杨"、"花下晒裤"、"游春重载"、"石笋系马"、"月下把火"、"妓筵说俗事"、"果园种菜"、"背山起楼"、"花架下养鸡鸭"等。另一说为"清泉濯足"、"松下喝道"数种。古人的审美观念有别于今人,但基本精神还是接近的。冯梦龙辑的《笑史》有"不韵"一卷,所载的亦和上述"杀风景"的事例类似。如《沈周》篇:苏州太守求善画者,左右推荐名画家沈周,太守便出传票把他拘捕来,并让他立在侧屋中作画,沈周画了幅《焚琴煮鹤图》以进,太守说:"亦平平耳。"焚琴煮鹤即是鲁莽庸俗的人对美好事物的摧残,沈周讽刺太守毫无文化素养,太守仍懵懂无知。

诗情画意和杀风景其实是事物美与丑、雅与俗之两端,小说描写真实的生活和人生,作者的理想和美学追求,势必描写这些内容。《红楼梦》第二十四回,有个老嬷嬷来传凤姐的话说:"明日有人带花儿匠来种树,叫你们严禁些,衣服裙子别混晒混晾的。"这就避免了"花下晒裤"式的不韵。凤姐虽有些粗俗,不比大家闺秀,但在内务管理上,还不乏尊贵与文雅。

《红楼梦》是充满诗情画意的文化世界,其中很多美好的人物与景物可以入诗入画，如葬花斗草、折梅抱瓶、隔墙听曲、月夜品笛、赏菊持螯等等。但是，也有很多杀风景的人和事，且举数例：

造景勉强。在观察大观园一处茆堂时，贾政认为是天然景象，宝玉大发议论道："此处置一田庄，分明见得人力穿凿扭捏而成。远无邻村，近不负郭，背山山无脉，临水水无源，高无隐寺之塔，下无通市之桥，峭然孤出，似非大观……非其山而强为山，虽百般精而终不相宜……"此犹"背山起楼"也。

园中斥子。宝玉在大观园为景点题名，面对如诗似画的美景，他吟出几副韵味悠长的对联，然而贾政全无褒扬之语，屡屡斥为"畜生"、"无知的孽障"，此犹"松下喝道"也。

骚扰美色。凤姐走在大观园，见"黄花满地，白柳横坡"，边走边赏幽情雅致，藏匿在假山后面的贾瑞突然拦住，搭讪着说些肉麻的话，不堪之致，此犹"花下晒裤"也。

草包胡扯。薛蟠把唐寅画上的署名说成"庚黄"，宝玉纠正后他笑道："谁知他'糖银''果银'的。"云儿唱曲时他胡乱插嘴，轮到他行酒令时满口脏话，此犹"妓筵说俗事"也。

情种蠢举。刘姥姥胡编了一个漂亮女孩雪里抽柴的故事，宝玉信以为真，派茗烟去找，结果找到一位青脸红发的瘟神爷，化美为丑，令人笑倒。神话故事美在虚幻缥缈，硬要落实即是蠢笨之举，此犹"苔上铺席"也。

此外，"杀风景"的事例还有刘姥姥在省亲别墅旁内急欲便，夏金桂"外具花柳之姿，内秉风雷之性"，贾赦的蠢俗笑话等等。"杀风景"是文化素质和个人品格的缺失，是对诗情画意的颠覆，所以它是一种"反文化"，与诗情画意造成强烈的不和谐。作家借此对亵渎斯文者作鞭挞与喟叹，也让读者从喜剧色彩中获得快感。

上述杀风景事例，都是对美好事物的撕毁，让人看到粗鄙俗野，产生嘲笑或感叹的喜剧效果。但是，也有的杀风景具有另一种美的价值：或展现人物之情性，或暗示主题之深意。前者如晴雯撕扇，反映其恃宠任性和倔强的个性；多姑娘调戏宝玉，衬托宝玉晴雯之间纯真的情谊。后者如刘姥姥醉后四叉八脚地躺在宝玉床上，显示富贵温柔必将为贫贱粗俗所取代。

笑话的改造

笑语精编妙一心，开颜捧腹佐千斟。
借来冰雪寒枝艳，化作梅花月下琴。

《红楼梦》中有好多笑话，大多是从生活中提炼而出，也有的是对现成的笑话加工改造，达到比原作更有趣味和思想内涵更深的艺术境地。

第五十四回凤姐讲的聋子看放鞭炮的笑话，源自冯梦龙《笑府·形体》，但比原作具体生动，而且完善了笑话结尾"抖包袱"的结构。"只听'扑哧'一声，众人哄笑而散了。抬炮仗的抱怨卖炮仗的做得不结实，没等放就散了"。这时穿插湘云的问话："难道他本人没听见响？"凤姐说："这人原是聋子。"这里突出"散了"这个关键词，显然隐喻贾府"树倒猢狲散"。

第七十五回贾赦说的孝子为娘治病而请婆子针肋条的笑话，是借鉴金天基《笑得好》中《心在肩上》，由原作的拳师教徒弟出手不能打人肩上，改为孝子与婆子的问答。孝子担心针到心上，婆子说："不妨事，你不知天下做父母的，偏心的多着呢。"作者让贾赦当着贾母说出如此露骨、蠢笨的笑话，对刻画其性格提供绝妙的细节。

从古代笑话中引发出新意，这是曹雪芹独具匠心的创造。第八回写黛玉到薛姨妈家，见宝玉与宝钗在一起，便含有醋意地说："嗳哟，我来得不巧了！"接着她所作辩解说："要来时一群都来，要不来一个也不来；今儿他来了，明儿我再来，如此间错开了来，岂不天天有人来了？也不至于太冷落，也不至于太热闹了。"很像是受了唐代艺人黄幡绰（小说第二回"奇优名倡"中提到他）的一则笑料。黄曾为安禄山圆梦，安说梦见衣袖拖至阶下，黄解为"垂衣而治"；安说梦见殿中槅子倒下，黄解为"革故鼎新"。后唐玄宗诘问他，他却说："非也，逆贼梦衣袖长，是出手不得；又梦见槅子倒，是糊不得。"黄因人而作二说，黛玉也心口各有一套，机警伶俐如此，一语双关的话中有绵里藏针之妙。

宋代党进是个不学无术的武官，一次一个说书人见他，党问他说什么故事，对曰"韩信"。党即把他打了出去，左右问是何缘故，党曰："对我说韩信，对韩信亦说我矣。"第六十五回兴儿向尤二姐介绍凤姐的险恶，尤二姐笑道："你背着她这等说她，将来你又不知怎么说我呢。我又差她一层儿，越发有的说了。"这段对白可能由党进的笑话脱胎而来。原作并没有多大深意，而尤二姐的这段话，对刻画她的忧虑和坦率，揭示潜在心理，确是传神写照的化工之笔。

打破"话语霸权"

瓦釜铜钟听判然，污泥亦可出清莲。

心声如鹤排云起，各占风情一片天。

《红楼梦》既然在写人上打破"好人一切都好，坏人一切都坏"的传统旧套，那么在语言上也必然排斥好坏分明的简单化模式。

写"坏人"的假、恶、丑，并不排斥其语言中有价值的内容。这是因为他们在观察世间事物时也有真知，在人际交往中也有善言，只要人性尚未泯灭，其语言也有被人认同的可能。小说家安排人物说什么样的话，可以看做是一种"话语权力"，如果照好坏分明的脸谱化、简单化的人物塑造法则，必然会让"话语霸权"损害形象，曲解生活。在《红楼梦》中，那种"非好即坏"的两极思维已被打破，人物形象的复杂性、多样化也打破了这种"话语霸权"。从这个角度看，小说的语言不仅是个技巧问题，也关涉把握和描写人物的真实性程度，以及理解和反映生活的深刻性程度。我们只要赏析一下王熙凤的语言魅力，就能领会这个道理。

第四回贾雨村判冯渊官司时，门子以"护官符"提醒，要他因私枉法。贾为此人命案思虑未决，门子冷笑道："老爷说的何尝不是大道理，但只是如今世上是行不去的。""大道理"而行不通，在潜规则盛行、关系网复杂的社会中，确是官场要诀。门子虽是个"教唆犯"，但不能不说他"世事通明"，言之凿凿。

第七十五回写邢夫人之弟邢德全，他吃喝嫖赌，"手中漫使钱"，因此人称“傻大舅”。一次喝酒，他醉露真情，对贾珍拍案叹道：“怨不得他们视钱如命。多少仕宦大家出身的，若提起‘钱势’二字，连骨肉也不认了。”这是他对金钱社会、达官贵人的真知灼见。第二十四回贾芸向他舅舅卜世仁借钱，卜很吝啬，但他告诫外甥的话也不无道理：“你只说舅舅见你一遭儿就派你一遭儿不是。你小人儿家很不知好歹，也到底立个主见，赚几个钱，弄得穿是穿吃是吃的，我看看也喜欢。”对年轻人也是有益的告诫。

李嬷嬷是个居功、自私、唠叨惹人厌的老婆子，然而她也有识人察性的眼力，话也说得尖锐泼辣。第二十回她斥怪袭人对她不敬，说道：“谁不是袭人拿下马的！我都知道那些事。”袭人虽有忠心、尽责的一面，但她打小报告夸大“敌情”，致使王夫人驱逐丫头、抄检大观园，造成几条命案，以及宝、黛婚姻的悲剧，袭人都难辞其咎。小说中只有李嬷嬷才淋漓痛快地揭其一生隐恶。

《红楼梦》不仅没有剥夺“反面人物”的话语权力，而且让他们的语言表现力更为增强，从艺术的角度看，他们语言的粗鄙化、生动性，也是不容忽视的。

在生活中不能因人废言，在小说艺术中亦当如此。铜钟奏大雅之曲，瓦釜也能鸣木铎之音，作家不能因对人物的道德评价而在语言设置上厚此薄彼，泾渭分明的“好人”“坏人”观，必然不能反映人物的全部真实性；如果认为这是一种“典型化”，那就是误解了现实主义的语言艺术。

（**徐振辉** 文，原载《书屋》2009 年第 11 期）

日常情境中王夫人的权力术

美国社会学家加芬克尔主张研究日常生活世界中的实践活动，并认为个人的行动与外界环境是处于不断的相互建构之中的。《红楼梦》文本的一个突出的特点正是通过人物言行和日常情境展示对生活世界进行细腻描绘，进而逐步建构贾府的权力关系和结构的。

王夫人，祖籍江南金陵，九省统制王子腾之妹，荣国府二老爷贾政之妻，在荣国府内外都是举足轻重的人物，是仅次于贾母的二号权力人物。为什么在权力角逐中能成功的逃离读者的视野而被忽视的呢？这和王夫人的处事方式和所处环境有关。王夫人被潘知常教授评为《红楼梦》中与尤氏、邢夫人、贾迎春并列的“四木头”之一。王夫人在《红楼梦》中的着墨并不多，给人的印象是木讷少言，清淡寡欲，一心向佛，与人无争，这一点与聪明能干、诙谐风趣、目光敏锐、洞察人情的贾母相比，与幽默泼辣、口蜜心苦、“明是一盆火，暗是一把刀”（六十五回）的凤姐相比，都有明显的不同。

王夫人的高明之处就是在日常生活的情境下，以极其微妙的方式证明着自己的存在，在人们的视线之外精心编织着自己的权力网络。例如黛玉进贾府一节，接待时重要人员都已到齐，凤姐那乍悲乍喜的精彩表演刚刚结束，可谓尽占风流。小说写道：

> 王夫人问道：“月钱放了没有？”熙凤道：“放完了。刚才带了人到后楼上找缎子，找了半日也没见昨儿太太说的那个，想必太太记错了。”王夫人道：“有没有，什么要紧。”因又说道：“该随手拿出两个来给你这妹妹裁衣裳啊。等晚上想着再叫人去拿罢。”熙凤道：“我倒先料着了，知道妹妹这两日必到，我已经预备下了，等太太回去过了目，好送来。”王夫人一笑，点头不语。（第三回）

不甘寂寞的王夫人突然问及月钱发放和准备裁衣裳的缎子之事，分明是向客人和家里人表明，自己仍然关注着家里的政务，而且不忘在贾母面前表示：自己是疼爱老太太的宝贝外孙女且“昨儿”就做了妥善安排的。难怪贾母在四十六回里对薛姨妈说道：“你这个姐姐，她极孝顺，不像我们那大太太，一味怕老爷，婆婆跟前不过应个景儿。”我们从前文那段对话中可以看出：在贾母面前，凤姐是以“要强”而邀功，王夫人则不动声色地完成了对贾母的孝敬和对凤姐的节制——发放月钱要监督，缎子选择要过目。

贾府有个不成文的规矩，女主人们在府中的影响力及受人尊重的程度和他们娘家人的背景有着很大的关系。像尤氏、邢夫人无显赫的娘家人背景，因而在丈夫面前半点不敢违拗，就是在众人面前也是夹起尾巴做人。老太太是小史侯家的小姐，王夫人、凤姐是"金陵王"家的千金，李纨也是国子祭酒李守忠家的女儿，他们在众人眼里的地位自然高些。老太太高居权力金字塔的塔尖自不必说，王夫人和凤姐则成为荣府的实际管理者，李宫裁负责带领众姊妹针织玩耍，经常参与常规的家庭活动——家宴，得到与众姊妹基本平等的待遇。再看看王夫人周围的人，一号主人公宝玉是她的嫡子，常务副总管王熙凤是内侄女，"贾府兴衰系一身"的元妃是其长女，她可谓荣府最有权力根基的人，可是她的权威仍然不断受到对手的攻击，因而不得不与各方进行着时明时暗的斗争，如鞭笞宝玉时环哥的"谗言"，旨在咒杀凤姐和宝玉的"魇魔法"事件，邢夫人等人意在给王夫人、凤姐好看的"搜春囊"行动等等，无不使王夫人深感不安。面对这些危机，王夫人是如何做的呢？

首先，在宝玉身边安置自己的亲信。我们知道，宝玉无论对贾母还是对王夫人来说都是极疼爱的"命根子"，同时也是其余各方为争夺荣府继承权、管理权而斗争的焦点。老太太特地将自己得力的丫鬟袭人、晴雯派去服侍宝玉，并且经常让贴身丫鬟鸳鸯察看宝玉这边的情况。王夫人在一个偶然的机会发现了袭人可靠，就马上表态"我索性把他(宝玉)交给你了，好歹留点心儿，别叫他糟蹋了身子才好。自然不辜负你"(三十四回)。一旦人才可用，马上笼络到手。在七十七回中说："打量我隔得远，都不知道呢！可知我身子虽不大来，我的心耳神意时时都在这里。"以袭人为心腹，王夫人成功开辟了获得信息的隐秘且高效的渠道，这是弄权者应有的素质，不然的话就会吃大亏的。正像袭人说的那样"那起坏人的嘴，心顺了，说的比菩萨还好；心不顺，就没忌讳了”（三十四回），赵姨娘、邢夫人一伙做梦都想宝玉做出什么“没脸”的事，以便大加渲染和攻击。贾环对贾政说“我母亲告诉我说宝玉哥哥，前日在太太屋里，拉着太太的丫头金钏儿，强奸未遂，打了一顿，金钏儿便赌气投井死了……”（三十三回）。捕风捉影的流言往往有些影子，但是在有恶意的人嘴里一演绎就有巨大的杀伤力，这次宝玉就差点丧命。宝玉再也经不起恶意的攻击了，王夫人开始了保护“命根子”行动。

第二，肃清有隐患的人物。制止流言的根本措施便是自身正，使对手无“风”可捕、无“影”可捉，毕竟无中生有的流言风险更大。“搜春囊”行动的结果尽管伤及对手，但是聪明的王夫人依然心惊胆寒。万一是宝玉发生点什么，那结果会怎样呢？据平日里袭人的“小报告”以及风言风语的传闻，王夫人认定“水蛇腰、削肩膀”的晴雯和“自然是些狐狸精的”戏子芳官等人是“勾引坏了宝玉”的小蹄子，应该而且能够立即被清除出去。平日一心礼佛的“木头”发动了一次突然袭击，以迅雷不及掩耳之势逐出了晴雯，打发了芳官等一干唱戏的女孩子，并严厉警告袭人、麝月：“你们小心！往后再有一点分外之事，我一概不饶。”王夫人这种“静如处子，动如脱兔”的行权方式是继处理“金钏风波”之后的又一次淋漓展示。但是，平日最恨的人还有一个就是黛玉，宝玉几次摔玉、砸玉几乎都与黛玉相关。在迷信思想深入骨髓的王夫人心中，砸玉无异于自杀，而宝玉的疯疯癫癫，不求上进更是从不说“混账话”的黛玉“蛊惑”的结果。那么深恨深恶黛玉便在情理之中，但黛玉是贾母的亲外孙女，再怎么恨和恶也必须隐忍。可是，给宝玉择妻的问题是不是王夫人隐忍的底线，她还能再隐忍吗？

第三，精心选取继承人。围绕荣国府未来的继承权和管理权的斗争是权力斗争的核心和焦点。参与斗争的利益方之多，斗争手段之微妙和复杂，真是匪夷所思。曹雪芹在小说中给我们展示了一个权力场的全景图：贾母、王夫人、宝玉、凤姐夫妇处在权力的中心，而黛玉、三春、李纨母子分别依附于贾母和王夫人，她们和前者一起构成权力环的中心，贾赦夫妇身处中心之外的第二环。贾赦在家宴上讲笑话时就"无意"中抱怨过"你不知道天下做父母的，偏心的多着呢"（七十五回）。以致他们想出讨鸳鸯做小的手段，利用鸳鸯与老太太的关系，以便弄到老太太的"梯己"。再向外才是赵姨娘母子等人，这些人被极端边缘化，只有被剥夺的份而几乎没有获益的机会。凤姐过生日时出钱对份子，赵、周二姨娘各出二两银子，却没有参加宴会的资格（四十三回）。这里处于权力中心的宝玉的婚事成为各方关注的焦点。

我们看贾母的态度，贾母对宝玉几乎到了溺爱的程度。五十七回宝玉被紫鹃试辞所惑，呆病复发，眷恋黛玉之情尽人皆知。但为了宝玉康复，贾母几乎是哀求众人"你们以后也别说'林'字了，好孩子们！你们听了我这句话罢"（五十七回），可知宝玉择偶，贾母是不可能不考虑宝玉意愿的。我们知道，对于宝玉的婚事，贾母曾下了话要"亲上加亲"的。在家庭关系中，人际关系的轴心是"以个人为中心，以血缘为半径，形成不同层次的亲疏环"，这个亲疏环很大程度上影响着一个人的行动，半径愈小，关系愈亲密，做利益考虑时愈优先。从这一点上看，贾母也是倾向于选黛玉的，而王夫人则倾向于选宝钗也好理解了。

王夫人选宝钗还出于另一个考虑，就是未来荣国府管理权的争夺，管理权的拥有意味着利益、尊重的双重获得。例如，下人为谋得职位的行贿，缓放月钱贷出取利等，平儿就说过，“每年少说也得翻出一千银子来”。《红楼梦》五十五回、五十六回安排了贾探春代理管理荣国府“兴利除宿弊”的内容。这时凤姐病了，王夫人命探春、李纨和宝钗协同管理府中日常事务。笔者认为曹雪芹是隐有深意的，这部分内容是明示探春卓绝的治理之才，暗示宝钗“小惠识大体”的不凡识见，更深一层则是王夫人将来要收回治家权交与宝钗的一个信号。王夫人早给宝钗安排了干练的助手袭人，“以后凡事有赵姨娘、周姨娘的，也有袭人的”(三十六回)。将来“宝钗-袭人”组合取代“熙凤-平儿”组合是王夫人取得治家权的一个重要的安排。宝钗被王夫人选为儿媳关键是基于获得“治家权”的考虑。因为，同样聪明的黛玉这次却没有被安排到治家集团中去一试身手。

那么“水晶心肝玻璃人”的王熙凤倾向于宝玉选谁呢？在书中有几处暗示，一次是说黛玉“你既吃了我们家的茶，怎么还不给我们家做媳妇”(第二十五回)；一次是宝、黛二人怄气，贾母要她去说合，她回来说“对笑对诉，倒像‘黄鹰抓住了鹞子的脚’，两个都扣了环了，那里还要人去说合”。凤姐倾向于宝玉与黛玉的结合，首先是因为王熙凤的权威来自贾母的支持，这样会讨贾母的欢心。其次，就是从自身利益出发，宝钗无论从人缘上还是管理能力上，更重要的是与中心人物的关系上均超过黛玉，甚至超过自己。五十五回凤姐对荣国府人物有一段精彩的点评：

虽有个宝玉，他又不是这里头的货，纵收服了他也不中用。大奶奶是个佛爷，也不中用。二姑娘更不中用，亦且不是这屋里的人。四姑娘小呢，兰小子更小，环儿更是个燎毛的小冻猫子，只等有热灶火坑让他钻去罢。再者林丫头和宝姑娘他两个倒好，偏又都是亲戚，又不好管咱家务事。况

且一个是美人灯儿，风吹吹就坏了；一个是拿定了主意，“不干己事不张口，一问摇头三不知”，也难十分去问他。（五十五回）

这里凤姐心里明白：阖府没有一个可与自己争夺“治家权”的主儿，唯有宝钗可以一争高下。一旦宝玉娶了宝钗，管理权极有可能落到宝钗之手；只要娶了黛玉，两个人缠缠绵绵，自然无心争自己这个“管家大奶奶”的位子。

为了牢牢把握继承权和治家权，王夫人极有可能再次使用“霹雳手段”，在贾母、王熙凤，甚至邢夫人、赵姨娘之流都认为选黛玉做媳妇，并各自有所打算之际，利用元妃的影响力突然决定宝玉与宝钗订婚、结婚，进而取得治家权。而一心向佛的“木头”在宝玉择妻的关键时刻，精心导演的一幕惊心动魄的“家庭政变”一定是精彩绝伦的。可惜，残缺部分已无从而知，成为千古之谜了！

由上面的分析可知，表面上“与人无争，向善向佛”的王夫人可谓是无时无刻不在盘算着如何获得继承权和治理权。但是她身处矛盾的焦点上，上有活成了“人精”的贾母，平辈有虎视眈眈的邢夫人和凶狠歹毒的赵姨娘之流；小辈中凤姐对自己也是阳奉阴违，两面三刀。面对如此处境，她不得不把自己“争”的一面层层掩饰，尽管如此，洞察人情的贾母还是有所觉察，“你们原来都是哄我的！外头孝顺，暗地里盘算我！”（四十六回）由于愤怒，老成的老太太也暂时失去理智，流露出了心中隐隐的不满。但是掩饰并不是湮没，王夫人在日常情境下以微妙的方式表明自己的存在，在宝玉身边安置眼线，对老太太给宝玉的丫头一个拉（袭人），一个打（晴雯），一步步架空老太太的权力，用果断而迅速的手段选择合适继承人以期顺利收回治理权等等。其权欲不可谓不强，其心机不可谓不深，其思虑不可谓不远，其对荣国府权力机器的驾驭不可谓不精熟。然而，大观园中如花般的少男少女们则成了她争权时任意取舍的棋子，成了她驾驭的这架权力机器的牺牲品，又不可谓不令人悲痛！假(贾)家，真国也！自古以来，封建王朝这架权力机器摧毁了多少人美好的青春和梦想？我们仿佛看到曹雪芹那双含泪而又迷茫的眼睛望向深邃的苍穹，发出“真凶在何处”的大问，“拔剑四顾心茫然”的王国维也发出“无不平可鸣，此可谓天下之至惨也”的感叹。

（**陈心权** 文，原载《书屋》2009年第12期）

是是非非话孔明

诸葛亮，一个传颂千古的名字；诸葛亮，一个倾倒万众的人物。他的故事，古今中外，妇孺皆知。他玄妙莫测、神机妙算、未卜先知的本领，尤为世人所乐道，以致在人们的心中诸葛亮已经不是一个具体的人物，而成为智慧的象征了。

这一切，多少源于《三国演义》对诸葛亮近乎神话的描写。在这部身列“四大名著”的演义中，诸葛亮被罗贯中尊为未卜先知的预言家、奇谋巧计的谋略家、雄才大略的外交家、高瞻远瞩的政治家、神出鬼没的军事家、口若悬河的演说家、鬼斧神工的科学家……可谓熔百家奇谋于一身，集万世智慧于一体的“智绝”型人物。

然而，纵使罗氏摇动“状诸葛多智而近妖”的生花妙笔，却不能遮掩诸葛亮的诸多不足与失误，乃至其自身的矛盾之处。

“隆中对”是刘备三顾茅庐时诸葛亮对当时天下形势的分析及谋划，因其分析入理、规划分明、切合实际，由此，“隆中对”遂成为诸葛谋略的代表，后世谋略的典范。遗憾的是，诸葛亮在执行这一战略计划的过程中，并没有做到“言行一致”，甚至可以说是“纸上谈兵”。

在“隆中对”中，诸葛亮明确告诫刘备要“外结孙权”，道理很简单，在北方强大的曹操势力的威胁下，刘备政权和孙权之间是为唇齿相依、唇亡齿寒，然而，赤壁之战的硝烟未散，诸葛亮便帮助刘备对荆州“借而不还”，为后来的吕蒙夜袭荆州、关羽败走麦城、陆逊火烧连营、刘备病死白帝城造恶，给日后的孙、刘联盟的破裂埋下了隐患。

荆州的确是一战略要地，但该占时未占（占刘表之荆州），该还时不还（还孙权之荆州），到头来，还是落得个荆州不保、关羽不存的结局。从这一点来看，孔明在谋略上远不如其兄诸葛谨，争取荆州，的确是“弃重而取轻也”。

如果说因荆州是“用武之地”，强占不还，以图一时之利的举动尚可理解的话，那么，诸葛亮的“六出祁山”，则实在难称明智之举。纵然不能说是蚍蜉撼树，“急功近利”的评价并不过分。

对于曹操的强大，诸葛亮的认识是十分清楚而明确的，在“隆中对”里提出的谋略也是合乎实际的：

……曹操势不及袁绍，而竟能克绍者，非惟天时，抑亦人谋也。今操已拥百万之众，挟天子以令诸侯，此诚不可与争锋。……待天下有变，则命一上将将荆州之兵以出宛洛……

然而，试观孔明为复兴汉室六出祁山，第一次值曹丕病故，尚可算得上是"天下有变"，且不论"伐人之丧"是否道义，第五次是为抗击魏军入侵，其他几次，主要是为了"受命以来，夙夜忧虑，恐托付不效，以伤先帝之明"、"攘除奸凶，兴复汉室，还于旧都，此臣所以报先帝而忠陛下之职分也"、"臣受先帝知遇之恩，梦寐之间未曾不设伐魏之策。竭力尽忠，为陛下克复中原，重兴汉室"。诸葛亮为了一个"忠"字，六出祁山，"未得寸土"，让人不能不产生"急功近利"的想法。六出祁山，孔明之不智，或许是源于其"愚忠"吧。"所与对敌，或值人杰。加众寡不侔，攻守异体，故虽连年动众，未能有免。……盖天命有归，不可以智力之争也"，诚为后人哀之鉴之之言。

在《三国演义》中，罗贯中更多地表现了诸葛亮的兵谋将略，而实际上，陈寿在《三国志》中的评价更为准确："治戎为长，奇谋为短，理民之干，优于谋略"。的确，诸葛亮是称不上一名好帅才或将才的。

诸葛亮二出祁山时，率兵三十万，被郝昭率三千兵马阻于陈仓，云梯、冲车、掘道，皆无效应，二十余日，无计可施。而当初"量此小城，安能御我"的豪言壮语，最终只落得斩杀王双，败回汉中。

至于对敌五丈原之时，司马懿坚守不出，孔明无可奈何之际，竟然给对手送上"妇人缟素之衣"，此激将之法出自孔明之手，孔明之技穷乏谋，由此可见一斑。

如果说上述战例是因对手的高明而归于不胜的话，那么，拘泥僵化，对于孔明来说，则是无可推卸的责任。

一出祁山，兵出沔阳之时，魏延献计"兵出子午谷，取路出褒中，循秦岭以东，当子午谷而投北，不过十日，可到长安"，这的确可算是一条好策略，但诸葛亮却以“莫须有”的伏击为借口，加以拒绝，错失良机。

由此又说到阴平奇道，孔明曾拨一千兵据守，却不知由此捷径出兵，奇袭曹魏，居然还立碑碣题曰：“二火初兴，有人越此。二士争衡，不久自死。”当邓艾乘虚率兵抢江油、夺绵竹、招降后主之后，钟会会不会因为自己的过分谨慎而后悔？若孔明在天有知，对此又会作如何感想？

同出奇兵，同为五千兵，一用一废，一胜一败，莫非天意？

孔明身为丞相，亲率大军，应深知“将在外，君命有所不受”的道理，但在四出祁山连克敌军之际，奉诏回朝，痛失良机。且看书中叙写：“孔明接入，受诏已毕，仰天叹曰：‘主上年幼，必有佞臣在侧！吾正欲建功，何故取回？我如不回，是欺主矣。若奉命而回，日后再难得此机会也！’”

管仲当年能使齐桓公远逐易牙、方开等小人，孔明既“自比于管仲、乐毅”，且位居相父，有辅国辅子之责，怎可使佞臣在幼主之侧？

再说，刘备遗诏：“若嗣子可辅，则辅之；如其不才，君可自为成都之主。”当然，孔明是绝不会如此的，但既知刘禅相疑，完全可以一道自状辩解。如此一来，既不欺主，又不失乘胜伐魏之机，何乐而不为？当初，王翦率秦举国之兵，尚能使多疑的秦王专任，而号称“智绝”的诸葛亮，竟然使事之如父的刘禅产生疑心，岂不悲哉！岂不惑哉！

说到用人失误乏当，首推失街亭的马谡。对于这件事，古往今来，议者颇多，在此不加详论。

关羽，一代名将，武艺绝伦，但有一致命弱点：傲。对于荆州这一集军事、政治、经济于一体的战略要地，以关羽驻守，不能不说是孔明在用人上的失误。如果说张飞性情急躁，不可独往，那么赵云应为最佳人选：一是武略超群。可敌曹仁，可镇敌军；二是为人谨慎谦虚，头脑灵活，执行政策坚决，识大体；三是对刘备忠诚可鉴。若以子龙守荆州，或许三国史当为改写。

五出祁山时，孔明令李严应付粮草，运赴军前。俗云："兵马未动，粮草先行。"孔明明知李严秉性："自先帝崩后，平在治家，尚为小惠。安身求名，无忧国之事。臣当北出，欲得平兵以镇汉中，平穷难纵横，无有来意，而求以五郡为巴州刺史。……臣知平鄙情，欲因行之际逼臣取利也……然谓平情在荣利而已，不意平心颠倒乃尔……"却偏委李严以运粮重任，自伏祸机。此次回兵，不能不说是孔明自身的失误。

孔明临终，一应大事尽托长史杨仪，却又授命与杨仪水火不容的魏延断后，以致矛盾激化，魏延谋反，险些造成"外患未除，内乱先发"的恶果。

姜维身随孔明，智勇双全，文武兼备，且与魏延关系尚可，何不托事于姜伯约？事实上后来担当统军大任的还是这位魏降将。据此看来，那场内乱是颇具讽刺意义的。

诸葛亮的用人不当，除了表现在"失误"二字上，还有一点就是没有做到"用人专任，用人不疑"上。"诸葛丞相在于成都，事无大小，皆亲自从公决断"，"丞相夙兴夜寐，罚二十以上皆亲笔览焉"。听了使者的介绍，司马仲达就断言："孔明食少事烦，其能久乎？"事无大小，亲为决断，只能说明或者是手下无人(其实是不可能的)，或者是"用人不专，用人而疑"，这或许是造成自己英年早逝及出兵无功的一个重要原因吧。

"诸葛一生唯谨慎。"的确，究孔明一生，是谨慎有余而冒险不足的。因此，人们对孔明的"空城计"予以了全盘的否认。其实，以诸葛亮的智慧，以当时的处境，是完全有可能唱出"空城计"的，汉中之战时，赵云不就是设了个不大不小的“空城计”吗？

在“木牛流马”与“五丈原退兵”上，诸葛亮表现的却是谨慎不足，似乎像一个赌徒。按《三国演义》载，孔明造好木牛流马，故意使司马懿抢去，“司马懿见了木牛流马，必然仿我法度，一样制造”，对此，诸葛亮的“赌注”就是“舌头”这一机关，扭转后便不能行走。天可怜见，这一“赌”诸葛亮倒真是赢了。试想，曹魏营中的匠人在仿制时如果能充分考虑各结构的使用功能，司马懿再多一点提防，这样下去，很有可能是诱敌不成，反而助敌。

相比之下，“五丈原退兵”更是一着险棋，孔明素知魏延有反心，且断言自己死后“魏延必反”，既然如此，为什么不趁自己在世时除掉魏延，并且在姜维欲杀魏延时阻止了他，却去授什么“锦囊妙计”，以致同室操戈，内乱不休。那么，孔明真的有绝对把握除掉造反的魏延吗？或者是为了显示自己的智慧，演一出“死诸葛杀活魏延”的好戏给后人看，或者是为了让魏延暴露，使这一诛杀名正言顺。若真如此，孔明则成为庄公第二了。

“文死谏，武死战”，似乎是古之为臣者的标准。刘备和诸葛亮情如鱼水，孔明身为军师，官居丞相，按说，刘备对孔明应该是言听计从的，遗憾的是，由于孔明的“明哲保身”，对刘备“谏止不力”酿成的千古遗恨，孔明是难逃罪责的。

第一失策，在于荆州。刘表在病中一让荆州时，刘备用“景升待我，恩礼交至，安忍其危而夺乎”而谢绝，孔明只是叹曰：“真仁慈之主也！”后孔明劝刘备夺取荆州，一为安身之所，一可拒战曹操，在刘备否定后，孔明只是说：“且再作商议。”当刘琮降曹时，伊籍劝刘备夺取襄阳，在遭拒绝时，孔明竟然也附和刘备，弃新野、走樊城、败长坂，几死无葬身之地。

孔明既知荆州重地，与其日后苦借，且借而不还，并由此引发一系列不利局面，何不当初力谏刘备?！天时者，刘表新亡；地利者，驻兵新野；人和者，刘表托孤。天予不取，偏咎由自取。

倒是后来，庞统劝刘备取西川，一番语言，便使刘备恍然大悟，出兵西川。如此说来，卧龙不及雏凤远矣！

刘备为关、张报仇，起兵东征。对此，孔明并无力谏，只是说："陛下初登宝位，若欲北讨汉贼，以伸大义于天下，方可亲统六师；若只欲伐吴，命一上将统军伐之可也。何必亲劳圣驾？"竟然支持伐吴，只是反对亲征而已！这一点，远不如赵云："汉贼之仇，公也；兄弟之仇，私也，愿以天下为重。"

刘备曾与诸葛亮同食同宿，视孔明如活鱼之水，若诸葛亮在这一关键时刻，能对刘备晓之以理，动之以情，极有可能会避免兵败猇亭、火烧连营、刘备身死白帝城的悲剧发生。

或许是为了替诸葛亮遮掩，或许是无法对孔明的"智绝"与蜀兵的惨败自圆其说，罗贯中只好借那位三百多岁无所不知、无所不晓的隐者李意之口说出了"此乃天数"这几个字。

呜呼！说到天意，孔明之智当为天意，孔明之愚当为天意，孔明之误当为天意！

一切尽归于天意，我还有什么说下去的必要呢？

（**刘彩燕** 文，原载《书屋》2009年第12期）

编后记

《红楼梦》、《三国演义》、《水浒传》、《西游记》一直被奉为中国古代文学的四大经典，“四典”的排序把《红楼梦》推到了顶峰的位置。由此，后来的“《红楼梦》研究会”成为官方机构。以我的陋识，让一本书的研究会进入体制，研究人员吃皇粮，确实史无前例，可见《红楼梦》在官方的地位，特别是毛泽东对《红楼梦》的重视和引伸式的斗争策略的使用，无疑为这本经典抹上了浓郁的政治色彩。上世纪五六十年代围绕《红楼梦》诸多斗争之中，因斗争对象的区别对待，不少人为之付出了沉重的代价，也有不少人得到了很大的利益，以致改革开放之后还靠这种利益谋生、创收，甚至到巩固自己的地盘，排斥异己，霸占言论空间，制造政治话语权的地步。直到“百家讲坛”，各种不同的观点竞相开放，多元共存，这个时候，再靠“政治话语权”对一部经典的控盘，显然是不可能的。换句话说，一部《红楼梦》评价的起伏和相关的人事跌宕，可以成一部当代新“小说史”的。其实，与此相仿，其它三部经典在这个特殊的历史时期也各有遭遇，只是不太显山露水，虽色彩清淡一点，但如《红楼梦》一样，研究者也有“故事”，只是人们太容易遗忘，早已失去切身的回忆与反省，要他们来做西方宗教式的“忏悔”则要求过高了。说得尖刻一点，这其中有些作孽的人还得靠这门研究混口饭吃，到如今大家都富起来了，已经吃得饱、穿得暖了，如果还要指责人家的这种谋生方式就近乎残忍，有失厚道，这也是现实。

就《红楼梦》研究而言，当中本就存在不同的声音，周汝昌先生是一位，王蒙先生是一位，到后来刘心武先生拿人物来“说法”，刘再复先生四本著作的“悟证”，以及民间奇人邓遂夫先生的版本的“勘定”，使《红楼梦》研究回到小说研究的“正途”上来。这当中还得提到朱健先生，他的红楼人物系列研究可以说亦庄亦谐，万事通达，把一部经典演义成社会世相，找到了研究的“着力点”。把《红楼梦》的小说理论、意义、价值与西方的小说作比较，本是比较文学的范围，西方汉学家包括众多的华裔学者如夏志清、周策纵、唐德刚等都做了大量的工作，也取得突破性的成就，王蒙、刘再复先生推薪助火，蔚为大观，至于把红学研究上升到宗教学的层面，则是无上荣光。一部《红楼梦》承载了那么多的东西，足见这部经典的伟大，另一面则是多少有“借题发挥”之嫌，把一部好好的小说“玩弄”成这样，也可见经典是个筐，什么都往里装，文人笔法矣。如果抛开“无知”，那么我们该对最初的研究者如王国维、俞平伯、胡适等前辈保持尊敬的，因为那是“最初”的阅读感受和批评姿态。说句题外话，我这个恪守祖训的“少不读‘红楼’，老不读‘三国’”的科班生，至今还没读过《红楼梦》

和《三国演义》的卑微者，真的惭愧。西哲有言：奥斯维辛之后，世上已无诗。到今天，我还没悟透祖父训示是否他个人的际遇太过严酷，二十余年的牢狱之灾后，岂有文学？与“少不读‘三国’，老不读‘红楼’”这种古训相悖，他何以有这般自己独特的见地，并作为“遗嘱”的内容之一垂示后人？我祖父在世时，我没敢问，因为他一惯军人作派，身板硬朗，眉宇威严，在我们姊妹眼里他简直是个军阀，毫无道理可言。所以，我做上面的评价纯粹是个人的感想，与“经典”的大义无关，也绝不敢说“无知者无畏”的，我缺乏这种勇气。

关于“四典”，我的记忆还停留在小说四年级在乡村小学读《西游记》的层面。小学图书室有十几册书，我读过的还有《野火春风斗古城》、《三家巷》之类；那时人穷志短，家里无力购买图书，全靠成绩好兼当班长，老师看得起，容我到图书室翻捡那十几册书，其中属于“经典”的只有《西游记》。那时，我早起得挣四厘工分，才去上学，放学之后还得去挣四厘，生产队也很照顾这些读书郎。后来一天工分涨到三分，就田产分到户了，不用挣工分了，可农活还得做。一直到进了大学，我暑假必须回去参加“双抢”，作为长子得减轻家人负担。记得，读《西游记》是在晚上的煤油灯下进行，当时识字还可以，又没钱买词典，遇到生字只能跳过去。好在这本小说的生字不算多，勉强可以读下来，最初的感觉是世上还有这么“好玩”的小说，说得浅薄一点，那是我阅读小说的一条标准，也激发我对文学的幻想。毫不夸张地说，《西游记》奠定了我一生的文学基础，那些神怪把我带上了天，美滋滋的，也抵御了贫寒所带来的艰涩与困苦，终身难忘。

那年月，我祖父还远在外地劳改，未平反昭雪。学会写信之后，我把读《西游记》的阅读感想简单地写给了祖父，他回信颇为严厉，直言文艺是“末流”，它不能解决吃饱穿暖的问题，还不如学门手艺能糊口，并嘱咐“少不读‘红楼’，老不读‘三国’”。当时，收到信之后都懵了，他的训示狠狠地刻在我心上，如刀子划过玻璃一般，破碎了我继续读“经典”的梦。祖父从中央大学毕业之后，与当时不少学人一样后来投笔从戎，奋起抗战，1938年参加了武汉保卫战，是蒋介石的作战参谋。抗战胜利之后，又接着内战，他为了四祖母没有在国民党军队溃败时退守台湾，留了下来“负隅顽抗”，1952年被俘入狱直止1978年平反释放。现在回想起来，祖父那封信的内容直接影响到我高考在志愿栏五个项目下写的全是历史系考古专业，但阴差阳错居然被没填志愿的复旦大学中文系录取，真的荒到大唐了，误入“文学”，走入“末流”。当年，在那个小山村的人们看来，能上重点大学且能跳出农门，已是很了不得的事，贺喜的人们络绎不绝，唯我祖父一人在屋后偷偷地哭泣，不知是喜是悲。我目睹了这一幕，极为震憾，心情很沉闷，拖着孱弱的身体，那是总复习时，为跳出“农门”，用力到吐血，临到大考前夕，一天早晨起来突然口含咸腥，无奈喷出，当时蚊帐上一片狼藉。家里无钱买药，只好听之任之，即使高考那几天，也在昏沉之中。幸上天眷顾，得以考中。此刻，在炎热的夏天穿着一件褂子和一条短裤，那还是我父亲穿旧了、经母亲巧手改小的，裹着一条旧毛毯躺在竹椅上给来往的乡里乡亲打招呼。有意思的是，冥冥之中我与祖父走的同一条路“浙赣线”，只是从前他去南京，后来我去上海。进了大学，第一次进学校图书馆，我看到那么多的书，尤其难以数清的小说，压抑以久的情绪突然爆发，躲在书架背后哭泣起来。而当摸到《红楼梦》、《三国演义》的书脊时只觉得冰冷的，一股寒气窜了上来。上世纪八十年代末期，是西方思潮膨湃时期，确实为自己不读中国文学经典找到了出气口，一面是遵祖训，一面是时势使然。到现在，人已被世事折腾得七零八落，祖父母早已过世，我已无心再读《红楼梦》、《三国演义》了，因此，对于这两部小说的研究者，我真的保持敬畏；也因没读过，听人家说，看人家的研究文章，只有缄默，以遮羞掩丑，看来注定与这两部经典无缘了，今生恐再无兴趣来读了。

好歹，除《西游记》之外，还读了《水浒传》，那时总觉到好人老是被冤枉，弄得窝囊，最后被逼得走投无路。我不太看重他们啸聚梁山泊的豪情或铁血义气，乃至后来的招安，我以为还是好人退无可退，无法善终，那真是曲终人散之后深层的悲哀，这是我心头里的死结，一直没打开过。与《西游记》阅读最初的感觉“好玩”相比，《水浒传》则是最不好玩的，现在想来，一个初中生能读出好人不得好果子吃，怕是阅读的另类感悟吧。这些是私人的经验，与经典的指向无甚关联，与那么多的批评没丝毫的关系。

上世纪八十年代末，我大学毕业，因大家都熟知的事件，那年分配堪忧，最后落到了一家大型企业写通讯、办报纸的田地，后来当秘书起家，一混就是十几载。当年祖父还在世，听说我的委屈，他老人家写信来鼓励我好好干。而后到九十年代，那十年的黄金岁月我几乎与竖排文字为伍，扎进了野史笔记当中，读起了中国文学的非“经典”，以致那十年的社会风潮与思想律动与我牵涉不大，差不多是“空白”，偶尔也写点文字，纯为玩票了。平素做工，挣钱养家要紧，务起实来。待到自己成家立业，真的从一穷二白中来，到本世纪条件稍有改观，却毅然决然辞职到《书屋》杂志社来重温文学梦，委实是落伍至极，在市场经济的大潮中，避开浪头，偏安一隅。还记得大学期间，我的处女作、一评论小辑发表，挣得稿酬一百五十元，那是我的第一笔大财富，收到汇款单的当晚彻夜难眠。第二天，自己留下十元，余下的寄给乡下的父母。我老娘口授弟妹，在信中激动不已地说：崽啊，写文章比我养猪划得来。那年月，一头猪养一年只能勉强够“三等”，卖给收购站，大概是一百三十元钱左右。像我这般粗俗之人，活该与“经典”无缘。

说句题外话，我在那十年读竖排的小说中有一部，以为堪称“经典”的，那就是高价买来的、台湾一家出版社与法国大百科出版社一起出的《姑妄言》。这套书印刷得很精美，尤其纸张漂亮，绣像图案清晰，一百回的足本，比起《金瓶梅》来不止要“好玩”多少倍，私下以为这才是大百科全书式的古典小说，把史诗与传奇结合得天衣无缝。其中第一回写金陵古都，我从没见过哪本小说能写得这么雅致，写得这么有通透感。这部古典小说写尽了世俗的状况和各种可能性，小说中的人物在日常中守住那份日子，干干净净地过，如流水一般轻松流淌而去，每个人都有自己的世界，虽有交集，但异常的平和，就是性亦是美得冒泡泡，真正地到了人间享乐的境界。相比之下，《金瓶梅》只能等而下之，《肉蒲团》之类可以不论的。

让一个没读过《红楼梦》、《三国演义》的粗人来编选这本“四典”批判集，真应了书名“叫人奸诈，叫人愁”的。出于惯例，也为职责，写下这篇编后记，真的为难我了。好在是《书屋》已刊发的旧作辑录，“他说”在前，“我说”在后，只好恳求大家以“他说”为准吧。

刘文华

2010年10月

图书在版编目（CIP）数据

叫人奸诈，叫人愁/《书屋》编辑部编. —长沙：湖南教育出版社，2010. 11
（书屋文丛）
ISBN 978-7-5355-7147-2

Ⅰ. ①叫… Ⅱ. ①书… Ⅲ. ①古典小说—文学研究—中国—明清时代—文集 Ⅳ. ①I207. 41-53

中国版本图书馆CIP数据核字(2010)第207622号

叫人奸诈 叫人愁

《书屋》编辑部

责任编辑：刘文华

责任校对：胡长明

湖南教育出版社出版发行（长沙市韶山北路443号）

网 址：http://www.hneph.com http://www.shoulai.cn

电子邮箱：228411705@qq.com

客 服：电话 0731-85486742 QQ 228411705

湖南省新华书店经销 长沙化勘印刷有限公司印刷

718×1000 16开 印张：18.5 字数：194600

2010年11月第1版 2010年11月第1次印刷

ISBN 978-7-5355-7147-2

定价：40.00元